古代歷史文化研究輯刊

二八編

王明蓀 主編

第 25 冊

學步古今：中國法律史略論稿（第二冊）

陳景良 著

國家圖書館出版品預行編目資料

學步古今：中國法律史略論稿（第二冊）／陳景良 著 -- 初
版 -- 新北市：花木蘭文化事業有限公司，2022〔民 111〕
目 4+166 面；19×26 公分
（古代歷史文化研究輯刊 二八編；第 25 冊）
ISBN 978-626-344-099-9（精裝）
1.CST：法律 2.CST：中國史
618   111010300

ISBN-978-626-344-099-9

9 786263 440999

古代歷史文化研究輯刊
二八編　第二五冊　　　　　　　ISBN：978-626-344-099-9

學步古今：中國法律史略論稿（第二冊）

作　　者　陳景良
主　　編　王明蓀
總 編 輯　杜潔祥
副總編輯　楊嘉樂
編輯主任　許郁翎
編　　輯　張雅淋、潘玟靜、劉子瑄　美術編輯　陳逸婷
出　　版　花木蘭文化事業有限公司
發 行 人　高小娟
聯絡地址　235 新北市中和區中安街七二號十三樓
　　　　　電話：02-2923-1455／傳真：02-2923-1452
網　　址　http://www.huamulan.tw 信箱 service@huamulans.com
印　　刷　普羅文化出版廣告事業
初　　版　2022 年 9 月
定　　價　二八編 27 冊（精裝）新台幣 80,000 元　　版權所有・請勿翻印

學步古今：中國法律史略論稿
（第二冊）

陳景良　著

目

次

第四冊

當代中國法律思想研究

閱讀與評論

演講與筆談

法律史視野下的唐宋社會變革[註1]——
從「皇權統治國家，士紳構建社會」說起

引言

　　傅斯年先生說：「就統緒相承以為言，則唐宋為一貫；就風氣同異而立論，則唐宋有殊別」，指出唐宋社會之變；內藤湖南等日本學者認為宋與唐相較，社會文化形態具有顯著的差異，已出現了近世的特徵[註2]，以郝若貝為代表的美國漢學家則認為唐宋社會變革一個突出的表現是知識精英階層的崛起[註3]。可見，唐宋社會變革已受到中外史學界的高度重視。在法律史學界，我國臺灣地區學者柳立言先生首倡以法律史的視野來探討唐宋社會之變，他在《宋代的家庭和法律》一書中論述了了唐宋以來家庭與法律的變革及其對後世的影響[註4]，堪稱開風氣之先。筆者認為用法律史視野研究唐宋社會變

〔註 1〕本文原載於《公民與法（法學版）》2012 年第 2 期。

〔註 2〕1922 年內藤湖南發表《唐宋時代的研究——概括的唐宋時代觀》一文，首次
　　　　提出其對唐宋某些重大轉變的認定；其弟子宮崎市定進一步強調宋所具有的
　　　　「近世」特徵，從而形成較為系統的「唐宋變革論」。「唐宋變革論」的主要
　　　　觀點有：中國歷史分為上古、中古和近世；中世起自五胡十六國，至唐中葉
　　　　為止；唐末五代是中國由中世向近世的過渡時期；唐和宋在文化形態上有顯
　　　　著差異，唐代是中世的結束，宋代是近世的開始。上個世紀以來，「唐宋變革
　　　　論」在日本、美國和中國學術界都產生了廣泛的影響。相關研究綜述參見牟
　　　　發松：《「唐宋變革」說三題——值此說創立一百週年而作》，載《華東師範大
　　　　學學報（哲學社會科學版）》2010 年第 1 期；李華瑞：《20 世紀中日「唐宋變
　　　　革」觀研究述評》，載《史學理論研究》2003 年第 4 期。

〔註 3〕羅禕楠：《模式及其變遷-——史學史視野中的唐宋變革問題》，載《中國文化
　　　　研究》2003 年夏卷。

〔註 4〕柳立言：《宋代的家庭和法律》，上海古籍出版社 2008 年版。

革尚有許多問題值得深究。就法而言，在中國古代社會，不僅柳先生提到的家庭、財產法律是法，律令格式、殺戮禁誅是法，「出禮而入刑」的禮是法，被法官引入司法活動成為判案依據的天理、人情、忠信、仁義是法，鄉約族規和民間習慣也是法。〔註5〕唐宋社會轉型時期，這些法律在社會中如何被創建和適用，崛起的知識精英群體如何運用法律，他們對社會秩序的構建起到何種作用，都是值得研究的課題。我們無法也不可能對其唐宋轉型時期法律秩序的重建過程進行面面俱到的描述，卻可以嘗試從某一方面進行微觀的分析，筆者擬從宋代司法秩序的重建入手，探討皇帝和士紳在重建秩序中各自發揮的作用，從而分析宋朝司法模式蘊含的傳統精神和表現出的時代特徵，描繪唐宋社會變革時期的法律圖景。

之前我們必須界定「士紳」這一概念的含義。宋代士大夫是一個特殊的群體，人數眾多，流動性強，他們入仕是國家權力的代表，辭官落職則又成為民間社會的中堅力量，在許多場合下他們具有雙重身份。更為重要的是在宋代，隨著科舉制度的發展和印刷術的進步，沒有入仕的知識分子群體變得非常龐大，他們中的大多數人在民間社會發揮著地方領袖的作用，我們將這些在任朝官、地方官、居鄉無官職的士人和地方上有影響的知識分子統稱為士紳，他們具有一個共同的特點就是：都是具有文化優勢的知識分子，在民間社會享有崇高的威望。

一、皇權主導下司法體制的建立

北宋承五代之弊，統治者面臨政權割據、法令繁亂的現實，必須重新整合社會秩序，建立符合儒家傳統的統一帝國。當時的司法狀況是藩鎮跋扈，武人擅斷，以專殺為威，草菅人命，司法殘暴、黑暗。要恢復社會秩序，就必須改變這種狀況，重建司法的正當性與合理性。為此，北宋統治者採取了一系列措施。

1. 宋初統治者繼受唐律疏議的原則和內容，並適時做出創新，重建了統一的法律體系，為司法提供了基礎和前提

宋太祖說：「王者禁人為非，莫先於法令」。〔註6〕立國之初，就令竇儀等

〔註5〕梁治平：《法律的文化解釋》，生活·讀書·新知三聯書店 1998 年版，第 50 頁。
〔註6〕（宋）佚名：《宋大詔令集》卷二百，刑法上，司義祖編，中華書局 1962 年版，第 739 頁。

人重詳定刑統，於建隆四年（963）頒行，經過十餘年的努力，建立起完整的法律體系，「事為之防，曲為之制」。太宗反覆告誡臣下說：「法律之書，甚資政理，人臣若不知法，舉動是過，苟能讀之，益人知識」。〔註7〕在其統治期間，法律進一步完備。真宗時期，宋朝基本法制已經形成，仁宗慶曆三年（1043），富弼說：「宋有天下九十餘年，太祖始革五代之弊，創立法度，太宗克紹前烈，紀綱益明，真宗承兩朝太平之基，謹守成憲。」〔註8〕宋代律典《宋刑統》絕大部分條文是照搬的唐律，但是也出現了新的變化，如為適應商品經濟發展出現的新的社會關係，制定了詳密的田宅交易法規，利用敕令不斷放寬人身依附關係，保護私有財產等等。〔註9〕總體來說，宋代繼承漢唐以來的法律內容，有適時作出調整，具有時代的特色。以儒家思想為指導的統一的法律體系的建立為宋代司法提供了條件，也為各級官員在實踐中運用法律打下了基礎。

2. 宋朝統治者司法理念實回歸到儒家仁政思想，恤獄慎刑，加強對司法活動的監督

宋初太祖、太宗為改變五代以來諸侯跋扈、恣意殺人的局面，特別注意恤獄慎刑，臨政以寬，力爭做到賞罰嚴明，獄無冤濫。宋太祖下詔說：「禁民為非，乃設法令，臨下以簡，必務哀矜」。〔註10〕這些思想主要表現在：第一，加強對地方上死刑案件的覆查和審理。《宋史‧刑法志》載：「先是，藩鎮跋扈，專殺為威，朝廷姑息，率置不問，刑部按覆之職廢矣。建隆三年，令諸州奏大辟案，須刑部詳覆。尋如舊制，大理寺詳斷，而後覆於刑部。凡諸州獄，則錄事參軍與司法掾參斷之。自是，內外折獄蔽罪，皆有官以相覆察。」〔註11〕第二，中央和地方均設置專門的機構以控制司法。中央除有刑部詳覆外，太宗時於禁中置審刑院，專門負責審覆各類重大案件。地方上，則於各路置提點刑獄公事，負責監督州縣的司法活動，「淳化初，始置諸路提點刑獄司，凡管內州府十日一報囚帳，有疑獄未決，即馳傳往視之。州縣稽留不決、按

〔註7〕 （宋）李攸：《宋朝事實》卷十六，兵刑，中華書局 1955 年版，第 241 頁。
〔註8〕 （宋）李燾：《續資治通鑑長編》卷一四三，第 6 冊，中華書局 2004 年版，第 3455 頁。
〔註9〕 參見陳景良：《兩宋法制歷史地位新論》，載《史學月刊》1989 年第 3 期。
〔註10〕 （元）脫脫等：《宋史》卷一九九，刑法一，第 15 冊，中華書局 1977 年版，第 4967 頁。
〔註11〕 （元）脫脫等：《宋史》卷一九九，刑法一，第 15 冊，中華書局 1977 年版，第 4967 頁。

讞不實，長吏則劾奏，佐吏、小吏許便宜按劾從事」。〔註12〕第三，皇帝躬自折獄慮囚，嚴令各州長官親審重大案件。「太宗在御，常躬聽斷，在京獄有疑者，多臨決之，每能燭見隱微。太平興國六年下詔曰：『諸州大獄，長吏不親決，胥吏旁緣為奸，逮捕證佐，滋蔓逾年而獄未具。自今長吏每五日一慮囚，情得者即決之。』」〔註13〕

3. 建立具有鮮明特色的司法制度，保證司法清明

其一，選用儒臣治州郡之獄。宋朝初建之時，五代以來多用武人主獄訟，官吏嚴酷、恣意用法的現象十分嚴重。太祖力圖糾正司法活動中弊端，在統一戰爭之初，攻取一地，立即派遣有才幹的儒生文人做知州，治州郡之獄。〔註14〕後來作為祖宗之法被繼承下來逐步制度化，「宋興，削除苛峻，累朝有所更定，法吏寖用儒臣，務存仁恕」。〔註15〕太宗時，改司寇院為司理院，改司寇參軍為司理參軍，以歷任清白、能夠審斷案件的官員充任。〔註16〕並選用儒士為判官，大量的儒生擔任地方官員，能夠在司法中貫徹儒家仁政思想，恤獄重刑，愛惜人命，糾正五代流弊。

其二，建立法律考試制度，選拔、任用司法官員。宋代統治者認識到司法審判工作關係到人的生命、財產、名譽和地位，其質量的良窳直接關聯到社會的穩定及封建國家命運的長短，所謂「生民之司命，天心向背，國祚修短繫焉。」〔註17〕故對司法官員的選拔格外重視。太祖開寶六年（974），以

〔註12〕（元）脫脫等：《宋史》卷一九九，刑法一，第 15 冊，中華書局 1977 年版，第 4971～4972 頁。

〔註13〕（元）脫脫等：《宋史》卷一九九，刑法一，第 15 冊，中華書局 1977 年版，第 4968 頁。

〔註14〕宋軍攻取荊南，平湖湘之後，宋太祖任命呂餘慶權知潭州，李昉權知衡州，薛居正知朗州；邊光范知襄州；平蜀後，命呂餘慶權知成都府，馮瓚知梓州；太宗徵晉陽，命張齊賢知忻州，辛仲甫知光州，王沔知懷州。參見（元）脫脫等：《宋史》卷二六二，邊光范傳，第 26 冊，中華書局 1977 年版，第 9080 頁；卷二六三，呂餘慶傳，第 26 冊，第 9099 頁；卷二六五，張齊賢傳，第 26 冊，第 9150 頁；卷二六六，辛仲甫傳，第 26 冊，第 9178～9180 頁；卷二六六，王沔傳，第 26 冊，第 9180 頁。

〔註15〕（元）脫脫等：《宋史》卷一九九，刑法一，第 15 冊，中華書局 1977 年版，第 4966 頁。

〔註16〕（宋）李燾：《續資治通鑒長編》卷二十，第 1 冊，中華書局 2004 年版，第 466 頁。

〔註17〕（宋）桂萬榮：《棠陰比事》，棠陰比事序，鳳凰出版社 2021 年版，第 3 頁。

士人為司寇參軍，改諸州馬步院為司寇院。〔註18〕雍熙三年（986），太宗下詔要求「其知州、通判及幕職、州縣官等秩滿至京，當令於法書內試問，如全不知者，量加殿罰」。〔註19〕這就是說地方司法官員秩滿都要經過一番考試，如果一無所知，就要受相當的處分。真宗時，對於審刑院的詳議官、大理寺的詳斷官、刑部的詳覆官和三司的法直官，都試以斷案几十道，須引用法律和判斷詳明，才認為合格，予以任用。〔註20〕經過法律考試嚴格選拔的官員具有法律知識，熟悉斷案規則，在實踐中可以防止恣意妄為，保證案件能夠得到依法審斷。

正因如此，徐道隣先生才認為說：「中國的考試制度，從唐朝起就有『明法』一科，專門用以選拔法律之才。到了宋朝——這是中國過去最講究法律的朝代——法律考試，更進入鼎盛時期。」〔註21〕

其三，宋代統治者推進司法制度的建設，保證其良性運行。宋朝沿襲了唐代司法的基本制度，如分使管轄、務限、拷訊、移司別勘等，同時發展了前代的鞫讞分司、覆察、錄問制度，在司法機關設置和司法官員的配備上保證這些制度能夠發揮其應有的作用，比如鞫讞分司制，宋代設立推司、法司相互制約，在州府是錄事參軍（或司錄參軍）審問民刑事案件，司法參軍負責檢法擬判，中央司法機關大理寺內也設專職的審問官員和檢法官員，這就發揮司法機關的內部監督作用，使個人專斷的可能性大大降低。〔註22〕

在最高統治者的主導下，宋代構建了符合傳統又富於時代特徵的司法制度，在正常狀態下，這些制度應當在中央和地方各級官府中順利運轉，發揮其應有的功能。但為政在人，執行這些制度的是一個龐大的官僚群體，各級司法官員如何聽獄斷訟就成為司法制度能否順利運行的關鍵。

〔註18〕（宋）李燾：《續資治通鑒長編》卷十四，第 1 冊，中華書局 2004 年版，第 305 頁。

〔註19〕（清）徐松：《宋會要輯稿》選舉十三，第 9 冊，劉琳等校點，上海古籍出版社 2014 年版，第 5520 頁。

〔註20〕（清）徐松：《宋會要輯稿》職官十五，第 6 冊，劉琳等校點，上海古籍出版社 2014 年版，第 3425～3428 頁。

〔註21〕徐道隣：《宋朝的法律考試》，載氏著《徐道隣法政文集》，清華大學出版社 2017 年版，第 283 頁。

〔註22〕徐道隣：《宋律中的審判制度》，載氏著《徐道隣法政文集》，清華大學出版社 2017 年版，第 205～225 頁；徐道隣：《鞫讞分司考》，載氏著《徐道隣法政文集》，清華大學出版社 2017 年版，第 226～238 頁。

二、皇權的地方代表──官員士大夫的司法實踐

宋朝官員士大夫大多出身庶族，通過科舉考試步入仕途，在地方，他們是國家權力的象徵，代表皇帝牧守四方，教撫萬民。他們要將國家的法律運用於生活，其中重要的政事就是聽訟決獄。宋代的官員士大夫生於寒微，瞭解民生疾苦，具有為民請命的道德自覺和先憂後樂的社會擔當意識，他們中的大多數通曉法律，非常重視獄訟〔註23〕，作為司法官員他們在司法中充分發揮主觀能動性，他們繼承發展了漢唐以來重視刑事案件的傳統，努力提高偵查刑事案件的技術，改進審判刑事案件的方法，取得令人矚目的成效。這一時期出現了世界上第一部法醫學著作《洗冤集錄》，還有總結審判方法的《折獄龜鑑》。與前代不同的是，宋朝的司法官員同時還高度重視婚姻田宅訴訟，司法官員們認識到婚姻是家庭倫理秩序的基礎，田宅是人們的基本生產生活資料，二者對普通民眾至關重要，因而「為政者皆知以民事為急」〔註24〕，在長期的司法實踐中，宋代司法官員形成一套處理民事訴訟的規則和方法。

1. 重視書證

判斷婚姻是否有效締結須看婚書或私約文字，判斷田產歸屬依據真實合法的契約文書，即「理斷爭田之訟，先憑干照」。〔註25〕還需要辨明證據是否真實可信：「切惟官司理斷典賣田地之訴，法當以契書為主，而所執契書又當明辨其真偽，則無遁情」。〔註26〕《名公書判清明集》中許多法官都利用書鋪對契約、婚書或者定親帖子進行辨驗，查驗真偽。宋代司法官常用的書證類型包括：有文字記載的遺囑；田宅交易中鄰人與證人的陳述筆錄；官府的砧

〔註23〕參見陳景良：《試論宋代士大夫的法律觀念》，載《法學研究》1998 年第 4 期。

〔註24〕（清）徐松：《宋會要輯稿》刑法三，第 14 冊，劉琳等校點，上海古籍出版社 2014 年版，第 8414 頁。「以民事為急」中「民事」二字，雖非確指民事訴訟與民事審判，但「民事」一詞包含有民事訴訟的內容則是確定無疑的。參見陳景良：《宋代司法傳統的敘事及其意義》，載《南京大學學報（哲學、人文社科版）》2008 年第 4 期。

〔註25〕（宋）王炎：《上孫漕書》，載《全宋文》第 270 冊，上海辭書出版社、安徽教育出版社 2006 年版，第 89 頁。干照，即田宅交易中的一應契約及向官府過割、投印交稅的法律憑證。

〔註26〕中國社會科學院歷史研究所宋遼金元史研究室點校：《名公書判清明集》卷九《孤女贖父田》，中華書局 1987 年版，第 315 頁。

基簿；書鋪對書證之真偽所作的檢驗報告等。

2. 從文書表面無法查明田宅產權或婚姻關係，則深入實地，調查取證，依理推斷

隨著社會的發展，民事糾紛愈加複雜。婚姻訴訟中出現了一女二嫁、爭婚、悔婚、離婚等多種訴訟，悔婚、離婚理由多樣，或因財產，或因雙方門第變化。田宅訴訟中往往是所有權人和實際經營者分離，還出現代理交易和管業的幹人；有的是買賣關係和租佃關係交織在一起，有因逃避賦稅而詭名立戶引起的產權糾紛。如此紛繁的法律關係，司法官很難從契約文書等表面的書證看出糾紛的本因和關鍵，必須深入人們實際生活進行調查研究，「既有干照，須問管業，則條令自有明文。或問開荒，則指揮自有明文。如已耕熟田，不許執舊契劃奪是也。」〔註27〕對實踐中田產所有權人和實際經營者不一致時，當查明事實，根據不同的情況，保護所有權人或者實際經營者的權益。

法官在審查證據時遇到真假難辨的情況，就要訊問實際經營者和知情人，詢問鄰居和保長，瞭解真相。「然據兩辭所供，則管業、開荒難以見其虛實，其勢又順問及鄰保，則事之曲直、人之情偽方別白而不可逃。」〔註28〕書證和證人證言結合起來，才能準確查明案件事實。轉型時期社會關係變得紛繁複雜，法律在實施中產生諸多問題，在審理戶婚、田宅糾紛時必須重視調查研究，依靠證據，運用推理，查明事實真相。

3. 審理婚姻、田宅訴訟案件，一般不採取強制措施

獄訟的分別自古有之，一般來說，獄相當於刑事案件，司法官代表國家追究犯罪，承擔者偵查、追訴和審判的綜合職能，而訟則相當於民事案件，司法官作為百姓的父母，居中解決人們爭財競產、婚姻田土中產生的糾紛。宋代法官清楚意識到二者性質的不同，法官所處的角色也不同。在審理婚姻、田宅訴訟時，司法官員聽取雙方當事人的陳述和論辯，通過訊問查明案件事實，一般不採用刑訊等強制措施。「若其兩辭紛拏，即呼之使至案前，反覆論辨，未嘗敢臨之鞭樸，亦未嘗敢拘之於囹圄。因是以理斷曲直，庶幾

〔註27〕（宋）王炎：《上孫漕書》，載《全宋文》第 270 冊，上海辭書出版社、安徽教育出版社 2006 年版，第 89 頁。

〔註28〕（宋）王炎：《上孫漕書》，載《全宋文》第 270 冊，上海辭書出版社、安徽教育出版社 2006 年版，第 90 頁。

可以無失。」〔註 29〕認識到刑事訴訟和民事訴訟的本質區別，嚴格約束自身的刑訊。

兩種案件中司法官承擔的職能和扮演的角色迥異決定了在審理不同案件的過程中採用的手段和方法會有很大差別。按照法律規定，作為刑事案件中調查取證最常採用的手段——刑訊在民事案件中也是被允許的。宋代官員在長期的司法實踐中認識到在審理民事案件時，刑訊無益於調查瞭解事實真相，對宗族、鄰里甚至家庭內部爭財竟產糾紛的處理更是有害。因此，在田宅訴訟的審理中法官「未嘗敢臨之鞭樸，亦未嘗敢拘之於囹圄」，這是宋代司法走向理性的一個重要表現。

4. 在審理婚姻、田宅訴訟案件給當事人「斷由」

由於訴爭日多，許多婚姻田宅訴訟曠日持久，宋代州縣官為免訟累，在婚姻、田宅訴訟中給當事人發放「斷由」，即記載著判決理由的官府審決法律文書。給出斷由益處有三：1. 司法官本人在審案時須查清事實，正確適用法律。因為斷由要分清是非曲直，明確肯定或者否定一方的訴訟請求且講明理由。「大率官司予決，只有一可一否，不應兩開其說」。〔註30〕2. 訴訟當事人可以根據斷由來判斷事實認定是否符合實際情況，判決結果是否合理，決定是否上訴。3. 上級官府和司法官根據判決文書中寫明的事實和判決理由，看到案件事實的來龍去脈以及司法官對於法律條文的解釋和適用情況，便於覆查。正如南宋臨湘縣令王炎〔註31〕所說，「然人之情偽固難盡知，而一己所見豈能皆當，即又準條令為給斷由，其斷由之中必詳具兩爭人所供狀詞，然後及於理斷曲直情理。」〔註32〕這就對司法形成了多方面的監督，保證婚姻、田宅訴訟能夠得到合法、合理的判決。

〔註29〕（宋）王炎：《上孫漕書》，載《全宋文》第 270 冊，上海辭書出版社、安徽教育出版社 2006 年版，第 90 頁。

〔註30〕中國社會科學院歷史研究所宋遼金元史研究室點校：《名公書判清明集》卷六《已賣而不離業》，中華書局 1987 年版，第 165 頁。

〔註31〕王炎（1138～1218）字晦叔，一字晦仲，號雙溪，婺源（今屬江西）人。乾道五年（1169）進士。歷知臨湘縣，通判臨江軍。慶元間，歷任太學博士，秘書郎，著作佐郎兼實錄院檢討，著作郎，軍器少監，軍器監兼權禮部郎官。累官中奉大夫、軍器監。嘉定十一年卒，年八十一。《宋史翼》有傳。炎與朱熹交誼甚篤。有《雙溪集》二十七卷，詞有《雙溪詩餘》一卷。

〔註32〕（宋）王炎：《上孫漕書》，載《全宋文》第 270 冊，上海辭書出版社、安徽教育出版社 2006 年版，第 90 頁。

5. 同一類案情適用同一類法律的原則

以往有人認為的中國古代司法沒有確定性，是不可預期的「卡迪司法」，這也屬於對司法傳統的誤解。《名公書判清明集》戶婚門涉及的爭業、立繼、檢校、戶絕、女承分、取贖、雇賃等七大類案件都是適用同一規則的，包括親鄰之法、典主故作遷延之法等。此外，為了維護田宅交易安全，南宋的法官們在民事審判中總結了五種「不予受理」的案件類型。〔註33〕

6. 審理婚姻、田宅訴訟，注重天理、國法、人情平衡，以取得良好的社會效果

婚姻本是合兩姓之好，建立夫妻家庭關係，宋代社會上卻產生許多悔婚、離婚和爭婚糾紛，男女雙方及其家長、第三方都成為當事人，或因財產，或因門第，或要合或要離，紛繁複雜。在大量發生的田宅訴訟中，我們可以看到不同階層、不同身份的訴訟當事人和參與人，形勢戶、鄉村富民和下等戶，佃農和主戶，僧人和俗人，不同身份、不同階層的人互相爭訟，叔侄、兄弟、從兄弟、舅甥、繼父母和子女、小叔和寡嫂，夫妻，父母子女，近親屬對簿公堂，這就突破了傳統的長幼尊卑倫理秩序，訴訟雙方作為當事人各自主張自己的權益。

在審理婚姻田宅訴訟中，司法官也是首先考慮雙方的證據主張，其次才考慮當事人的身份關係，對親屬之間的訴訟持寬容的態度，不單純靠道德說教去調解，而是對爭議做出實質性的評判。〔註34〕在判決時首先要依照法律，「剖斷曲直，則依條法。」王炎談到自己的審判田宅訴訟的經驗時說：「或有契據不明，界至交互之人，或有雖納賦稅，並無契據之人。炎為因事之宜，斟酌人情，依傍法意，平心理斷，不敢狥一己之私意，有所偏曲，亦不容吏輩執覆，有所眩惑。」〔註35〕法官首先查明事實，在法條之規定的基礎上考慮情理，給出斷由時通常用「在法」「準法」「準敕」先適用律文、敕令，再結合本案的具體情況做出判決。

〔註33〕 參見劉馨珺：《明鏡高懸：南宋縣衙的獄訟》，北京大學出版社 2007 年版，第357 頁。

〔註34〕 兄弟爭業互相爭訟的案件審理最為典型，在唐以前，兄弟爭財案件，法官最值得稱道的做法是將兄弟二人囚禁在一室，使二人互視良久，重萌友愛之情，言歸於好，息訟止爭。而在《名公書判清明集》中吳恕齋審理潘琮兄弟爭業案件時，則是從墨蹟筆跡判明契約真假，查明事實作出判決。

〔註35〕 （宋）王炎：《上孫漕書》，載《全宋文》第 270 冊，上海辭書出版社、安徽教育出版社 2006 年版，第 89 頁。

此外，宋代司法官員在民事訴訟中開始關心下層農戶的利益，認識到「客戶乃主戶之本」〔註36〕；在審理財產繼承的案件中，注意保護婦女的合法權益，在室女在不同階段享有不同程度的繼承權；在司法審判中開始保護孤幼等弱者的權益，創設「檢校」制度，在某些情況下，允許「以卑告尊，以幼告長」；放鬆「越訴」之禁，允許貧民下戶因田宅遭受侵吞官府以務限為由不予受理時越級上訴，注重保護下層民眾及商人通過「越訴」主張的合法權益。〔註37〕

三、士紳建設基層社會秩序的努力

宋代士大夫面對劇烈的社會變革，並不滿足於明察善斷，聽獄決訟，儘管在實踐中他們極為重視獄訟，但在內心深處，依然是秉持「德禮為政教之本，刑法為政教之用」的觀念，希望達到「聖人假法以成教，教成而刑不施，故威厲而不殺，刑設而不犯」的理想境界，因此，他們都指向獄訟產生的根源——人心，要改變人的貪念，約束人們的欲望，就需從根本做起，所以要「一道德、同風俗」，重建基層社會秩序，這一思想貫穿著宋代始終。

宋朝通過近二十年的統一戰爭結束了唐末以來的分裂割據局面，統治者要重塑儒家文化為主導的帝國，必須迅速穩定社會秩序，收拾民心。宋初統治者派遣文臣做知州，他們到任後，剿滅盜賊，安撫百姓，訪民疾苦，減輕賦稅，有不便於民者立即上奏，予以革除，針對各地具體情況，實施便民善政，取得良好的效果。文臣做地方行政長官成為有宋一代的政治傳統。社會秩序穩定之後，文臣士大夫面對的是因長期分裂導致的地區法律秩序和道德風俗差異，在推行統一的儒家禮法時遇到很大困難。他們採取了兩方面措施：一方面針對不同的地域千差萬別的習慣和風俗，推行中央法令時有所區別，在特定區域有所變通。〔註38〕另一方面，士大夫厲行教化，把各地的風俗道德整合到儒家文化的體系中來。主要的措施有二：

〔註36〕 （宋）蘇軾撰，（明）茅維編：《蘇軾文集》卷三六，《乞將捐弱米貸與上戶令賑濟佃客狀》，孔凡禮點校，中華書局 1986 年版，第 1036 頁。

〔註37〕 參見陳景良：《論宋代士大夫的法律觀念》，載《法學研究》1998 年第 4 期。

〔註38〕 宋初在推行法令時，後征服區域與原統治地區區別很大，一直到仁宗前期，在徵收賦稅、官員委派、考核等方面川峽、兩廣都與其他地區不同。參見程民生：《宋代地域經濟》，河南大學出版社 1992 年版。

（一）打擊淫祀，推行儒家教化，把民間信仰統一到官方意識形態之下

宋代士大夫面對的淫祀主要有宋初蜀地結社祭祀灌口神〔註39〕；金商等州祀邪神；〔註40〕屢禁不止的荊湖地區殺人祭鬼，〔註41〕江南東西、荊湖南北、廣南東西、兩浙、福建迷信鬼神和巫術，〔註42〕還有種類繁多的一時一地之祀，如邠州民信仰禱祠狐仙，〔註43〕北宋京畿地區扶乩占卜求財、〔註44〕祭拜古井〔註45〕的活動，潭州祀五瘟神等等〔註46〕，可以說士大夫和淫祀的鬥爭貫穿兩宋始終。〔註47〕淫祀大都與儒家傳統道德倫理不合，甚至危害人民生命財產安全，嚴重威脅地方統治秩序，士大夫對於淫祀的態度很明確就是嚴屬打擊，典型的有夏竦洪州禁巫，范仲淹江淮禁民淫祀，程琳蜀地打擊結社祠神，王嗣宗邠州滅狐。南宋播遷之後，統治重心正是淫祀泛濫的江南諸道，所以打擊屢禁不止的淫祀也就成為士大夫的政務之一。根據《名公書判清明集》的記載：南宋士大夫主要的做法也是區分正祀、淫祀，對淫祀要拆除或者焚毀，嚴禁殺人祭鬼、巫師惑眾、傳習妖教。〔註48〕違者依照

〔註39〕（宋）李燾：《續資治通鑑長編》卷一〇九，仁宗天聖八年十月癸卯，第5冊，中華書局2004年版，第2546～2547頁。

〔註40〕（宋）佚名：《宋大詔令集》卷一九九，《禁金商等州祭邪神詔》，司義祖編，中華書局1962年版，第736頁。

〔註41〕（宋）李燾：《續資治通鑑長編》卷一一〇，仁宗天聖九年五月壬子，第5冊，中華書局2004年版，第2558頁。

〔註42〕（宋）李燾：《續資治通鑑長編》卷一〇一，仁宗天聖元年十一月戊戌，第4冊，中華書局2004年版，第2340頁。

〔註43〕（宋）李燾：《續資治通鑑長編》卷七五，大中祥符四年正月，第3冊，中華書局2004年版，第1707頁。

〔註44〕（宋）李燾：《續資治通鑑長編》卷六五，真宗景德四年閏五月，第3冊，中華書局2004年版，第1459頁。

〔註45〕（宋）李燾：《續資治通鑑長編》卷一二四，仁宗寶元二年九月庚戌，第5冊，中華書局2004年版，第2925頁。另一個相關記載是在仁宗時期的祥符縣。參見（元）脫脫等：《宋史》卷三三三，李載傳，第31冊，中華書局1977年版，第10708頁。

〔註46〕（清）徐松：《宋會要輯稿》禮二十，第2冊，劉琳等校點，上海古籍出版社2014年版，第993頁。

〔註47〕關於宋代史料中「淫祀」的信息，皮慶生有詳細的梳理。參見皮慶生：《宋代民眾祠神信仰研究》，附錄六，上海世紀出版股份有限公司、上海古籍出版社2008年版，第354～376頁。

〔註48〕中國社會科學院歷史研究所宋遼金元史研究室點校：《名公書判清明集》卷十四，中華書局1987年版，第538頁。

敕令處以重刑。

士大夫們對民間信仰特別是鬼神崇拜進行了儒家化解釋，理學家們用「氣」解釋鬼神存在的合理性，允許人們祭祀合法祠神，引導人們祭祀符合儒家精神的神祇，在各地興建夫子廟、聖賢忠烈祠，將儒家忠義思想滲入民間信仰中去。同時在地方創建學校和書院，宣講儒家經典。士大夫們積極消除民間淫祀產生的根源，如在信巫不信醫的落後地區推廣先進的醫術，為民治病。

這些舉措促進了先進的儒家文化向民間傳播，社會風俗逐漸改變，士大夫們向朝廷提出立法建議，把地方經驗上升為敕令在全國範圍內推行。

（二）士大夫階層制定具有約束力的家訓、族規、鄉約，規範人們日常行為，試圖建立理想的基層秩序

宋代士大夫沿襲修身齊家的傳統，制定家庭成員行為規範——家訓。兩宋著名的家訓有呂祖謙《閨範》，司馬光《家範》《居家雜儀》，袁采《世範》，張時舉《弟子職》《女誡》《鄉約》《家儀》《鄉儀》，孫奕《履齋示兒編》，真德秀《真西山教子齋規》，陸游《放翁家訓》，朱熹《朱子家禮》《朱子訓子帖》，劉清之《戒子通錄》，葉夢得《石林家訓》，方昕《集事詩鑒》，曹淇《訓兒錄》等。宋代的家訓和前代相比出現了新的特點：家法家規和國家有關家庭倫理的禮法相呼應，且具有明顯的強制性。如司馬光《居家雜儀》要求「凡為家長，必謹守禮法，以御子弟及家眾」，這是對家長籠統的要求，具體到婚姻就要遵守七出三不去原則，《家範》：「按禮有七出，顧所以出之，用何事耳。若妻實犯禮而出之，乃義也。」真德秀《教子齋規》說：「凡為人要識道理，識禮數。在家庭事父母，入書院事先生。並要恭敬順從，遵依教誨。與之言則應，教之事而行，毋得怠慢，自任己意。」將禮法進一步和日常生活結合起來，作為日常行為規範。家訓的強制性體現在禁止性規定和懲罰規定上，禁止性規定如《居家雜儀》：「凡為子為婦者，毋得蓄私財，俸祿及田宅所入，盡歸之父母舅姑。當用，則請而用之。不敢私假，不敢私與。」懲罰性規定最典型的是包拯的遺訓：「後世子孫仕宦。有犯贓者，不得放歸本家，死不得葬大塋中。不從吾志，非吾子若孫也。」〔註49〕這些家訓作為的行為規範，直接約束家庭成員的行為。

〔註49〕（元）脫脫：《宋史》卷三一六，包拯傳，第 30 冊，中華書局 1977 年版，10318 頁。

　　宋代族譜的編訂也發展到歷史的新階段，從符承宗撰《符彥卿家譜》、向緘撰《向敏中家譜》到歐陽修撰《歐陽氏族譜》、蘇洵撰《蘇氏族譜》，逐漸確立了族譜的體例，此後族譜大量出現。編寫族譜是要按照禮制的要求重新組建宗族組織。要「收宗族，厚風俗，使人不忘本」，〔註50〕所以要明宗族譜系，按照五服確定親屬關係，立宗子法，族長享有依照族規處理宗族事務的權力，同一宗族的成員遵守族規，服從族長。族規具有強制約束性，族長擁有管理和懲戒權，這就使族規具備了法律規範的性質。

　　隨著經濟的發展，人口流動性加快，宋代鄉里不再是單一家族居住，而是多個姓氏的人們共同居住生活，為了維護鄉里的倫理秩序，士大夫們制定了鄉民共同遵守的鄉約。典型的有北宋張時舉定《弟子職》《女誡》《鄉約》《家儀》《鄉儀》，呂大鈞制定的《呂氏鄉約儀》，南宋朱熹又對《呂氏鄉約儀》做出增刪，編成《增損呂氏鄉約》，主要內容包括要求加入鄉約者：1. 德業相勸；2. 過失相規；3. 禮俗相交；4. 患難相恤。〔註51〕這些規範約束同鄉居住成員的日常行為，勸導人們遵守禮法，違背鄉約將受到相應的懲罰，嚴重的要開除鄉籍。

　　經過宋代士大夫的努力，以宗子或者族長為核心的宗族社會在民間逐漸建立起來，在解決民間糾紛中發揮著極為重要的作用。首先宗子作為宗族首領，多是仕宦之子，有社會地位，受過良好的儒家教育，引導宗族成員「父子親，兄弟和，妻子相好」。〔註52〕敦親睦族，和諧相處。其次，宗族組織可以處理族內成員各種糾紛，處罰違反族規的行為。在宗族中，士紳調解解決宗族內部的財產糾紛，鄰里糾紛，族長採用訓誡、懲戒等方式制裁違反族規的行為。最後宗族解決民間糾紛和官方司法結合起來，共同處理複雜的民間糾紛，即所謂「官批民調」。在日常生活中，宗族社會的糾紛解決機制維持著基層社會秩序的穩定。

　　這樣，在國家法層面，宋代的士大夫們不斷將行之有效的管理措施上升為國家立法，使立法出現制度化的趨勢。最突出的表現就是通過國家法律規

〔註50〕（宋）張載：《張載集》，經學理窟‧宗法，中華書局 1978 年版，第 258 頁。
〔註51〕（宋）朱熹：《晦庵先生朱文公文集》卷七四，《增損呂氏鄉約》，載《朱子全書》第 24 冊，上海古籍出版社、安徽教育出版社 2002 年版，第 3594～3603 頁。
〔註52〕（宋）蘇軾撰，（明）茅維編：《蘇軾文集》卷八，《策別安萬民》二，第 1 冊，孔凡禮點校，中華書局 1986 年版，第 256 頁。

範禁止對社會有危害的民間信仰行為，同時對民間信仰進行規範和改造。在民間法層面，士大夫們制定的行為規範從家訓、族規到鄉約，範圍由家庭、宗族擴及鄉里，逐步深入人們的日常生活，影響、約束人們的行為。國家法和民間法兩方面相互配合，力求建立士大夫期待的社會秩序。

結論

1. 知識源於經驗，法律來源於社會。宋代法律變化的根本動因來自社會，同時，法律作為規範，又是社會變化最典型指標。因為法律的導向是一個社會變動的風向標。

2. 皇權統治國家，士紳建構社會。表現在司法傳統上，宋代的司法傳統與唐相比，在儒家人文的大語境下，由倫理型向知識型轉變，由此影響此後的中國社會近千年。具體說來，國家層面的司法，尤其是對婚姻、田宅訴訟的審理，極為重視書契及物證，積累了豐富的經驗與智慧，呈現出了知識理性的特徵。

3. 從法社會學的角度看待法，法律不僅僅是國家制定的成文法，也包括地方士紳為固化風俗所制定的家訓、家禮和鄉約、家法族規等，國家司法層面呈現的法與民間層面呈現的風俗，具有國家整合社會，民間補充國家的中國特色，最顯著地表現是：國家通過敕令規範民間信仰，士紳通過修家訓、族譜明收族敬宗之效。

總之，宋與唐相較，最大的法律變化是一道德同風俗，立法秩序制度化、世俗化、常識化，司法出現理性化傾向，這些新的法律傳統深刻影響著宋代以降的中國古代社會。

清明時節說包公：包公「司法之神」形象的形成動因與觀念基礎〔註1〕

　　在中國歷史上，有一些形象特別突出，性格特別鮮明的人物，他們往往在歷史敘事中被賦予強烈的符號學意義。胡適先生較早地注意到這類歷史人物和敘事現象，將之命名為「箭垛式的人物」。〔註2〕這類「箭垛式」人物中，包公包龍圖以其嫉惡如仇、剛正不阿、不懼權貴、為民伸冤的性格和形象，在宋代以來逐漸成為中國傳統司法公正觀念的寄託和象徵，更成為中國老百姓心目中地位崇高的「司法之神」。〔註3〕今天我們研討千年法律傳統中的司法文化與當代司法文明建設的重要議題，包公包龍圖的流風餘韻彷彿透過歷史的塵埃撲面而來，呼喚著我們認真對待這一特殊而重要的司法文明現象。〔註4〕

〔註1〕本文與吳歡（時為浙江大學光華法學院博士生）合作。原載於《法學評論》2014年第3期。文章由陳景良提出大綱，寫成初稿，並在2011年「開封府清明論壇」上作主題演講。後由吳歡補充完成二稿，經陳景良審定提交2013年「宋代司法文化與現代法治文明建設」學術研討會，得到艾永明教授、楊玉聖教授和趙晶博士的商榷意見，遂完成三稿。

〔註2〕參見胡適：《〈三俠五義〉序》，載《胡適學術文集‧中國文學史》（下），中華書局1998年版，第1038頁。

〔註3〕直到今天開封、合肥、肇慶等地還保存有包公祠廟，港澳臺地區乃至新馬泰等國也廣泛存在包公崇拜。此外，當下有時還出現群眾舉包公像上訪的現象，儘管極不正常，但包公作為司法公正象徵的影響力於此可見一斑。

〔註4〕2012年最高人民法院已出臺《關於支持河南省加快建設中原經濟區重大戰略部署的意見》，強調「支持指導河南法院深入挖掘中原優秀司法文化傳統」。河南將以「包公」司法文化為重點，傳承弘揚法家文化、府衙文化等中原傳統司法文化，深入挖掘中原傳統司法文化的內涵、外延及時代價值。這說明，從中央到地方的司法實務界已經開始重視這一問題。

　　關於包公（包拯）的歷史與文學形象及其傳播演變，以及與之相關的清官司法、清官情結、青天信仰及其評價，已經有很多學者做出了開拓性的貢獻。〔註5〕尤其是徐忠明教授，全面分析了歷史、自我和文學三個維度的包公敘事，深入探討了包公故事中的罪與罰，以及司法運作實踐。〔註6〕本文試圖在已有研究成果的基礎上，首先揭示包公在百姓心目中的「司法之神」形象是如何形成的，其次闡明包公「司法之神」形象之所以形成的內外動因，最後分析包公作為「司法之神」寄寓了中國百姓怎樣的司法公正觀念以及導致傳統司法不公的主要社會因素。本文試圖強調包公之所以成為「司法之神」，除了以往學者籠而統之地指出的傳統清官情結的影響和包公個人的人格魅力之外，更重要的動因在於，中國傳統司法文化對人格道德力量的推崇，趙宋以降中國百姓對司法公正的期待，趙宋鑒於司法弊政而進行的司法改革，以及趙宋以降隨著商品經濟發展而孕育出的司法職業化趨向。認識包公故事中蘊含的傳統司法公正觀念，並從中透視趙宋以降的司法職業化趨向，無疑有助於把握傳統司法文化的整體性特徵與階段性變革。

一、形象：從清官包拯到「司法之神」

　　包公（包拯，公元 999～1062 年）是中國歷史上一個婦孺皆知、家喻戶曉的人物。歷史上真實的包拯已經死去，他的生平事蹟和胸襟抱負也已經凝固，但是作為「活的敘事」的包公故事卻流傳了近千年，包公戲、包公案也搬演、傳說了七八百年。從清官包拯到「司法之神」包公，人物形象得到如此的昇華和聚焦，其間經歷了怎樣的歷史過程，依靠了怎樣的傳播途徑，又是誰真正塑造了包公的「司法之神」形象，這是需要我們首先探討的問題。

　　從時間歷程來看，包公的「司法之神」形象是在包公生前和死後，以真實的包拯斷案事蹟和法律思想為基礎，在宋元明清近千年的歷史中不斷層壘疊加而得以「神化」的。真實的包拯辦理的有據可考的司法案件不過「盜割

〔註 5〕關於包公（包拯）的歷史與文學形象及其傳播演變，主要參見孔繁敏：《包拯研究：歷史與藝術形象中的包公》，中國社會科學出版社 1998 年版。關於清官司法、清官情結和青天信仰，主要參見徐忠明：《中國傳統法律文化視野中的清官司法》，載《中山大學學報（社會科學版）》1998 年第 3 期；趙曉耕、趙啟飛：《中國傳統司法中的清官崇拜批判》，載《湖湘論壇》2009 年第 3 期。
〔註 6〕參見徐忠明：《包公故事：一個考察中國法律文化的視角》，中國政法大學出版社 2002 年版。

牛舌案」等寥寥十件。〔註7〕就其履歷而言，他也只是在仕途早期短暫擔任州縣親民官，之後多累遷於中樞各衙；觀其奏議諫稿，他的精力和志業也更多地放在理財、治邊、選官、議儲等治國理政的重大議題之上，而較少思考具體的司法斷案問題。〔註8〕所以，真實的包拯至少主要不是「司法官」，更遠非「司法之神」。但是在包拯死後，文人墨客和平民百姓便以這些記載為基礎，進行添枝加葉和話語構建，從而極大地豐富和拓展了包拯的司法活動和司法形象。就層壘疊加的階段而言，宋金時期是包公形象塑造的萌芽期，蒙元時期是包公形象塑造的成熟期，明清時期是包公形象塑造的拓展期。〔註9〕就層壘疊加的內容而言，千年包公敘事較之真實包拯史事，其對包公形象的塑造或曰添附主要有以下表現：為包公的形象與經歷增加了神秘化的元素，如文曲星下凡的傳說，幼年被遺棄的遭遇，與狐狸交友的經歷，為鬼魂申冤的活動，以及黑面孔、月牙印的外貌，夢遊床、陰陽鏡等寶物，日審陽，夜斷陰的職權等，使包公的司法形象臉譜化和司法活動權威化；把包公的活動集中於司法斷案，並且增強了專業性和細節性的描述，如包公親自或者委派屬下進行現場勘驗、訊問證人、刑訊人犯等，還經常出現包公喬裝打扮、明察暗訪、查明真相的橋段，強調了包公對司法技藝的運用；尤其虛構了包公與各種社會因素的衝突，如包公由嫂娘養育成人卻鍘了貪贓枉法的姪兒包勉，包公與宋仁宗君臣相得卻屢屢忤逆龍鱗犯顏直諫，包公為秦香蓮申冤不惜得罪整個官場怒斬陳世美等，使得整個包公形象更加豐滿，也更具戲劇效果和感染力。

　　從形成途徑來看，包公形象雖然被神秘化、神聖化，但神化的途徑卻是世俗化和多樣化的。趙宋一朝商品經濟勃興，工商業繁榮，海外貿易發達。在此經濟基礎上，以瓦舍勾欄、說唱演藝為代表的市井文化開始出現，筆記、話本、雜劇等廣受歡迎的文學形式和載體也逐漸成熟，這為包公形象的塑造提供了重要的媒介和途徑。尤其需要指出的是，包公的神化主要是通過戲劇的傳播而完成的。「包公戲」以其栩栩如生的造型，通俗易懂的唱詞，貼近百

〔註7〕這十個案件分別是：1. 盜割牛舌案；2. 貴臣償債案；3. 二人飲酒案；4. 中人占河案；5. 冷清妖言案；6. 從舅犯法案；7. 窬垣踐嫗案；8. 笞盜從諫案；9. 杖吏寬囚案；10. 池州浮屍案。參見徐忠明：《解讀歷史敘事的包公斷獄故事》，載《政法論壇》2002 年第 4 期。（以上案例名稱經筆者重新整理。）

〔註8〕包拯奏議諫稿，見楊國宜校注：《包拯集校注》，黃山書社 1999 年版。

〔註9〕參見李永平：《包公文學及其傳播》，陝西師範大學 2006 年博士學位論文，第 34 頁以下。

姓的演出場所，充分傳播和極大昇華了包公的司法形象。有了戲文裏的包公，正史裏的包拯反而不那麼重要了，我們甚至可以說，包公是唱戲的「唱」出來的。「包公戲」之外，刊載戲文的話本，根據戲劇改編的說書表演，系統整理「包公戲」而成的俠義小說、公案小說，共同塑造了包公的神聖形象，同時也成為後人進一步塑造的素材。具體而言，首先是宋金士人在筆記中補充和描述了包拯斷案細節，凸顯了包公的斷案智慧和司法形象。尤其是金人元好問關於包公執法陰司記載，一舉溝通了從凡人包拯到「司法之神」包公之間的觀念鴻溝，極大地啟發了後人關於包公故事的想像力。〔註10〕宋金話本中也開始出現包公斷案的故事，成為元明清以降傳唱近千年的包公戲的基本源頭。蒙元時期包公戲被更加頻繁而廣泛地搬演，占到了現存元雜劇劇目的十分之一強，包公的「司法之神」形象也日漸豐滿。〔註11〕迨至明朝，隨著說唱文化的繁榮和雕版印刷業的發達，以包公斷案為主要情節和賣點的公案小說開始大行其道，此前成百上千的、分散傳播的包公故事，被說書藝人整合成章回體的《龍圖公案》《百家公案》等長篇巨製，包公「司法之神」形象達致巔峰。清朝時期包公戲繼續傳唱，並在各地方劇種和京劇中成為經典保留曲目。此時的包公敘事又有了新的變化，公案與俠義並舉，形成了俠義公案小說《三俠五義》，作為「司法之神」的包公也成了民間俠客的精神領袖和報國寄託。

從塑造力量來看，包公的神像不是官方權威立起來的，而是老百姓在民間生活中共同塑造的，所以其生命力歷數百年而不衰，並且將永遠活在老百姓的心中。在《宋史》本傳中，包拯就有「歲滿不持一硯歸」官聲，又有「立朝剛毅，貴戚宦官為之斂手」的威名，更有「人以包拯笑比黃河清」、「關節不到，有閻羅包老」的口碑。宋人吳奎為包拯所撰《墓誌銘》中亦有「（拯）聲烈表爆天下人之耳目，雖外夷亦服其重名。朝廷士大夫達於遠方學者，皆不以其官稱，呼之為『公』」〔註12〕的記載。可見，包拯早在生前就已名滿天下。包拯死後朝廷賜諡「孝肅」，追贈「禮部尚書」，但並未能夠就此蓋棺定論。文

〔註10〕 《續夷堅志》「包女得嫁」條載：「世傳包希文以正直主東嶽速報司，山野小民無不知者。」這是包公形象從人到神，包公活動從人間到冥界的轉折點。參見（金）元好問：《續夷堅志》卷一，中華書局1986年版，第2頁。

〔註11〕 參見張全明：《「包公戲」的出現與流傳》，載《炎黃春秋》2000年第11期。

〔註12〕 《包拯集校注》，附錄一之吳奎《宋故樞密副使孝肅包公墓誌銘》，楊國宜校注，黃山書社1999年版，第274頁。

人墨客的筆記和話本中開始追憶包拯的事蹟，而瓦舍勾欄中的市井百姓則進一步地對包公的司法形象加以發揮，以滿足世俗化的消費需要。包公故事在元代的高強度傳播，反映了蒙元統治下漢族知識分子集體無意識的民族認同，包公雜劇在一定程度上成為廣大漢族百姓的共同文化記憶。〔註13〕明清包公故事中，包公在俠客的輔佐下懲治貪官污吏，洗刷小民冤屈的形象則再度迎合了文學商品化背景下市民的娛樂需要。就職業而言，包公形象的傳播主體有書坊主人、職業作家、書會成員、戲文弟子、藏書刻書家、民間說書藝人等。在這一塑造與被塑造過程中，青衣戲子，說書先生，落魄文人，印書商人，和那些終日碌碌不得安歇的最廣大的底層民眾一道，既做導演，又做觀眾，唱響了一臺流傳近千年的「包公大戲」。歷史上的清官包拯死了，「司法之神」包公卻在千百萬人的心中活了近千年，並將繼續永垂不朽。通過愚民政策製造的各種「活神」終會死去，死後成神的包公形象卻永不倒塌。

二、動因：包公何以成為「司法之神」

明人張岫曾經設問：「宋之名臣彬彬其盛，何獨公之名愈久而愈彰？」〔註14〕對此已有學者做出過很多回答，但主要集中於籠而統之地強調傳統清官情結的影響和包公個人的人格魅力。對此筆者並不否認，同時想著重從傳統司法文化的整體性特徵和階段性演變的視角指出，包公之所以能夠成為中國百姓心目中的「司法之神」，或者換而言之，中國老百姓心目中的「司法之神」之所以是包公，其背後還有著更為深刻的內在動因。

首先，傳統司法文化對人格道德力量的推崇是包公之所以成神的文化背景。中國傳統政治哲學歷來主張賢人政治、為政在人。孔子強調「其身正，不令而行；其身不正，雖令不從。」〔註15〕孟子鼓吹「惟仁者宜在高位」。〔註16〕皆此之類也。這種對政治倫理的道德高標體現在司法活動中，就是要求司法官員具有忠恕、哀矜、賢良等優良品德，整個司法活動的目的不在於懲罰犯罪，而在於教化人民。這也就是《尚書》所謂的「以德祗教」、「惟良折獄」、

〔註13〕參見李永平：《包公文學形象傳播的新思考》，載《光明日報》2007 年 3 月 31 日第 7 版。

〔註14〕《包拯集校注》，附錄三之張岫《成化開封刊本序》，楊國宜校注，黃山書社 1999 年版，第 333 頁。

〔註15〕《論語·子路》。

〔註16〕《孟子·離婁上》。

「哀矜折獄」、「告爾祥刑」,「庶獄庶慎」、「列用中罰」,「明德慎罰」、「義刑義殺」等原則的要求。這樣一套倫理化的司法理念不僅貫徹在先秦司法實踐中,也在秦漢以後法律儒家化的進程中,特別是在趙宋士大夫階層廣泛參與司法活動的背景下,得到朝野上下的高度推崇和普遍認同,也構成了中國老百姓心目中關於司法倫理的基本想像。

在這樣的背景下,再回頭審視歷史敘事中包拯的諸多品質和事蹟,如竭力事親,孝聞鄉里的孝道,公而忘私,盡瘁國事的忠道,舉止中正,待人誠懇的品性,守法持正,清正廉潔的官聲,勁正嚴毅,峭直剛毅的性格,處理公務,剖析明白的能力,當會發現包公是一個「孝親忠君,憂國愛民,剛正不阿,清廉無私」的模範官吏。

而在其少有的司法活動記載中也集中體現了包拯清正廉潔、剛直不阿、精明睿智和親民愛民的形象,這無疑符合傳統司法倫理的期待和要求。在集中表現包公司法斷案活動的「包公戲」和公案小說中,也著力刻畫了包公這些方面的人格道德力量。正如學者所指出的,如果抽離掉包公文學敘事中添附的神秘色彩與符號,其性格與事蹟要點與前述歷史敘事中的包公形象基本一致。〔註17〕但是,以往學者的研究多從個人的角度分析、總結和讚美包公的人格特徵與魅力。其實更為重要的是,包公的這些人格道德力量一直內在地暗合於中國傳統司法文化,並且深深地鑲嵌於傳統文化的意義網絡之中。所以,包公才能在千年敘事中常變常新又不離其宗,始終受到百姓的推崇與尊敬。

其次,趙宋以降中國百姓對司法公正的期待是包公之所以成神的精神動力。

以往有研究者將老百姓對於司法公正的期待單純地解釋為青天崇拜、青天信仰,甚至將這種心理歸結為司法文化走向現代化的障礙。筆者不贊同這種簡單處理,事實上,司法公正是古今中西人民的共同期待,是人類進入文明社會,國家壟斷解紛權之後,人民對於國家司法必然而正當的要求。中國古代社會在唐宋之際發生巨大轉型之後,人民對司法公正的期待顯得尤為迫切。〔註18〕因為進入到「近世化」的社會裏,利益主體進一步分化,利益衝

〔註17〕參見徐忠明:《包公故事:一個考察中國法律文化的視角》,中國政法大學出版社 2002 年版,第 48 頁。

〔註18〕有關「唐宋變革論」的梳理,見柳立言:《宋代的家庭和法律》,上海古籍出版社 2008 年版,第 7～10 頁。

突進一步加劇，訴訟活動更加頻繁，這就對司法公正提出了更高的要求。

趙宋一朝政治局面較為清明，司法秩序較為健康，但仍然存在官僚貴族欺壓百姓的現象，百姓獲得司法救濟也存在一定障礙。於是我們看到了包拯改革案件受理舊制和處理「中人占河案」的記載，也看到了《清明集》中「名公」們對戶婚田土「細故」的精當審斷。市井小民將包公故事編入話本在瓦舍勾欄中日夜傳唱，除了是文人墨客的娛樂消遣，也蘊含著「司法應作如是觀」的期待。包公形象神化最主要的時期是元明清三代，這也恰恰是中國古代皇權專制登峰造極的時期。以皇權為代表的公權的不正當行使，如元代的種族壓迫，明初四大冤獄，明中後期的廠衛司法，清代康乾盛世下的文字獄，有清一代的旗人特權等，都是使司法和獄訟陷入混亂和黑暗的重要因素。如果說這些宏觀政治災難還不足以觸動百姓對司法公正的敏感神經，只是讓他們成為看客和犧牲品，那麼明清社會「訴訟爆炸」的現實，則將山野小民從「無訟是求」的刻板論斷中還原成一個個對司法公正充滿期待的鮮活的司法活動主體。然而，現實總是殘酷的，「青天窗外無青天」，「酷吏傳外有酷吏」，酷吏常有而青天不常有。〔註19〕身處苦難之中訴告無門，權利無從伸張的人民，從內心深處對包公產生了強烈的期待，並將之塑造成為一個理想的「司法之神」。包公明察秋毫，賞善罰惡，不畏權貴，為民伸冤，甚至審斷陰曹的屈鬼冤魂的傳說，都是這種期待的投影。

第三，趙宋懲於司法弊政而進行的司法改革是包公之所以成神的制度資源。

北宋初年承五代之弊，統治者面臨政權割據、法令繁亂的現實。當時的司法狀況是藩鎮跋扈，武人擅斷，以專殺為威，草菅人命，司法殘暴黑暗。要恢復社會秩序和司法秩序，回應百姓對司法公正的強烈訴求，就必須改變這種狀況，重建司法的正當性與合理性。為此，北宋統治者採取了一系列旨在促進司法公正的改革措施。在司法理念方面，宋朝統治者回歸到儒家仁政思想脈絡，強調司法活動要以仁愛為本，重視獄訟，恤刑慎罰。趙宋皇帝不僅選用儒臣掌理州縣獄訟，還親自折獄錄囚，以示哀矜慎刑。在司法官員素質方面，宋代實行了廣泛的法律考試，建立起了嚴格的司法官員責任制度，還

〔註19〕「青天窗外無青天」語出宋人胡穎詩，柳立言先生巧妙化用，以「青天」指胡穎等名公書判，「無青天」指整個宋代司法狀況，參見柳立言：《青天窗外無青天：胡穎與宋季司法》，載《中國史新論・法律史分冊》，聯經出版事業股份有限公司 2008 年版，第 235 頁以下。「酷吏傳外有酷吏」是筆者受柳立言先生啟發自撰，藉以指代司法不公多有而司法公正少有的現象。

對舞文弄法、欺壓百姓的胥吏進行了嚴格的控制。在司法制衡機制方面，宋代改革了中央司法機構，完善了州縣治理體制，強化了司法監督機制。在民刑審判程序方面，創造性地建立了鞫讞分司、翻異別勘、疑案雜議、越訴特許、審判時限等制度。此外還在實踐中完善了檢校制度、檢驗制度和證據制度等司法配套制度。

趙宋王朝的這些司法改革措施，是理解包公司法活動的時代背景，也是包公之所以成神的制度資源。歷史上真實的包拯，就是以進士身份入仕，旋即被授予知天長縣、知端州等親民官職，是儒臣知州政策的體現。包拯還擔任過監察御史、知諫院等富有監察司法職責的官職，包拯所進行的便民訴訟的改革措施，也是整個宋代司法改革的有機組成部分。這些真實的事蹟成為後世包公形象塑造的源泉。如果將視野投向到包公故事，更可以經常看到包公作為欽差官、監察官糾正司法冤案，嚴懲貪官污吏的事蹟，這也是宋代司法監督制度和法官責任制度的折射。至於那些更經常出現的欄轎告狀、開棺驗屍等情節，也是宋代越訴制度和檢驗制的反映。總之，儘管包公故事並非主要創作於宋代，但是包拯卻是生活於宋代，宋代司法傳統中追求仁政仁愛的司法理念和保障司法公正的制度設計，無疑為包公「司法之神」形象的塑造提供了觀念上的啟示和制度上的資源。後世包公故事的創作者們在創作包公故事的時候，儘管在具體制度的情節設計上無法做到也沒有必要做到還原宋制，但是在包公為老百姓「運送正義」的基本方式問題上，大體遵循了宋代司法傳統中那些行之有效的做法，在其背後的仁愛司法精神理念問題上，更加與宋代司法傳統相暗合。

最後，趙宋以降商品經濟發展孕育出的司法職業化趨向，是包公之所以成神的內在驅動。

承前之緒，趙宋以降，隨著唐宋變革帶來的「近世化」轉型的深化，商品經濟日益發展，社會生活豐富多彩。為了因應這種轉型趨勢，趙宋國家法律秩序中的權利主體範圍逐漸擴大，司法實踐中允許越訴的範圍也逐漸擴大，中國社會進入到了「訴訟爆炸」的時代。趙宋王朝的後世君主遵照太祖「用士人治州郡之獄」的祖制，選任「文學法理，咸精其能」、「工吏事，曉法律」的士大夫群體作為最主要的親民官。[註20] 處理司法事務遂成為各級士大夫

[註20] 參見陳景良：《「文學法理，咸精其能」──試論兩宋士大夫的法律素養》上、下，載《南京大學法律評論》1996 年秋季卷、1997 年春季卷。

親民官最主要的職責和任務，司法審判也成為基層控制和治理活動中的頭等大事。在「案多人少」的治理資源結構下，基層士大夫親民官必須嫻熟地掌握律典規定和風俗人情，必須更加妥善地兼顧催糧徵賦和聽訟斷獄，也必須更加清晰地認識到中國老百姓過日子、做生意的規則與邏輯，更加積極地回應老百姓對於司法公正的訴求。〔註21〕與此同時，訟師、書鋪戶、茶食人、安停人、幹人、仵作、胥吏等司法角色開始在司法訴訟中扮演重要角色，訟學、律學、法醫學、官箴學等司法知識開始逐步積累，法律考試、「鞫讞分司」、「翻異別勘」、「干照」、「斷由」、「千文架閣」等司法制度和設施也在司法實踐中得以廣泛運用。這些角色、知識和制度中蘊含著的就是宋代司法的職業化傾向，宋代司法傳統的近世意義與當代價值也盡在於此。〔註22〕

再將視線拉回到包公故事，我們看到儘管歷史上的包拯有其他多重身份，但最為人們所熟知和傳誦的恰恰是他的「司法」官員身份，而且是一位具有專業司法素養和高超司法技藝的司法官員。《宋史》本傳所載「盜割牛舌案」，僅短短四十一字，就生動刻畫了包拯洞若觀火的精湛的司法技藝。除此之外，包公墓誌和宋人筆記中記載的有據可考包公處理的「貴臣償債案」、「二人飲酒案」、「中人占河案」、「冷清妖言案」、「從舅犯法案」、「窬垣踐嫗案」、「笞盜從諫案」、「池州浮屍案」等案例，也分別反映出包公所具有的剛毅、機敏、肅正、果斷、正直、寬厚、謙遜、明辨等司法素養，而這些素養，直到今天仍然是國家對於司法人員的基本要求之一。千年包公文學中最為人們所津津樂道和口耳相傳的，也是包公作為「司法」官員而進行的各種明察暗訪，盤查、偵控、取證、檢驗、擬判、施刑等司法活動，都體現了主其事者（不管是包公還是包公的下屬們）所具有的司法專業素養。在此種寓教於樂的普法宣傳式敘事背後，推動其深入人心的除了青天為民做主的美好願望，無疑也包括專業法律知識的潛移默化。這一點，是以往研究者未曾注意的，但卻是筆者所要著重加以指出的。

三、觀念：「司法之神」所代表的司法公正

包公就這樣成為了中國老百姓心目中維護司法公正的千古「司法之神」。但這裡的「司法公正」，卻不是現代法理學所謂的抽象的「司法公正」理念，

〔註21〕陳景良：《中國法學知識體系的建構必須重視從中華法制文明中尋求資源》，載《法學研究》2011 年第 6 期。

〔註22〕陳景良：《唐宋州縣治理的本土經驗：從宋代司法職業化趨向說起》，載《法制與社會發展》2014 年第 1 期。

而是傳統中國老百姓理解的、植根於中國法律傳統之中的「司法公正」。包公
作為「司法之神」，其所代表的「司法公正」觀念的核心內涵就是在執法司法
活動中克服金錢、權勢和親情等因素的干擾，做到清正廉潔，明法致公，為
民請命。

（一）中國百姓理解的「司法公正」

我們將中國老百姓理解的「司法公正」概括為「清官」、「清明」與「青
天」三位一體的「司法公正」觀。這種司法公正觀念在中國傳統司法文化和
千年包公敘事中都有著充分的體現和投射。

首先是清正廉潔的「清官」。清正廉潔是傳統政治哲學對官員的基本道德
要求和政治綱紀，也是中國老百姓理解的最低層次的司法公正，要求執法司
法官員清正克己，廉潔奉公，不得貪污受賄，徇私枉法。《尚書》規定了嚴懲
司法官員貪贓枉法的「五過之疵」，秦律也規定了「見知不舉」、「失刑」、「不
直」、「縱囚」等司法官員貪贓瀆職罪名。《唐律》確立了嚴懲「六贓」的刑法
原則和法官「出入人罪」、「受財枉法」和「縱囚」的法官責任制度，「二十四
史」中更有十九部專列「循吏傳」來表彰清官。「清官」一詞在魏晉時期出現
時本指職事清閒之典籍官，如《晉書·何遵傳》載何遵「少歷清官，領著作
郎。」金人元好問開始將「公廉」的官員稱為「清官」，其詩曰：「能吏尋常
見，公廉第一難。只從明府到，人信有清官。」〔註23〕自此之後，「清官」流
播廣遠，得到官方與民間話語體系的高度認同。〔註24〕有學者指出，「明清兩
代，關於清官的議論、奏摺、書籍、傳記、話本以及曲目等更多了。隨著這些
文本的廣泛流傳，不僅像寇準、包拯、海瑞等這些著名清官深受廣大民眾喜
愛和頌揚，而且各具特色的清官群體及其呈顯出的特徵魅力也開始深入人心，
清官一詞隨之也為越來越多的民眾所熟悉和推崇。」〔註25〕回到包公。無論
在歷史敘事還是文學敘事中，包公首先都是以一名「清官」的形象出現的。
《宋史》本傳不僅記載了包拯「不持一硯歸」和「關節不到，有閻羅老包」的
官聲，還述錄了包拯要求子孫後代廉潔奉公、不得犯贓的家訓，包拯本人也

〔註23〕《元好問詩編年校注》卷二，《薛明府去思口號》其一，第1冊，狄寶心校注，
中華書局2011年版，第133頁。
〔註24〕參見賀衛方主編：《司法的理念與制度》，中國政法大學出版社1998年版，第
74頁。
〔註25〕魏瓊：《清官論考》，載《中國法學》2008年第6期。

留下了以「清心」治世，以「直道」立身的述志詩。〔註26〕在包公文學中，有關包公清廉形象的刻畫更是隨處可見。如元雜劇《陳州糶米》載「包龍圖那個鐵面沒人情」，「這個大人清廉正直，不愛民財。雖然錢物不要，你可吃些東西也好；他但是到的府州縣道，下馬升廳，那官人裏老安排的東西，他看也不看。一舊三頓，則吃那落解粥。」《合同文字》載「他清耿耿水一似，明朗朗鏡不如。」《珍珠記》載「那包文拯明如鏡，清如水，不受人私，不怕權貴。」〔註27〕這些都是中國老百姓對司法官員和司法公正最基本的期待和最迫切的心聲。

其次是明法致公的「清明」。「清明」的重點在於「明」，明法才能致公，這就不僅要求執法司法官員清正廉潔，還要求他們熟練地掌握法律知識，具備洞察人情世故和處理司法事務的能力。《名公書判清明集》在「後序」中解釋「清明」二字時指出，「《呂刑》曰：清明於單辭說，《書》謂明無一毫之蔽，清無一點之污，然後能察其情，民受祥刑，斯為哲人。」〔註28〕說的就是「清明」的重要性：「清明」才能洞察案情，才能秉公處理，才能通過司法活動為百姓帶來福祉。「公生明，廉生威」是中國古代很多清官的座右銘，但是光有「清官」不一定能夠保證做到「清明」，光有公正無私的信念不一定能夠明瞭案件的真相，光有清正廉潔的作風也不一定能夠威懾姦猾的群小。沈括《夢溪筆談》就記載了公廉的包公反被貪猾的胥吏算計的事例。據載，包公擔任開封府尹期間，有百姓犯法應當受杖刑，為免皮肉之苦，便賄賂開封府胥吏。胥吏為他出主意，讓他在包公下令行刑之際分辯喊冤，自己則故意對其大聲呵斥，不許其申辯。這樣就成功地轉移了包公的注意力，包公認為胥吏仗勢欺人，為了打擊胥吏的囂張氣焰，杖責了胥吏，寬宥了罪犯，殊不知這樣卻正中了他們的下懷。沈括最後總結說：「小人為奸，固難防也。」〔註29〕可見，沒有司法實務技能和專業法律知識，即使是「清官」

〔註26〕 《書端州郡齋壁》詩曰：「清心為治本，直道是身謀。秀干終成棟，精鋼不作鉤。倉充鼠雀喜，草盡狐兔愁。史冊有遺訓，無貽來者羞。」參見《包拯集校注》卷一，楊國宜校注，黃山書社 1999 年版，第 1 頁。

〔註27〕 參見吳白匋主編：《古代包公戲選》，黃山書社 1994 年版，第 123、138、255、559 頁。

〔註28〕 中國社會科學院歷史研究所宋遼金元史研究室點校：《名公書判清明集》，附錄一之盛時選《清明集後序》，中華書局 1987 年版，第 564 頁。

〔註29〕 （宋）沈括：《夢溪筆談》卷二十二，謬誤（譎詐附），中華書局 2015 年版，第 216～217 頁。

如包拯也會犯錯，也會好心辦壞事。此外，經典豫劇《血濺烏紗》也講述了嫉惡如仇的清官嚴天民因受奸蒙蔽而誤判案情、錯斬人命的故事。故事中，真相大白後嚴天民羞愧難當，最終伏劍自刎，這無疑是個悲劇，但也說明「清明」的重要性。當然，在千年包公敘事中，更為常見的是包公親自或者委派下屬明察暗訪，抽絲剝繭，查明案件真相的情節，如《陳州糶米》中包公喬裝為趕車人進城查案。而且很多案件得以偵破的關鍵節點就在於個別證人證言或者物證，如《烏盆傳》中的烏盆，《珍珠記》中的珍珠，甚至《還魂記》中的冤魂。有時包公甚至運用超現實的古今鏡和仙遊枕，上天入地，訪神問鬼以取得證據或者瞭解案情。雖然這些敘事包含了誇張和神秘的成分，也不符合現代司法邏輯，但是的確反映了創造這些情節的百姓心目中樸素證據定案觀念和司法職業思維。

最後是為民請命的「青天」。在老百姓的造神運動中，清廉而清明的清官，最後被神化和塑造為「青天」，他們存在的意義就是為民請命，為民做主。「青天」中的「天」首先是天命、天道。中國傳統政治哲學講有命自天，天子和皇帝代替上天管理人間秩序，享有最高國家權力。但是這種最高性權力並非毫無限制，可以為所欲為，而是要受到多重制約與限制。在某種意義上甚至可以說，傳統君權制約機制或曰「馴服」君主權力的制度安排構成了中國傳統政治中的基本憲制。換而言之，皇權、君權只有以合乎傳統治道規則體系的方式行使，才具有最高權威性和正當性；如果只是出於君王個人一己之私，一隅之見，就會受到傳統君權制約機制的束縛甚至是反抗。〔註30〕具體到執法司法活動中，國家王法代表著國家的整體性利益和治理秩序的基本要求，如果皇帝因為個人的喜好、愛憎、親疏等因素，干涉司法活動的正常進行，就違背了天命和天道的要求，這種干涉就不再具有正當性，司法官員就有權加以抵制。西漢廷尉張釋之在審理「犯蹕案」時，就抵制了漢文帝的法外施刑。在包公的司法活動中也經常受到來自更高層的政治權力出於私利、私情的干涉，如《鍘美案》中包公接連受到公主、太后、群臣乃至仁宗本人的求情和干涉。這在老百姓看來，當然是不正當的，因而包公的抗爭格外地被老百姓所稱許和認同。「天」的第二重含義是民意、民心。民心向背自古就是政治得失的檢驗標準，而天命實際繫於民心。重視民心、民意，既是老百姓的精

〔註30〕 參見吳歡：《安身立命：傳統中國國憲的形態與運行——憲法學視角的闡釋》，中國政法大學出版社 2013 年版，第 135 頁以下。

神訴求，也是傳統治理秩序的正當性與合法性所在。所以，在包公故事中，包公呈現出親民、愛民的形象和體察民情的實踐，這也是包公獲得百姓愛戴和傳誦的重要原因。「天」的第三重含義是最高、最遠，引申為不可動搖、不可觸犯，所謂「天威」、「天罰」是也。這其實象徵了堅如金石、剛正不阿等執法司法理念。包公在執法司法活動中不徇私情，不避權貴，不動搖，不妥協的氣節和精神無疑符合這些理念，包公所持的「金牌勢劍」、「三道御鍘」也是天威的象徵。甚至他的司法技能和司法行為，也被賦予了天威和神性的色彩，如老百姓認為包公斷案技藝高超，是因為他是天上文曲星下凡，能夠溝通陰陽兩界，天上人間。

（二）傳統司法緣何不公正

總結起來，中國老百姓理解的「司法公正」就是「清明」的「清官」作為「青天」為民做主，這三個層次的「司法公正」的基本要求就是清正廉潔，明法致公和為民請命。但是僅僅探討中國老百姓心目中應然的「司法公正」是不夠的，我們還必須結合實際，探討哪些現實的社會因素導致了傳統司法的不公正。首先是權勢的催逼與傾軋。人類社會從「叢林狀態」進入文明國家的標誌之一就是由國家政權取代公民個體行使解紛權和追訴權，國家司法官員及其所行使的司法權力遂成為糾紛解決和追訴犯罪的最主要的權威和途徑，此理古今中西概莫能外。這就要求司法官員和司法活動天然地應當具有公正性，否則，遭遇不公的民眾要麼選擇個體性的私力復仇，要麼被群體性地「逼上梁山」，整個國家的政治秩序和司法秩序也就蕩然無存。但是，司法官員的司法活動在事實上是會受到各方面的干擾，難以做到公正司法，其中最易受到也是最為嚴重的就是來自權勢的催逼。作為中國傳統司法制度和司法智慧最早記錄的《尚書·呂刑》載：「五過之疵，惟官、惟反、惟內、惟貨、惟來，其罪惟均，其審克之。」這裡首當其衝的「唯官」，就是指秉承上意，官官相護；接踵其後的「惟反」，是指利用職權，打擊報復。此二者就是權勢的催逼與傾軋的經典表述，也是導致傳統司法不公的最主要的因素。官官相護和畏懼權勢，一個主動枉法，一個被動瀆職，是官場的通病，更是司法的公害。即使本質並不壞的人，面對來自更高級別權勢的催逼，面對來自周遭四下的掣肘請託，能否挺直腰杆，堅持公正司法，是老百姓最為關心的問題。在包公敘事中，我們固然看到了敘事者們著力塑造的包公在各種權勢高壓之

下仍然剛直不阿的形象，這無疑反映了老百姓的內心期待。但是我們更要注意到，被歷史上的「包公」們平反昭雪、洗刷奇冤的諸多案件中，相當大的一部分本身就是由於原審和初審官員官官相護或者畏懼權勢造成的。〔註 31〕比如四處狀告無門只能進京攔轎的秦香蓮案，又比如引發清末政壇「海嘯」的楊乃武與小白菜案。甚至就連包公自身，在最初接到秦香蓮訴狀的時候，開始的反應也是贈予秦香蓮錢物讓她罷訟回鄉。可見，當黑臉包公都一度因為權勢而退縮的時候，「青天窗外無青天」的官場，又怎能提供老百姓所期待的「司法公正」。

其次是金錢的誘惑與腐蝕。金錢是司法公正最大的腐蝕劑，也是老百姓感受最直觀的影響司法公正的因素。當然，這裡「金錢」只是一個概稱，還應當包括各種利益。《尚書》「五過之疵」就包含著「惟貨」、「惟來」。「惟貨」就是指貪贓受賄，敲詐勒索，當然主要是金錢；「惟來」就是指接受請託，枉法徇私，自然也包括各種利益。《左傳·召公十四年》載，邢侯與庸子爭田，叔魚受財枉法裁判，最終被哥哥叔向大義滅親，戮屍街頭，叔魚由此成為歷史上第一個因為受財枉法被判死刑的司法官員。但是，金錢的誘惑與腐蝕總是能夠讓司法官員心存僥倖，於是秦律有「通錢」之罪，《唐律》有「六贓」之條，而「八字衙門朝南開，有理無錢莫進來」則是老百姓對司法活動中錢權交易的絕望諷刺。唐宋社會面臨近世化轉型，商品經濟不斷衝擊禮教堤防，社會風氣不恥言利，甚至競相逐利，貧富分化嚴重，利益衝突頻繁，大至人命奸盜，小至牲畜墳塋，皆成為推動老百姓進入司法場域的動因。〔註 32〕琢瑯在這樣一個人人爭利的司法時空下，訴訟活動的勝負不僅很大程度上取決於訴訟參加者支付各種明裡暗裡訴訟費用能力的大小，而且在更大程度上取決於他們承擔訴訟沉沒成本的大小。如果再加上對司法官員進行金錢賄賂能力大小的砝碼，那麼升斗小民將永遠是司法活動中的失敗者。另一方面，隨著唐宋社會階級結構的變遷和治國理政用人導向的轉變，庶族地主集團出身的士大夫階層逐漸成為司法官員的主體。那些原本出身貧寒或者細微（相對

〔註 31〕徐忠明教授製作了包公司法故事概覽表，涉及到這些冤案的成因。參見徐忠明：《包公故事：一個考察中國法律文化的視角》，附錄，中國政法大學出版社 2002 年版。

〔註 32〕參見陳景良：《南宋事功學派法制變革思想論析》，載《法律科學》1992 年第1 期。

於隋唐門閥世家的顯貴），通過科舉考試一朝成名的庶族地主階級士大夫們，在執法司法活動中能否抵制來自金錢的誘惑和腐蝕，就更加成為一個嚴峻的現實問題。〔註 33〕在歷史敘事和文學敘事中，包公都是一個鐵面無私、兩袖清風的典型清官，有著「關節不到，有閻羅老包」的美譽，這說明包公經受住了金錢的考驗，所以他成為老百姓心目中「司法公正」的象徵。但是，包公敘事裏那些貪贓枉法、利慾薰心的司法官員又是何其多也，老百姓所期待的司法公正又是何其難也。

第三是親情的煎熬與蒙蔽。「五過之疵」中還有「惟內」。所謂「惟內」，是指內親用事，為親徇私。人情莫不愛其親，傳統儒家思想和儒家化的法律制度也從人性出發，承認了親情倫理在國家法律秩序中的特殊地位，如允許親親相隱，不提倡大義滅親。但是，儒家對於親親相隱和大義滅親的態度是分情況的。如果本人身為執法者而親屬犯罪，鼓勵甚至要求「大義滅親」；如果本人身為普通百姓而親屬犯罪，則鼓勵甚至要求「親親相隱」。二者區別不在於是否「國事重罪」，而在於是否負有特定司法職責以及職責背後蘊含的道德倫理義務。就老百姓而言，既擁有「親親相隱」的權利，更期待看到執法司法官員「大義滅親」的舉動。換而言之，中國傳統政治倫理和老百姓對於執法司法官有著高於常人的道德期待，期待他在親情和法律衝突之際能有出色的表現，而不至於讓親情沖昏了理智的頭腦，讓私愛妨害了司法的公正。但是，現實中的親情糾葛遠非法律制度所能夠釐清，也更加考驗司法官員的勇氣和智慧。豫劇《血濺烏紗》中，引發嚴天民錯誤判斷案情，進而導致冤斬無辜的一個重要因素，就是其妻程氏被貪官賴水鏡矇騙後，將一份假供狀放進了案卷，從而構成了劉松故意殺人罪的證據鏈，後來嚴天民飲劍自裁的悲劇也始於此。嚴天民悲劇的產生固然主要是因為其妻礙於親情（與賴水鏡係表姐弟關係）和意志力薄弱（收受賴水鏡一隻玉鐲），但也與嚴天民未能嚴加約束內室和親眷有關。我們在指責貪官賴水鏡設局構陷的卑劣伎倆的同時，也為嚴天民落入親情的陷阱，喪失了判斷力而惋惜。包公故事中，包公鍘死嫂娘獨子、自己親侄包勉的故事更是親情與王法激烈碰撞與衝突的典型。如果

〔註33〕以《名公書判清明集》所載案例為例，官吏門收書判 65 件，其中 58 件涉及官員的違法犯罪；人品門有公吏類 24 件書判，涉及吏人貪贓枉法的種種行徑。以至於宋慈坦言：「貪污贓吏，世不能免。」參見王志強：《〈名公書判清明集〉法律思想初探》，載《法學研究》1997 年第 5 期。

包公顧及親情倫理，這也是人之常情；但是包公選擇了執行王法，從而在贏得老百姓的讚賞的時候也嚴重的傷害了自己立身其中的血緣親情。傳統戲曲《包公賠情》中，包公對嫂娘的那一段唱詞，深深的撞擊著每一個聽眾的心靈，親情還是王法，也成為每個人心中的「哈姆雷特問題」。

總之，包公作為代表「司法公正」的「司法之神」，其在中國老百姓心目中的形象是通過與權力、金錢、親情的反覆博弈中逐漸豐滿起來的。而此三種因素，是古今中外，尤其是當下中國影響司法公正的三大主要因素，所以，認識包公形象所代表的百姓心聲對於當下和將來仍有說不盡的意義。真實的包公已不重要，形象的包公永不倒塌，因為老百姓的生活中永遠需要司法公正。

代結語：包公「司法之神」形象的現代啟示

回到本文的開始。包公作為「箭垛式」的歷史人物，任何時代的任何人都可以有不同的解讀。而真實的包拯所身處的宋代司法傳統，也具有歷史和現實的多重意義。筆者向來主張，現代法學知識只能作為我們理解中國傳統法文化，進而進行中國法治建設的參照系而非唯一標準，中國法學知識體系的建構必須重視從中華法制文明中尋求資源，必須從人生智慧的角度重新認識中國法文化的價值，用現實的眼光洞察法史，於法史研究中體悟現實。〔註34〕就此而言，本文所論及的包公「司法之神」形象及其形成動因與觀念基礎給我們的啟示主要有以下三點：

其一，中國傳統文化中蘊含有豐富的司法文明資源，有待於我們認真梳理和總結。千年包公敘事是中國傳統文化中具有高度進步性、人民性和思想性的一環，其中蘊含有深刻的傳統司法智慧和峻切的百姓心聲，值得我們認真對待。

其二，包公「司法之神」形象所承載的清正廉潔、明法致公和為民請命等傳統司法公正觀念植根於中國傳統司法實踐，內嵌於中國老百姓法律思維深處。當代中國司法文明建設必須重視傳統司法觀念與現代司法理念之融合與調適，而不應該簡單而武斷地對其進行意識形態化的所謂批判。

〔註34〕陳景良：《中國法學知識體系的建構必須重視從中華法制文明中尋求資源》，載《法學研究》2011 年第 6 期。

其三，趙宋王朝一方面為扭轉唐末五代司法黑暗，回應百姓司法公正的訴求，另一方面也為因應商品經濟發展帶來的訴訟爆炸現狀，而在司法制度方面有著諸多改革和創新，為傳統司法公正觀念的落實提供了許多有益的制度性支撐，體現了中國傳統司法的近世化、職業化轉型趨向。這也是包公之所以成為百姓心目中的「司法之神」最重要的原因和驅動。這一趨向和動因在以往的學術研究中重視不足，但卻是今後司法文明研究和司法文明建設應當重點注意的關節之一。

宋代司法公正的制度性保障及其近世化趨向〔註1〕

　　在中國老百姓的心目中,「包青天」是一尊堪與希臘女神忒彌斯相提並論的「正義之神」「司法之神」。然而,「青天窗外無青天」〔註2〕,酷吏傳外有酷吏,青天不常有而酷吏常有。更為真實的情況是青天酷吏不常有而貪官污吏常有,貪官污吏不常有而庸官俗吏常有。青天甚至部分酷吏也許能夠抗拒權勢的催逼,抵制金錢的誘惑,忍受親情的煎熬,但是,在庸官俗吏乃至貪官污吏占絕大多數的現實司法場域中,要真正實現司法公正,還必須有科學合理的制度舉措作為保障條件。這固然是現代司法文明的基本要求,卻也能夠從中國傳統司法文明中發現類似智慧。因為人類司法文明的共同價值取向之一,就是通過司法活動為社會運送正義,這一點古今中外沒有本質差別,只不過具體的方式與效果不同而已。〔註3〕在中國司法文明史上,宋代司法因其別具特色而峭然屹立為一座高峰。〔註4〕在如何為社會運送正義的問題上,

---

〔註1〕 本文與吳歡(時為浙江大學光華法學院博士生)合作。原載於《河南大學學報(社會科學版)》2015年第1期。

〔註2〕 「青天窗外無青天」,語出宋代法官胡穎詩。參見柳立言:《青天窗外無青天:胡穎與宋季司法》,載《中國史新論·法律史分冊》,聯經出版事業股份有限公司2008年版,第235頁。

〔註3〕 賀衛方:《運送正義的方式》,上海三聯書店1999年版。賀衛方教授可能並不一定贊同筆者這一論斷,然筆者亦不贊同衛方教授用「類型學」方法將中國古典司法審判的特徵簡單概括為「集權而非分權」、「知識的統治」、「非專業化知識的統治」和「沒有對抗的司法」四點,參見賀衛方:《中國的司法傳統及其近代化》,載蘇力、賀衛方主編:《20世紀的中國:學術與社會·法學卷》,山東人民出版社2001年版,第176～185頁。

〔註4〕 徐道隣:《宋律中的審判制度》,載氏著《徐道隣法政文集》,清華大學出版社2017年版,第205～225頁。

宋代司法也留下了可圈可點的成就，為司法公正的實現提供了積極的條件，對此讀史習律諸君子不可不察也。事實上，宋代司法傳統中的相關制度舉措，筆者和其他學者已多有論述，〔註5〕但大多較為零散而具象，或未從整體上進行總結提煉，或未明確揭示其所蘊含的為社會運送正義之旨趣與近世化轉型之特徵。要言之，宋代司法之所以在中國司法文明史上別具一格，不在於這一時期出現了某一項兩項特別的司法制度，亦不在於這些制度在司法實踐中個別地發生效果，而在於這些對司法公正有莫大助益的制度集中性地出現在宋代司法傳統中，而且相互之間構成了聯繫較為協調和緊密的有機整體。也就是說，宋代司法文化在制度設計方面的成就是一種整體性突破與結構性優化，而非單純的個別的制度創新。本文即試圖在已有研究成果的基礎上，以司法公正的制度性保障為切入點，總結宋代司法傳統中具有鮮明特色的制度舉措，進而探究其所以發生的原因和其所昭示的司法近世化轉型趨向之意涵、表徵與限度。我們意在強調，這些制度在宋代作為一個整體，不僅於保障司法公正大有裨益，而且在一定程度上摺射了宋代司法傳統的近世化轉型趨向。

一、仁愛司法理念的踐行

作為司法活動最重要的主體，趙宋皇帝和士大夫在深刻反省晚唐五代給人民帶來的深重苦難的司法弊政之後，回歸了儒家仁政慎刑的思想脈絡，確立並踐行了仁愛司法的理念，強調「臨下以簡，必務哀矜」〔註6〕，以仁愛之心斷獄聽訟。

〔註5〕陳景良：《宋代司法傳統的現代解讀》，載《中國法學》2006 年第 3 期；陳景良：《訟學、訟師與士大夫——宋代司法傳統的轉型及其意義》，載《河南省政法管理幹部學院學報》，2002 年第 1 期；陳景良：《宋代司法傳統的敘事及其意義——立足於南宋民事審判的考察》，載《南京大學學報》2008年第 4 期；王雲海：《宋代司法制度》，河南大學出版社 1992 年版；戴建國：《宋代刑事審判制度研究》，載氏著《宋代法制初探》，黑龍江人民出版社2000 年版；劉馨珺：《明鏡高懸：南宋縣衙的獄訟》，北京大學出版社 2007年版；柳立言：《南宋的民事裁判：同案同判還是同案異判》，載《中國社會科學》2012 年第 8 期；柳立言：《宋代的宗教、身份與司法》，中華書局2012 年版；柳立言：《宋代的家庭和法律》，上海古籍出版社 2008 年版；呂志興：《宋代司法中的分權與監督制度初探》，載《中央政法管理幹部學院學報》2000 年第 3 期；張正印：《宋代「鞫讞分司」辨析》，載《當代法學》2013 年第 1 期。

〔註6〕（元）脫脫等：《宋史》卷一九九《刑法一》，第 15 冊，中華書局 1977 年版，第 4976 頁。

　　首先，皇帝躬親折獄錄囚，以示哀矜。錄囚制度始於漢代，是指皇帝或受其指派的司法官員梳理滯獄，平反冤屈的活動，既較好地體現了皇帝對刑獄的仁恕之心，又使皇帝通過複審案件加強對司法的控制。宋代司法以仁愛為本，皇帝錄囚恤獄之風猶盛於前朝後代。史載，宋太祖「每親錄囚徒，專事欽恤」。〔註7〕太宗經常親自審斷案件，「在京獄有疑者，多臨決之，每能燭見隱微」，並於太平興國六年下詔曰：「諸州大獄，長吏不親決，胥吏旁緣為奸，逮捕證佐，滋蔓逾年而獄未具。自今長吏每五日一慮囚，情得者即決之」，〔註8〕遂使錄囚成為司法定制。至於「真宗性寬慈，尤甚刑辟」，〔註9〕「仁宗聽斷，尤以忠厚為主」。〔註10〕南宋「高宗性仁柔」，「每臨軒慮囚，未嘗有送下者，曰：吾恐有司觀望，鍛鍊以為重輕也」。〔註11〕孝宗特別關心民間獄訟，「每歲臨軒慮囚，率先數日令有司進款案批閱，然後遣決」，並於乾道二年下詔曰：「比年以來，治獄之吏，巧持多端，隨意輕重之，朕甚患焉。其自今革玩習之弊，明審克之公，使奸不容情，罪必當罰，用迪於刑之中，勉之哉，毋忽！」〔註12〕還有「理宗起自民間，具知刑獄之弊。初即位，即詔天下恤刑，又親製《審刑銘》，以警有位。每歲大暑，必臨軒慮囚」。〔註13〕這些都是趙宋皇帝本於仁愛司法的理念，以身作則，為實現司法公正做出的親身表率。

　　其次，儒臣掌理州縣獄訟，以恤下民。晚唐五代到北宋初年，州縣獄訟多由武人聽斷，施刑嚴酷、用法恣意的現象十分嚴重，民眾苦不堪言，司法秩序一片混亂。宋太祖、太宗、真宗三朝都力圖糾正這一司法弊政，注重改革司法官吏的人員與知識結構，史謂：「五季衰亂，禁網繁密。宋興，削除

〔註7〕（元）脫脫等：《宋史》卷一九九《刑法一》，第 15 冊，中華書局 1977 年版，第 4968 頁。

〔註8〕（元）脫脫等：《宋史》卷一九九《刑法一》，第 15 冊，中華書局 1977 年版，第 4968 頁。

〔註9〕（元）脫脫等：《宋史》卷一九九《刑法一》，第 15 冊，中華書局 1977 年版，第 4972 頁。

〔註10〕（元）脫脫等：《宋史》卷二百《刑法二》，第 15 冊，中華書局 1977 年版，第 4988 頁。

〔註11〕（元）脫脫等：《宋史》卷二百《刑法二》，第 15 冊，中華書局 1977 年版，第 4991 頁。

〔註12〕（元）脫脫等：《宋史》卷二百《刑法二》，第 15 冊，中華書局 1977 年版，第 4993～4994 頁。

〔註13〕（元）脫脫等：《宋史》卷二百《刑法二》，第 15 冊，中華書局 1977 年版，第 4996 頁。

苛峻，累朝有所更定。法吏寖用儒臣，務存仁恕。」〔註14〕宋曾鞏曰：「太祖始用士人治州郡之獄。」〔註15〕宋太祖以士人為司寇參軍，改諸州馬步院為司寇院。〔註16〕選用官員以律疏試判。〔註17〕太平興國四年，改司寇參軍為司理參軍，改司寇院為司理院，以「歷任清白，能折獄辨訟」的儒士充任。〔註18〕真宗時改革力度繼續加大，審刑院的詳議官、大理寺的詳斷官、刑部的詳覆官和三司的法直官，都由通過法律考試的士大夫擔任。〔註19〕此舉遂成定制並不斷豐富和發展，經此制度選拔出儒家士大夫司法官員，能夠將兼顧情理法的德性原則貫徹於州縣治理和司法實踐之中。他們在處理司法案件時，既能依據法理辨明是非，定分止爭，又能做到不傷物情，不害事體；他們還會親臨現場勘驗調查，然後據案情實際做出判決；他們的判詞既寓教化於審美趣味之中，又要注意保護卑幼的財產權利；他們還懷著強烈的憂患意識，批判司法弊政，關心民間疾苦，這不能不說是宋代司法傳統中特有的現象。

　　再次，創設檢校制度，保護孤幼權益。《宋刑統》規定：「諸身喪戶絕者，所有部曲、客女、奴婢、店宅、資財，⋯⋯無親戚者，官為檢校。」〔註20〕「所謂檢校者，蓋身亡男孤幼，官為檢校財物，度所須，給之孤幼，責付親戚可託者撫養，候及格，官盡給還，此法也。」〔註21〕由此可見，檢校是對父母雙亡的孤幼子女實行官府代管財產的制度。檢校制度在隋唐時即有零星實踐，宋仁宗時開封府設檢校庫，神宗至徽宗時檢校庫已開始經營放貸業務，

〔註14〕（元）脫脫等：《宋史》卷一九九，刑法一，第 15 冊，中華書局 1977 年版，第 4966 頁。

〔註15〕（宋）曾鞏：《曾鞏集》卷四九，《本朝政要策五十首》之刑法，下冊，中華書局 1984 年版，第 666 頁。

〔註16〕（宋）李燾：《續資治通鑒長編》卷十四，第 1 冊，中華書局 2004 年版，第 305 頁。

〔註17〕（元）脫脫等：《宋史》卷一，太祖本紀一，第 1 冊，中華書局 1977 年版，第 12 頁。

〔註18〕（宋）李燾：《續資治通鑒長編》卷二十，太平興國四年十二月，中華書局 2004 年版，第 466 頁。

〔註19〕（清）徐松：《宋會要輯稿》職官十五，第 6 冊，劉琳等校點，上海古籍出版社 2014 年版，第 3425～3428 頁。

〔註20〕（宋）竇儀：《宋刑統》卷十二，《戶婚律・戶絕資產》，吳翊如點校，中華書局 1984 年版，第 198 頁。

〔註21〕中國社會科學院歷史研究所宋遼金元史研究室點校：《名公書判清明集》卷七，中華書局 1987 年版，第 228 頁。

南宋時檢校制度更為發達，檢校庫也普遍經營放貸業務。〔註22〕《名公書判清明集》中有四篇判詞篇名涉及檢校，分別為「不當檢校而求檢校」「檢校婺幼財產」「侵用已檢校財產論如擅支朝廷封椿物法」「檢校聞通判財產為其侄謀奪」。〔註23〕以此為基礎參酌其他史料記載可知：第一，官府檢校財產的對象須為孤幼且父母雙亡；第二，孤幼成丁後，官府必須如數返還被檢校之財物；第三，孤幼財產一經檢校，即便尊長亦不得侵用；第四，不應檢校而檢校，官府須負法律責任。檢校制度在宋代的廣泛出現不是偶然現象，而是商品經濟發展和私有制深化在宋代法制中的必然反映。這一制度的價值基礎是儒家「矜老憐幼」的倫理觀，並以「敦風俗，美教化」為宗旨，不僅有助於維護社會倫常秩序，在司法實踐中也能夠保障孤幼子女的財產權益不致被侵奪。

二、法官職業素養的提升

正確的司法理念確立後，法官的職業素養是決定司法公正能否實現的關鍵。趙宋王朝通過建立和施行廣泛而全面的律學考試制度，還建立了嚴格的法官責任制度。隨著法官職業素養的提升，胥吏舞文弄法的行徑也受到了嚴格控制。

首先，實行廣泛的法律考試，重視司法官員隊伍和素質建設。宋太宗雍熙三年詔云：「夫刑法者，理國之準繩，御世之銜勒。……應朝臣、京官及幕職州縣官等，今後並須習讀法書。」〔註24〕為了培養和選拔合格的法律人才，宋代制定和完善了以法律考試為中心的一系列措施。不僅選拔司法官員要考試法律，就連進士、武學、算學等科目也要考察試律斷案。宋代法律考試有明法科、刑法試、明法新科等類別。明法科在唐代已隨著科舉制的建立而初具規模。宋太祖建隆三年下詔，規定各道選拔司法參軍「皆以律書試判」。〔註25〕真宗時「明法」科考試分為七場：「第一、二場試律，第三場

〔註22〕 王菱菱、王文書：《論宋政府對孤遺財產的檢校與放貸》，載《中國經濟史研究》2008 年第 4 期。

〔註23〕 四篇判詞內容，參見中國社會科學院歷史研究所宋遼金元史研究室點校：《名公書判清明集》，中華書局 1987 年版，第 228、280、282 頁。

〔註24〕 （清）徐松：《宋會要輯稿》選舉一三，第 9 冊，劉琳等校點，上海古籍出版社 2014 年版，第 5520 頁。

〔註25〕 （元）脫脫等：《宋史》卷一，太祖本紀一，第 1 冊，中華書局 1977 年版，第 12 頁。

試令，第四、五場試小經，第六場試令，第七場試律。仍於試律日雜問疏義五道。」〔註26〕刑法試又稱「試刑法官」「試法官」「試斷案」「試刑名」，由中央司法機構主持，以京朝官和州縣幕職官為對象，以律令大義和斷案為內容。王安石變法時又創立明法新科，不僅取消對經、疏的考察，改試《刑統》大義和斷案，地位也超過進士科：「新科明法中者，吏部即注司法，敘名在及第進士之上。」〔註27〕在統治者的倡導下，趙宋士大夫學律習令的風氣高漲，既工於吏事又通曉法律，「以經術潤飾吏事」〔註28〕成為士大夫的自覺追求，司法官員的人文素質與法律修養也大為提高，堪稱「文學法理，咸精其能」。〔註29〕

其次，建立嚴格的司法責任制度，嚴懲司法官員枉法裁判。晚唐五代時期，州縣獄訟多由武人輕率決斷，司法恣意性極大，宋代為改變這一狀況，在繼承唐律的基礎上，建立起了完善而嚴格的司法責任制度。宋代法官司法責任制度的內容包括違法管轄案件，違法受理詞訟，審理案件違限，違反迴避規定，違法實施刑訊，違法狀外求罪，違反證據規則，緣坐不當，斷罪不當，出入人罪，檢法不當，決罰失法等。相關規定細緻而嚴密，涉及到司法過程中的方方面面，司法活動的每個進程皆有法可依，如若違法則嚴懲不貸。例如，法官違法刑訊，《宋刑統》規定：「今後如或有故者，以故殺論。無故者，或景跡顯然，支證不謬，堅恃奸惡，不招本情，以此致死，請減故殺罪三等。其或妄被攀引，終是平人，以此致死者，請減故殺罪一等。」〔註30〕按晚唐敕文規定，拷囚致死者，「有故以故殺論，無故者減一等」，《宋刑統》則對「無故」情形進一步細分，目的就是「不陷無辜，得懲奸弊」。這充分體現了宋代法官責任制度的嚴密性。宋代法律還規定，州縣重大疑難案件都必須據實申報，應報而不報，或報而不實，都要負法律責任，史稱：「諸州所上疑

〔註26〕（宋）李燾：《續資治通鑑長編》卷六一，景德二年十二月，中華書局 2004 年版，第 1376 頁。

〔註27〕（元）脫脫等：《宋史》卷一五五，選舉一，第 11 冊，中華書局 1977 年版，第 3620 頁。

〔註28〕（元）脫脫等：《宋史》卷三三〇，王吉甫傳，第 30 冊，中華書局 1977 年版，第 10638 頁。

〔註29〕（元）脫脫等：《宋史》卷三一九，曾鞏傳，第 30 冊，中華書局 1977 年版，第 10396 頁。

〔註30〕（宋）竇儀：《宋刑統》卷二九，斷獄律·不合拷訊者取眾證為定，吳翔如點校，中華書局 1984 年版，第 478 頁。

獄，有司詳覆，而無可疑之狀，官吏並同違旨之罪。」〔註31〕在司法責任承擔方式上也不限於刑事處罰，還可能伴隨一些職務上的處分，如罰俸或者降職，還可能會取消恩蔭特權，或者剝奪任職資格。

再次，隨著州縣司法官職業素養的提升，胥吏舞文弄法的行徑得到控制。晚唐五代州縣刑獄多由佐官獄吏代審，這就為奸吏上下其手大開方便之門。宋朝統治者決心革除五代弊政，尤其強調州縣長官親決獄訟。宋太宗至道元年詔曰：「諸州長吏，凡決徒罪並須親臨。」〔註32〕徽宗宣和二年詔曰：「州縣官不親聽囚而使吏鞫訊者，徒二年。」〔註33〕隨著士大夫成為州縣司法的主體和法律考試制度的推行，司法官員職業素養得到提升，不僅不再事事依賴胥吏，反而頻頻引用法條制止胥吏舞文弄法。如《名公書判清明集》載葉提刑判詞曰：「在法：非州縣而輒置獄，若縣令容縱捕盜官置者，各杖一百，縣尉且罰俸兩月。催承吏來牒諸州，今後管照條比較，若出違省限，只令委官一員驅催，不許輒委巡、尉用兵卒下鄉，及禁獄羅織。」〔註34〕胡石壁在判詞中也批評並懲治了下鄉擾民的巡尉：「巡、尉下鄉，一行吏卒動是三、五十人，逐日食用何所從來，不過取之於百姓而已。所過之處，雞犬皆空，無異盜賊，況有出於雞犬之外者乎？當此農務不急之時，尤非巡、尉下鄉之日……今兩尉乍得一官，全不識事體，若不稍稍示懲，終不能使之革心易慮。」〔註35〕

總之，宋代州縣治理人群經歷了從武將到儒生的結構性轉變，由此選拔出的士大夫司法官員基於儒家民本思想和專業法律素養，能夠做到親決獄訟，明法致公，防範胥吏干擾司法活動。

三、司法制衡機制的強化

司法機構內部能否實現相互制衡，能否對司法活動實行有效的外部監督，也是司法公正得以實現的重要保障。為了防止司法專擅，宋朝設置了一

〔註31〕（宋）李燾：《續資治通鑑長編》卷二五，雍熙元年八月，中華書局2004年版，第582頁。
〔註32〕（宋）王栐：《燕翼貽謀錄》卷三，中華書局1981年版，第24頁。
〔註33〕（宋）馬端臨：《文獻通考》卷一六七《刑考六》，第8冊，中華書局2011年版，第5011頁。
〔註34〕中國社會科學院歷史研究所宋遼金元史研究室點校：《名公書判清明集》卷三，中華書局，1987年，第68頁。
〔註35〕中國社會科學院歷史研究所宋遼金元史研究室點校：《名公書判清明集》卷一，中華書局1987年版，第28頁。

系列司法機關以分散司法事權，進而實現司法機關之間的內部制衡與外部監督。

　　第一，改革司法機構設置，建立司法機構分權制衡體系。宋朝在繼承唐制的基礎上，設立了並列制衡的司法機構體系。〔註36〕首先，擴大開封府的司法職權，使之成為與御史臺、大理寺並列的中央審判機關。開封府本是北宋首都的地方行政機關，但「中都之獄訟皆受而聽焉，小事則裁決，大事則稟奏。若承旨已斷者，刑部、御史臺無輒糾察」。〔註37〕可見開封府實際上行使部分中央司法機關的職權。其次，在中央設立受理百姓越級直訴的四大機關。宋代先後設立了登聞鼓院、登聞檢院、理檢院、軍前引見司四個機構，百姓凡欲報告朝政得失，申訴冤抑苦情等，均可經各院進狀上達天聽：「初詣登聞鼓院，次檢院，次理檢院」，〔註38〕只有以上各院均不受理，才可以直接邀車駕告御狀。第三，在路一級設立四大並列的司法機關。宋朝在路一級設有轉運司、提點刑獄司、安撫司、提舉常平司，百姓不服州縣判決，可向路級四機關申訴。此外，太宗時曾設置御史臺推官二十人，「皆以京朝官為之。凡諸州有大獄，則乘傳就鞫」。〔註39〕這些推官主要作為皇帝的代表分赴各地審查重大疑難案件，返京後還要彙報處理案件的情況。這也是在繼承漢唐御史制度的基礎上，進一步加大了御史臺推官的司法職權，當然，反過來也是對大理寺和地方司法機關司法職能的分散。

　　第二，完善州縣治理體制，加強州縣司法的專門化與制衡化。宋代在各路設置主管司法的提點刑獄司，還在州設置司法參軍與司理參軍，分別掌管檢法議罪和調查偵訊。具體而言，宋代地方治理體制中司法層級有三：首先是縣，「杖罪以下縣長吏決遣。」〔註40〕其次是州，擁有死刑案件以下的管轄權。但死刑案件如有「法重情輕，情重法輕，事有可疑，理有可憫」等情形，則應將全卷報請大理寺詳斷。最後是路。路設有轉運司、提點刑獄司及提舉

〔註36〕戴建國：《宋代法制初探》，黑龍江人民出版社，2000年，第200頁。

〔註37〕（宋）馬端臨：《文獻通考》卷六三，職官考十七，第3冊，中華書局2011年版，第1891頁。

〔註38〕（清）徐松：《宋會要輯稿》職官三，第5冊，劉琳等校點，上海古籍出版社2014年版，第3087頁。

〔註39〕（元）脫脫等：《宋史》卷一九九，刑法一，第15冊，中華書局1977年版，第4971頁。

〔註40〕（清）徐松：《宋會要輯稿》刑法三，第14冊，劉琳等校點，上海古籍出版社2014年版，第8398頁。

常平司，是宋設在地方的監察機構，統稱「監司」。元豐改制後，「審刑院、糾察司皆省而歸其職於刑部，四方之獄，非奏讞者，則提點刑獄主焉」。〔註41〕即除疑難案件需上奏刑部裁決外，其他一律由提刑司審斷執行，縣一級則對於田宅、戶婚、繼承、債負等民事案件具有決定性的管轄權。總體而言，在宋代州縣司法體制中，有三點職業化傾向值得特別注意：首先是州縣司法體系中設置專門負責「檢法議刑」的「司法參軍」，實現了州級審判中「偵訊、檢法、判決」的三分，這在《名公書判清明集》有關「司法擬」的記錄中有著鮮明的體現；其次，審理民事案件，宋代於縣衙創立了獨有的給「斷由」制度，強調限期結案，不得無故遷延；最後，宋代以「千文架閣法」管理司法文書，為地方州縣司法的職業化發展提供了技術性的保障。

第三，增設司法監督機關，加強對司法活動的外部監督。宋代實行「上下覆察」的司法監督體制，以防止冤獄發生。所謂「上下覆察」有兩層含義。首先是逐級覆查。宋代中央與地方的各級司法活動都受到層層監控。大理寺、刑部的審判活動按唐制由御史臺監督，但宋太宗「又慮大理、刑部吏舞文巧詆」，特「置審刑院於禁中」，以直接監督中央司法機關：「凡獄上奏，先達審刑院，印訖，付大理寺、刑部斷覆以聞。」〔註42〕對地方審判活動，除了嚴令「諸州日一報囚情」外，還在州縣之上特設「監司」負責監督。法律規定各州斷決的死刑案件必須申報路提刑司，若當事人呼冤則由路提刑司覆推，覆推後仍然不服移交本路其他監司審理。若本路監司皆與犯人有親友關係，則必須提請鄰路刑司審理。監司還有權定期巡檢所轄州縣，覆察一般案件。如《慶元條法事類》規定，「諸監司每歲分上下半年巡按州縣，具平反冤訟、搜訪利害、及薦舉循吏、按劾奸贓以聞。」〔註43〕其次是同級機關相互覆查，如中央大理寺分詳斷、詳議官兩大類。「凡斷公按，正先詳其當否，論定則簽印注日，移議司覆議，有辨難，乃具議改正，長貳更加審定，然後判成錄奏。」〔註44〕這樣做既

〔註41〕（宋）馬端臨：《文獻通考》卷一六七，刑考六，第 8 冊，中華書局 2011 年版，第 5002 頁。

〔註42〕（元）脫脫等：《宋史》卷一九九，刑法一，第 15 冊，中華書局 1977 年版，第 4972 頁。

〔註43〕楊一凡、田濤主編，戴建國點校：《中國珍稀法律典籍續編第 1 冊：慶元條法事類》卷七，監司巡歷·職制令，黑龍江人民出版社 2002 年版，第 117 頁。

〔註44〕（元）脫脫等：《宋史》卷二○一，刑法三，第 15 冊，中華書局 1977 年版，第 5022～5023 頁。

是為了防止產生冤假錯案，也是為了集中司法權，強化對司法活動的控制，所謂「收縣之權歸於州，州之權歸於進行，上下相維，輕重相制，建置之道，最為合宜」。〔註45〕

四、審判程序設置的精密

司法活動不僅要為社會運送正義，還要以「正義」的方式運送正義，所以，審判程序設置的科學合理與否，是影響司法公正的又一關鍵因素。宋代在審判程序設置上十分精密，多有創新，舉其要者略述如下。

第一，鞫讞分司制度。宋代司法首次將審判權一分為二，從中央到地方的司法機關，一律實行審與判分離的原則，分別設立「鞫司」和「讞司」。如宋代京城發生的大案要案，由御史臺或開封府負責審理，判決與複審則交由大理寺，大理寺內部也將左斷刑分成斷、議兩司，「分評事、司直與正為斷司，丞與長貳為議司。凡斷公按，正先詳其當否，論定則簽印注日，移議司覆議，有辨難，乃具議改正，長貳更加審定，然後判成錄奏」。〔註46〕宋代地方審與判的區分主要體現在州級審判機構上。州有權審斷徒刑至死刑的所有案件，司法權力極大，故設置專門法司分擔其責：「司法參軍掌議法斷刑，司理參軍掌獄訟勘鞫之事。」〔註47〕這樣做的目的是使「獄司推鞫，法司檢斷，各有司存，所以防奸也」。〔註48〕在這種制度下，負責事實審勘的官員無權檢法斷刑，負責檢法斷刑的官員無權過問事實審勘，在一定程度上防止了司法官吏上下其手，保證司法審判的公正。

第二，翻異別勘制度。宋代死罪案件從審理到執行過程中，只要罪犯翻供或稱冤，司法機關就必須將案件移送本機關的其他部門或移送其他的司法機關重新審理，這種制度就是「翻異別勘」。其中，由原審機關的另一官員複審稱為「差官別推」，由上級機關差派其他機關複審稱為「移司別推」。「翻異」次數一般以三推為限，南宋孝宗時以五推為限，經五推後一般不再允許翻供，

〔註45〕（元）脫脫等：《宋史》卷三三七，范鎮傳，第31冊，中華書局1977年版，第10796頁。

〔註46〕（元）脫脫等：《宋史》卷二〇一，刑法三，第15冊，中華書局1977年版，第5022～5023頁。

〔註47〕（元）脫脫：《宋史》卷一六七，職官七，第12冊，中華書局1977年版，第3976頁。

〔註48〕（明）黃淮、楊士奇編：《歷代名臣奏議》卷二一七，慎刑，第3冊，上海古籍出版社1989年版，第2850頁。

若「見得大情不圓，難以便行處斷，須合別行委官，即令鄰路未經差官監司，於近便州軍差官別推，不得泛追干連人」。〔註49〕如人犯妄為誣告稱冤，則罪加一等。如確為冤枉，依所告「及稱冤事狀」對以前三推官吏具奏科罪。但在實際執行過程中較為寬鬆，太宗雍熙元年發生的劉寡婦誣告繼子王元吉案，便是「移司別推」的一個典型案例，先後「翻異」十餘次。〔註50〕這種制度的實質是司法機關自動複審，雖有時會因多次翻異而影響司法機關的審判效率，但該制度從總體上來說能夠在一定程度上減少冤假錯案的產生，同時也是宋代統治者「慎刑」精神的體現。

第三，疑案雜議制度。宋代對在法律適用上爭議大的疑難案件，還可以由有關部門奏請皇帝召集臺省朝臣集體討論，即「臺省雜議」。宋代臺省雜議的典型案例當屬安崇緒訟繼母爭奪遺產案。史載太宗「端拱初，廣安軍民安崇緒隸禁兵，訴繼母馮與父知逸離，今奪資產與己子。大理當崇緒訟母，罪死。太宗疑之，判大理張佖固執前斷，遂下臺省雜議」。散騎常侍徐鉉贊同大理寺的判決，右僕射李昉等人則認為：「法寺定斷為不當。若以五母皆同，即阿蒲雖賤，乃崇緒親母，崇緒特以田業為馮強佔，親母衣食不給，所以論訴。若從法寺斷死，則知逸何辜絕嗣，阿蒲何地託身？臣等議：田產並歸崇緒，馮合與蒲同居，供侍終身。」最終太宗採納了李昉的意見，並對徐鉉、張佖罰俸一月。〔註51〕由臺省「雜議」的還有「阿雲之獄」和張朝復仇案等。疑案雜議制度固然存在非專業人員斷案和政治因素裹挾的弊病，但是其所透露出的疑案從慎從眾的精神卻是值得肯定的。

第四，越訴特許制度。中國古代一般禁止越訴，但為打擊某些特別犯罪或者制止貪官污吏殘害民權，又往往允許百姓越訴。宋代沿襲唐代擊登聞鼓訴冤的制度，設立登聞鼓院、登聞檢院直接受理百姓申告，出現下列情況可以越訴：第一，所訴事涉機密，允許百姓向登聞鼓院進狀；第二，州縣杖刑決罰過多，允許百姓赴尚書省越訴；第三，路級監司處置案件不當，亦許越訴；第四，豪強侵奪下戶引發的婚田之訴，州縣不得以務限為由不受理，否則允

〔註49〕（清）徐松：《宋會要輯稿》職官五，第 5 冊，劉琳等校點，上海古籍出版社 2014 年版，第 3144 頁。

〔註50〕（元）脫脫等：《宋史》卷二百，刑法二，第 15 冊，中華書局 1977 年版，第 4986 頁。

〔註51〕（元）脫脫等：《宋史》卷二○一，刑法三，第 15 冊，中華書局 1977 年版，第 5005～5006 頁。

許越訴。〔註52〕此外，由於商品經濟的發展和統治階層的較為開明，宋朝歷代皇帝多次下詔允許百姓越訴以控告官員違法犯罪、侵害民權的行為，最終形成了旨在打擊官吏濫行拘捕收禁、〔註53〕官民勾結偷逃賦役、〔註54〕審案不給「斷由」、〔註55〕霸佔民產物業、〔註56〕違法科斂徵稅、〔註57〕侵害勒索商賈、〔註58〕濫收費亂罰款〔註59〕等七個方面不法行為的「越訴法」。這些廣

〔註52〕陳景良：《兩宋皇帝法律思想論略》，載《南京大學法律評論》1998 年第 2 期。

〔註53〕如《宋會要輯稿·刑法六》之 73 載：「有不應禁而收禁者，提刑按劾守、令以聞。仍許不應禁人或家屬經提刑司越訴，如提刑司不為受理，許經刑部、御史臺越訴。」此條旨在打擊官吏非法限制人身自由。參見（清）徐松：《宋會要輯稿》刑法六，第 14 冊，劉琳等校點，上海古籍出版社 2014 年版，第 8570 頁。

〔註54〕如《宋會要輯稿·刑法三》之 33 載：「朝廷慮猾吏之為害，故開冒役越訴之門。」「冒役」，即土豪與官吏相勾結在差役科派上弄虛作假、躲避差役，或將差役負擔轉嫁給貧民，此條旨在打擊賦役舞弊。參見（清）徐松：《宋會要輯稿》刑法三，第 14 冊，劉琳等校點，上海古籍出版社 2014 年版，第 8410 頁。

〔註55〕如《宋會要輯稿·刑法三》之 37 載：「如元官司不肯出給斷由，許令人戶徑詣上司陳理，其上司不得以無斷由不為受理，仍就狀判索原處斷由。如元官司不肯繳納，即是顯有情弊，自合追上承行人吏，重行斷決。」「斷由」是指宋代司法判決理由，此條旨在打擊官員枉法裁判。參見（清）徐松：《宋會要輯稿》刑法三，第 14 冊，劉琳等校點，上海古籍出版社 2014 年版，第 8412 頁。

〔註56〕如《宋會要輯稿·刑法三》之 48 載孝宗隆興元年詔曰：「應婚、田之訟，有下戶為豪強侵奪者，不得以務限為拘，如違，許人戶越訴。」此條旨在打擊官吏與豪戶勾結霸佔民產。參見（清）徐松：《宋會要輯稿》刑法三，第 14 冊，劉琳等校點，上海古籍出版社 2014 年版，第 8418 頁。

〔註57〕如《宋會要輯稿·食貨七〇》之 56 載孝宗乾道元年詔曰：「江、浙州軍每歲人戶合納二稅、物帛等，內溫、臺、處、徽州係不通水路去處，依指揮許人戶依立定分數，並以銀折納。訪聞州縣卻於數外妄有科折，顯屬違戾。可令逐路轉運司行下逐州軍，將人戶今歲合納折帛銀遵依旨揮，自立定分數及照應的實市價，即不得以加耗為名，大秤斤兩。如有違戾，許民戶越訴，將官吏按劾以聞，據多收之數計贓斷罪。」此條旨在打擊官吏違法科斂徵稅。參見（清）徐松：《宋會要輯稿》食貨七〇，第 13 冊，劉琳等校點，上海古籍出版社 2014 年版，第 8135 頁。

〔註58〕如《宋會要輯稿·刑法二》之 126 載寧宗慶元元年詔曰：「現任官員收買飲食服用之物，並隨市值，各用見錢。不得於市價之外更立官價。違，許人戶越訴。」此條旨在打擊官吏侵害勒索商賈。參見（清）徐松：《宋會要輯稿》刑法二，第 14 冊，劉琳等校點，上海古籍出版社 2014 年版，第 8354～8355 頁。

〔註59〕如《宋會要輯稿·刑法二》之 119 載孝宗淳熙二年詔曰：「累降指揮約束州縣，不得因公事輒科罰百姓錢物。許人越訴。」此條旨在打擊官吏濫收費、亂罰款。參見（清）徐松：《宋會要輯稿》刑法二，第 14 冊，劉琳等校點，上海古籍出版社 2014 年版，第 8346 頁。

泛而全面的越訴方便之門，無疑有助於保障民眾合法權益，促進司法公正的
實現。

第五，審判時限制度。宋太宗至道二年規定：「凡大理寺決天下案牘，大
事限二十五日，中事二十日，小事十日。審刑院詳覆，大事十五日，中事十
日，小事五日。」〔註60〕所謂大事、中事、小事，是以案件所設錢財價值「緡」
數為單位進行劃分的，二十緡以上為大事，十緡以上為中事，不滿十緡為小
事。哲宗元祐二年，又以卷宗厚薄為標準為司法機構劃定了具體的案件分類，
同時以距離遠近和不同環節為標準，分別規定了「奏獄」和「公案」的兩種期
限：「凡斷讞奏獄，每二十緡以上為大事，十緡以上為中事，不滿十緡為小事。
大事以十二日，中事九日，小事四日為限。若在京、八路，大事十日，中事五
日，小事三日。臺察及刑部舉劾約法狀並十日，三省、樞密院再送各減半。有
故量展，不得過五日。凡公案日限，大事以三十五日，中事二十五日，小事十
日為限。在京、八路，大事以三十日，中事半之，小事參之一。臺察及刑部並
三十日。」〔註61〕審判時限的詳細規定，有利於盡快案結事了和保障民權，
也有助於司法活動有序進行。

五、司法輔助制度的完善

與司法活動有關的輔助措施健全與否，也是影響司法公正實現的重要因
素。宋代司法傳統中的勘驗檢驗制度和法醫學理論都具有開創性的意義，還
出現了訟師、書鋪等訴訟輔助人員和組織，為司法公正的實現提供了配套保
障。

首先，創新檢驗制度，重視刑事案件的初情和證據。檢驗是指司法人員
對各類犯罪現場、物品、屍體等進行實地勘察檢驗，是收集犯罪證據的重要
途徑。無論在技術上，還是法律上，宋代檢驗制度均有重大發展，且對後世
影響至深。宋代規定地方長官必須組織人員奔赴人命重案現場勘驗，製作驗

〔註60〕（元）脫脫等：《宋史》卷一九九，刑法一，第 15 冊，中華書局 1977 年版，
　　　　第 4972 頁。
〔註61〕（元）脫脫等：《宋史》卷一九九，刑法一，第 15 冊，中華書局 1977 年版，
　　　　第 4980 頁。據《中國歷代刑法志注譯》：「此處的三個『緡』字，《續資治通
　　　　鑒長編》卷四零五作『紙』，《宋會要輯稿・職官門》卷 24 之 28 作『張』。按
　　　　刑部定斷獄案大小的區分是以鋪敘事狀所用的紙張多少為準，所以，『緡』恐
　　　　是『紙』或『張』之誤。」參見高潮、馬建石主編：《中國歷代刑法志注譯》，
　　　　吉林人民出版社 1994 年版，第 423 頁。

屍格等。真宗咸平三年詔曰：「今後殺傷公事，在縣委尉；在州委司理參軍。如缺正官，差以次官，畫時部領一行人躬親檢驗委的要害致命去處。或的是病死之人，只仰命官一員畫時檢驗。若是非理致命及有他故，即檢驗畢畫時申州，差官覆檢詣實，方可給與殯埋。」〔註62〕在何種情況下必須檢驗或不必檢驗，對此也有明文規定。凡殺傷公事、非理死者、死前無近親在旁等情況下，都必須差官檢驗。〔註63〕屍體檢驗結果須嚴格如實填寫上報，否則依法論處：「諸有詐病及死傷，受使檢驗不實者，各依所欺減一等。若實病死及傷，不以實驗者，以故入人罪論。」〔註64〕

其次，法醫學在實踐中發展，帶動了證據制度的完善。隨著檢驗實踐的發展，宋代出現了總結法醫學經驗和理論的著作，其中以宋慈《洗冤集錄》貢獻最大。該書系統總結了實踐中獲取的法醫學知識，不僅指導了宋代及後世的司法實踐，還對世界許多國家有重大影響。隨著法醫學的發達，宋代證據制度也逐漸走向完善。〔註65〕第一，定案須有一定物證，並尤其注重書證。「理斷訴訟，必二競俱至，券證齊備，詳閱案牘，是非曲直，了然於胸次，然後剖決」。〔註66〕第二，證據制度內容完善，無論是刑事證據制度還是民事證據制度都有空前發展。第三，組織專門人員參加證據收集和鑒別活動。宋代官吏已經掌握不少關於法醫檢驗的專門知識，並將仵作行人確定為法定檢驗人員，還嚴禁武臣參加檢驗。第四，確保證據的準確性和及時性。「獄事莫重於大辟，大辟莫重於初情，初情莫重於檢驗」。〔註67〕這是宋慈的由衷之言，也代表了宋代統治者的基本觀點。

再次，訟學知識興盛，訟師等法律職業群體形成。宋代商品經濟的發展，訴訟的增多與複雜化，促使社會上出現了「訟師」這一新的職業，見諸史籍

〔註62〕（清）徐松：《宋會要輯稿》刑法六，第14冊，劉琳等校點，上海古籍出版社2014年版，第8531頁。

〔註63〕（清）徐松：《宋會要輯稿》刑法六，第14冊，劉琳等校點，上海古籍出版社2014年版，第8531頁。

〔註64〕（宋）竇儀：《宋刑統》卷二五，詐偽律·檢驗病死傷不實，吳翊如點校，中華書局1984年版，第402頁。

〔註65〕參見魏文超：《宋代證據制度研究》，中國政法大學出版社2013年版。

〔註66〕陳襄：《州縣提綱》卷二《詳閱案牘》，載閆建飛等點校：《宋代官箴書五種》，中華書局2019年版，第113頁。

〔註67〕（宋）宋慈：《洗冤集錄譯注》，洗冤集錄序，高隨捷、祝林森譯注，上海古籍出版社2008年版，第1頁。

的有「珥筆之民」、「茶食人」、「訟師官鬼」、「嘩鬼訟師」等稱謂。他們素質
參差不齊，以為民眾提供代寫訴狀、教人「打官司」為謀生之職業。官府發
給「印字」（專門用於開印訴狀的紙張），一定程度對其活動予以認可。伴隨
「訟師」這一職業，出現了專門教人詞訟之學，即「訟學」；民間出現了「訟
學業觜社」等訟學機構和各種訟學教材。此外，宋代還出現了代寫法律文書
的專門機構「書鋪」。這些角色和機構的出現，儘管在秉持「無訟」觀念的
儒家士大夫集團看來，是挑撥詞訟、敗壞風俗的不安定因素，但是在司法實
踐中也確實發揮過幫助老百姓瞭解法律知識，維護法律權益的作用，對此不
可忽視。〔註68〕

六、宋代司法整體性突破的成因與意義

宋代司法傳統在司法理念、司法角色、司法機構、審判制度和配套措施
等方面均發展出特色鮮明而且成效較為突出的制度舉措，在實現司法公正問
題上留下了濃墨重彩的篇章，也為傳統司法文明的發展注入了新的活力，呈
現出了一種整體性突破與結構性優化的制度面相。這一現象的成因與意義值
得認真探討。

（一）宋代司法文化整體性突破的歷史成因

司法公正的這些制度性保障之所以在宋代密集出現，或曰宋代司法文化
能夠實現如此整體性突破與結構性優化，實際上有著深刻的歷史成因。

首先，趙宋王朝鑒於晚唐五代司法弊政而進行的司法改革，是宋代司法
文化實現整體性突破，為實現司法公正提供系列制度性保障的直接原因。北
宋初年承五代之弊，統治者面臨政權割據、法令繁亂的現實。當時的司法狀
況是藩鎮跋扈，武人擅斷，以專殺為威，草菅人命，司法殘暴黑暗。要恢復社
會秩序和司法秩序，回應百姓對司法公正的強烈訴求，就必須改變這種狀況，
重建司法的正當性與合理性。〔註69〕史載：「宋興，承五季之亂，太祖、太宗
頗用重典，以繩奸慝，歲時躬自折獄慮囚，務底明慎，而以忠厚為本。海內悉
平，文教寖盛。士初選官，皆習律令。其君一以寬仁為治，故立法之制嚴，而

〔註68〕陳景良：《訟學、訟師與士大夫——宋代司法傳統的轉型及義》，載《河南省
政法管理幹部學院學報》，2002年第1期。
〔註69〕陳景良、吳歡：《清明時節說包公：包公「司法之神」形象的形成動因與觀念
基礎》，載《法學評論》2014年第3期。

用法制情恕。」〔註70〕這段話是宋代法制的總綱和樞紐，也蘊含了宋代司法傳統的基本精神。趙宋王朝為扭轉唐末五代以來的司法弊政，回歸儒家民本和慎刑傳統，同時也回應百姓對於司法公正的迫切訴求，從而在司法制度方面有諸多的改革和創新。

其次，趙宋階級結構變遷以及隨之而來的治理人群的轉變，是趙宋司法文化實現整體性突破，為實現司法公正提供系列制度性保障的政治原因。中國社會自晚唐五代以降，門閥貴族階層消解，庶族地主階級登上政治舞臺，國家治理重心逐漸下移。尤其是在宋初政局初定百廢待興時期，喪亂之際不受重視的文臣日益受到統治者的倚重。這些飽讀詩書儒家士大夫登上政治舞臺之後，不僅展現出了治國理政的豐富才幹，而且將他們所信奉和堅持的治理理念慢慢滲透到趙宋的政治話語之中。〔註71〕具體司法實踐領域，通過法律考試，具有專業知識的趙宋儒家士大夫司法精英，有能力也有意識地擔當重建社會秩序，「一道德，同風俗」的重任。在司法活動中，他們一方面秉持儒家仁愛司法理念，維護社會倫常觀念，另一方面又因應世道人心之變，以理性務實的姿態妥善地解決田土細故抑或重辟大案，從而為司法公正的實現提供重要的智識資源與政治背景。

再次，趙宋以降商品經濟發展要求司法制度作出積極回應，是趙宋司法文化實現整體性突破，為實現司法公正提供系列制度性保障的經濟原因。隨著趙宋以降商品經濟的發展，中國社會發生重大轉型，地主階級內部士庶界限被打破；租佃製成為土地制度的主導形態；工商業者的社會地位大為提高。〔註72〕伴隨而來的是民間興訟之風盛行，禮教堤防備受衝擊，義利之辨日益模糊，這就迫切要求國家司法做出制度回應。為此，趙宋在立法上不僅擴大了民事權利主體的範圍，還設計出一整套精密完備、上下相維、左右相制的司法制度，注重司法主體的專業化和司法體制的制衡化。趙宋士大夫在司法活動中，也重視處理經濟糾紛，充分保護孤幼權益，廣開越訴方便之門，從而在程序上保障了權利的救濟。凡此種種孕育而成的宋代司法傳統，不僅在

〔註70〕（元）脫脫等：《宋史》卷一九九，刑法一，第 15 冊，中華書局 1977 年版，第 4961～4962 頁。

〔註71〕鄧小南：《祖宗之法：北宋前期政治述略》，生活‧讀書‧新知三聯書店 2006 年版，第 78 頁。

〔註72〕郭學信：《試論商品經濟對宋代社會風氣的影響》，載《歷史教學》2003 年第 8 期。

司法公正問題上頗有建樹，而且內在地因應了唐宋社會近世化變革對司法制度提出的理性化與制衡化等時代要求。

（二）宋代司法整體性突破蘊含的近世化趨向

宋代司法文化的整體性突破，或曰宋代司法公正的前述制度性保障，在相當程度上摺射了宋代司法傳統的近世化轉型趨向，在中國司法文明史上具有重要意義，也是宋代司法傳統的魅力與特色所在。

因此，可從三個方面加以分析：首先，「唐宋變革」論是宋代司法傳統研究可資借鑒的理論預設與範式更新。1922 年，日本歷史學者內藤湖南首次提出他對唐宋某些重大轉變的認定，其弟子宮崎市定進一步強調宋代所具有的「近世」特徵，從而形成較為系統的「唐宋變革」論。〔註 73〕他們認為，唐宋文化在性質上有顯著差異，唐代是中世紀的結束，而宋代則是近世的開始，並舉出了唐宋在政治、選舉與任官、黨爭的性質、人民地位與私有財產、經濟生活、學術文藝、兵制與法律等方面的諸多差異，以及這些差異所具有的「近世化」意涵。「唐宋變革」論提出近百年來，中外學者展開充分的討論，目前學界基本共識是，承認唐宋間歷史進程的巨大飛躍，但是否真正屬於變革尚需進一步的研究。〔註 74〕具體到法律史領域，臺灣學者柳立言先生首倡以法律史的視野來關照唐宋社會之變，可謂開風氣之先。〔註 75〕筆者認為，「唐宋變革」論是法律史研究中一種可資借鑒的理論假設和範式更新。在宋代司法傳統研究領域中，以往研究者視野或許因為範式陳舊而受到侷限，無法揭示宋代司法傳統在整體上所具有的轉型意義。在「唐宋變革」論的理論預設下，重新關照宋代司法傳統，則能夠獲得一種具有反思性啟發意義的參照系。事實上，史料、史實和意義是法律史學研究的三個基本維度。法律史研究就是要在史料、史實和意義之間穿梭來回，流連往返，在有限的知識之內構建無窮的意義。在這一過程中，範式的轉換能夠帶來敘事的流變。因為，

〔註 73〕牟發松：《「唐宋變革」說三題》，載《華東師範大學學報》2010 年第 1 期。
〔註 74〕李華瑞：《20 世紀中日「唐宋變革」觀研究述評》，載《史學理論研究》2003 年第 4 期。
〔註 75〕柳立言：《宋代的家庭和法律》，上海古籍出版社 2008 年版，第 7～10 頁。在柳立言先生主編的《第四屆國際漢學會議論文集：近世中國之變與不變》（歷史語言研究所，2013 年）中，與會學者「從政治、思想、社會、教育與考試、制度、法律和經濟等七方面，探討近世中國曾否出現劃時代的轉變，曾否足以分隔過去和開啟後來」，將「唐宋變革」研究繼續推向深入。

史料雖不能常新，但史料所呈現的意義卻可能因解釋者問題意識的不同而各
具時代特色；史料雖是史實的基礎，但是史實卻不會因為史料的堆積而自動
呈現。這就需要研究者帶著問題意識，在史料和史實之間進行勾連與爬梳，
構建出意義與脈絡。範式與方法不同，對同一史料的運用和解讀就不同，由
此構建的歷史敘事及其意義也不同。所以說，法律史敘事和意義的構建需要
範式和方法的指導，而在「唐宋變革」論的參照下，我們才能看到宋代司法
傳統所具有的近世化轉型之趨向，進而選取史料，並重構宋代司法傳統的敘
事及其意義。

其次，宋代司法傳統在保障司法公正問題上具有「近世化」趨向。以「唐
宋變革」論為理論參照系，關照宋代司法傳統的「變與不變」，會發現宋代司
法傳統中潛在地隱含了司法「近世化」的趨向。所謂「近世化」趨向，並非說
司法「近世化」已經完成，而是說存在著司法「近世化」可能趨向，其要義無
非包括司法職能的中立化、司法主體的職業化、司法程序的正當化、司法體
制的制衡化、司法機構的分權化，以及司法理念的親民化等。趙宋以降，隨
著商品經濟日益發展，私有制不斷深化，社會生活豐富多彩。宋代市民階層
也不再是儒家理想社會中無訟是求、息事寧人的蚩蚩群氓，而是有著明確而
分散的利益訴求，並且願意為伸張自己權利而積極參與訴訟活動的權利主體。
他們錙銖必較，唯利是圖，甚至不惜突破道德倫理的底線。趙宋社會秩序在
商品經濟衝擊下受到嚴重挑戰，傳統倫理道德堤防也被重利輕義的浪潮不斷
拍打，中國社會因此進入「訴訟爆炸」的時代。面對這樣的社會現實，是視而
不見，還是積極應對，成為考驗治理者智慧的重大問題。以儒家士大夫為主
體的趙宋治理者群體，選擇以司法制度改革為突破口，通過理性化、制衡化、
職業化的司法活動過程，為老百姓運送司法公正，同時回應商品經濟對世俗
人心帶來的挑戰。具體而言，宋代司法傳統通過皇帝躬親折獄錄囚、儒臣掌
理州縣獄訟、盡力減輕司法擾民，踐行了仁愛司法理念；通過廣泛的法律考
試制度、嚴格的法官責任制度和嚴懲胥吏欺壓百姓，提升了司法官員素質；
通過改革司法機構設置、完善州縣治理體制、增設司法監督機關，強化了司
法制衡機制；通過鞫讞分司、翻異別勘、疑案雜議、越訴特許、審判時限等制
度，創新了刑民審判程序；通過創設檢校制度、創新檢驗制度、發展法醫學
和訟學知識，完善了司法配套制度。這些舉措是宋代司法公正得以實現的重
要保障，也是宋代司法文明的重要標誌。宋代司法公正的這些制度性保障，

一方面深刻地內嵌於儒家傳統民本思想的脈絡中，另一方面又蘊含了中國傳統司法近世化轉型之趨向。以往的研究過分強調宋代司法服務於皇權專制，今後應當更加注意其中蘊含的司法仁政與司法理性化、制衡化、職業化的本土經驗，並從中提煉出更具有普遍意義的司法理念與理論。〔註76〕

再次，宋代司法公正的制度性保障及其近世化趨向存在理論與現實的限度。任何理論都有邊界，任何範式的解釋力的射程也都是有限的，「宋代司法公正的制度性保障及其近世化趨向」這一命題也有其內在限定性。從理論上講，在儒家仁愛理念和倫理型司法的語境下，宋代司法傳統中儘管蘊含前述由傳統向現代轉變的元素，以及由人倫理性向知識理性過渡的內在訴求，但這些元素和訴求並非徹底的、完全的「近世化」。宋代司法傳統中雖然存在鞫讞分司、翻異別勘、法律考試等制度設計，但這些舉措畢竟離現代司法文明中的相應制度還有一定距離，是否能夠繼續向前發展和演變，進而真正實現司法「近世化」，還需要結合歷史的客觀情況加以分析。所以，「宋代司法的近世化轉型」並不可過分高估，而應當將其視為一種向「近世化」演進的動態趨勢。

就歷史的客觀情況而言，宋代司法公正問題並沒有得到徹底解決，宋代司法活動仍然存在這樣或那樣的不公正與黑暗之處。事實上，一個社會中司法公正的實現，除了需要理念和制度層面的先進思想和頂層設計，無法擺脫社會現實和外部環境的影響。司法公正的完全實現是一種理想化的完美狀態，我們必須保持清醒的認識，而不能苛求古人。因此，我們所謂的「宋代司法公正」，既是一個事實性的描述，也是一個理想型的歸納。通過本文的總結和論述，我們試圖強調，宋代司法傳統中的這些制度設計固然不可能確保每個司法官員都能成為「包青天」（這在任何國家的任何司法環境中都不可能），但卻能夠較大程度地約束和限制司法活動的恣意和專斷，較大程度地幫助司法官員抵制來自權勢的催逼、金錢的誘惑和親情的煎熬，也較大程度地幫助國家將正義運送到老百姓的家門口，從而讓司法公正不再只是寄託於虛幻縹緲的「司法之神」，而是落實在看得見的制度之上。

〔註76〕參見陳景良：《唐宋州縣治理的本土經驗：從宋代司法的職業化趨向說起》，載《法制與社會發展》2014年第1期。

宋代疑難案件中的法學命題及其反思〔註1〕——以「阿雲案」為分析文本

前言

　　古代中國司法在理念、原則等方面與今日之司法有著本質上的差異，但在某些方面卻又有著共同的遭遇，即：在遇到疑難案件時，法律條文背後的立法意圖究竟為何？由於討論者所持立場不同，常常對於某一案件適用什麼法律或對於同一條律文有著完全不同的解釋。這就是法學界彌久常新的命題：何謂真正的法律？何謂法條背後的立法意圖？這樣的問題不僅現代有，古代中國的宋代也有，最典型的是「阿雲之獄」。由於阿雲案牽涉到北宋中期王安石變法，故學界對其關注由來已久，討論亦已長達數十年。研究焦點大多集中在「司法制度」「古代自首制度」「律敕之爭」「保守與變法之爭」之上，近年來，出現了以法律解釋為切入點和視角對該案進行剖析的。〔註2〕然而，從

〔註1〕本文與古戴（時為中南財經政法大學法律史專業博士生）合作。原載於《河南大學學報（社會科學版）》2017年第3期。

〔註2〕以「阿雲之獄」為文本，研究「司法制度」的著述參見：武敏：《從「阿雲之獄」看宋代司法制度》，載《蘭臺世界》2014年第30期；研究「自首制度」的著述參見：趙曉耕：《宋代阿雲之獄》，載《法律與生活》2006年第22期；《自首原則在宋代的適用——阿雲之獄》，載《中國審判》2007年第5期；苗苗、趙曉耕：《從「阿雲之獄」看宋代刑法中的自首制度》，載《河南省政法管理幹部學院學報》2005年第3期。研究「敕律之爭」的著述參見：郭成偉：《從阿雲獄的審理看宋神宗年間的「敕律之爭」》，載《政法論壇》1985年第4期。研究「保守與變法之爭」的著述參見：郭東旭：《論阿雲獄之爭》，載《河北學刊》1989年第6期；趙曉耕、趙啟飛：《從「阿雲之獄」看北宋變法之爭》，載《中國人大》2006年第16期。以法律解釋為切入點研究該案件的著述參見：陳林林：《古典法律解釋的合理性取向——以宋「阿雲之獄」為分析樣本》，載《中外法學》2009年第4期；李勤通：《法律事件抑或政治事件：從法律解釋方法看阿雲之獄定性》，載《法律方法》2014年第2期。

法學命題的角度審察這一案件並反思其所帶來的啟示，學界尚少有人為之。

案件謂之「疑難」，大體可分為「事實上的疑難」和「法律適用上的疑難」。「事實上的疑難」表現為案件事實在偵查、勘驗階段遇到事實認定方面的困難；「法律適用上的疑難」則主要指德沃金口中的 hardcases，即在法規典籍中沒有清晰的法規加以確鑿決斷到的案子。〔註3〕由於文章篇幅的限制和關注焦點的不同，筆者將主要針對後者，即在法律適用上存在疑難的案件進行論述。《宋史》中孝宗時期刑部侍郎方滋將法律適用上的疑難詳細分為：情重法輕、情輕法重、情理可憫、刑名疑慮。〔註4〕阿雲之獄是發生在宋神宗熙寧元年間（1068）的一個疑難案件，在《宋史》《文獻通考》中都有著詳細的記載。〔註5〕從其篇幅之上不難看出其歷時之長久、審理之頻繁、爭論之激烈、參與官僚之龐多、影響之深遠。爬梳史料，阿雲之案件事實本身並不複雜，其複雜之處在於討論雙方對法律條文適用的理解及立法背後的原意究竟為何存在著重大差異。

一、何為法學命題

本文旨在通過阿雲之獄透析中國歷史文化傳統中的法學命題。故而，何謂命題、何謂法學命題是文章首要解決的問題。「創新是科學的靈魂，命題是學科的支柱。」〔註6〕一個經典的、有價值的命題，言簡意賅，含義深刻，展現了學科的活力，昭示著學科的走向。命題是發現事實和確認事實過程中的一個內在因素和必要環節。〔註7〕客觀存在的事物和現象並不都是事實。事實簡單來說就是事物的實際情況，指的是事物具有某種性質或某些事物之間具有某種關係的情況，而不僅僅指事物本身。〔註8〕「如我們常說，事實勝於雄辯。」其中「事實」一詞顯然不是指某一事物，而應是一種主體之於客體的判

〔註3〕林立：《法學方法論與德沃金》，中國政法大學出版社 2002 年版，第 12 頁。

〔註4〕（元）脫脫等：《宋史》卷二○一，刑法三，第 15 冊，中華書局 1977 年版，第 5014 頁。

〔註5〕有關阿雲之獄的內容，參見（元）脫脫等：《宋史》卷二○一，刑法三，第 15 冊，中華書局 1977 年版，第 5006～5007 頁；《宋史》卷三二一，劉述傳，第 30 冊，第 10432 頁；《宋史》卷三三○，許遵傳，第 30 冊，第 10627～10628 頁；（宋）馬端臨：《文獻通考》卷一七○，刑考九，第 8 冊，中華書局 2011 年，第 5097～5100 頁。

〔註6〕李龍主編：《西方法學經典命題》，江西人民出版社 2006 年版，第 1 頁。

〔註7〕彭漣漪：《事實論》，廣西師範大學出版社 2015 年版，第 137 頁。

〔註8〕彭漣漪：《事實論》，廣西師範大學出版社 2015 年版，第 98 頁。

斷。即，「紙」是一個事物，我們不能說「紙」本身勝於雄辯，而可以說「中國是世界上最早發明紙的國家」這一事物的實際情況勝於雄辯。因此，我們不難看出，事物僅是一種客觀存在時並非事實，只有主體對之加以判斷才是事實，無命題，這種關於事物情況的判斷就無法表達出來。既是判斷就有真有假，即命題亦存真偽。真的命題要麼陳述了一個事實，要麼陳述了一個道理，否則命題即無意義、無價值。這種昭示了某種事實或道理的命題需要人們發現和總結，其源於實踐、扎根生活，經歷從實踐到認識、又從認識到實踐的反覆昇華。法學命題是在研究法律這一學科發展過程中，法學家對法律事實或法律道理的總結或論證，既是凝結人們智慧的沉思，也是激烈交鋒的探索。在西方，法學命題的提煉和揭示由來以久。如蘇格拉底指出的「守法即正義」〔註9〕，這一經典法學命題貫穿於整個西方法律發展的歷史長河。又如，古羅馬法學家賽爾斯蘇關於「法是善良和公正的藝術」〔註10〕之論說，記載於查士丁尼《學說匯纂》之開篇，影響了後世對法的功能之認識。這些都是西方法律發展中法學家們凝練出的植根於自身文化背景下的法學命題。中國文化歷史悠久、源遠流長且未中斷，其中法學家們對於法律事實或法律道理的論斷並不在少數。

二、阿雲之案及其三個爭議焦點

　　法史研究，首重文獻與事實的梳理。欲知「阿雲之獄」背後的法學命題，須對這一案件的事實進行梳理，然後再看法學命題及意義。

（一）阿雲案之始末

　　阿雲案件發生在宋神宗熙寧元年（1068）間，登州一名曰阿雲的女子，在母喪期間許聘於男子韋氏。阿雲厭棄韋氏貌醜寢陋，故埋伏在韋氏田舍之中，懷揣利刃砍之，傷其十餘創。雖未致韋氏死亡，卻斷其一指。差吏懷疑是阿雲所為，於是將阿雲緝拿歸案。在審訊之時，阿雲供認了犯罪事實。阿雲之獄的案件事實簡單明瞭，其爭議就在於法律條文如何適用。審刑院和大理寺以「違律為婚」為由判定阿雲為死罪，並報皇帝裁決，皇帝赦免了阿雲的死罪。大理寺卿許遵不服這一判決，上奏引《宋刑統》和熙寧元年敕令，認為有所因之殺傷而自首的，應免除所因之罪，按故殺傷法處理。該案「謀」為所

〔註9〕李龍主編：《西方法學經典命題》，江西人民出版社2006年版，第1頁。
〔註10〕李龍主編：《西方法學經典命題》，江西人民出版社2006年版，第33頁。

因之罪，應適用「按問欲舉減二等」。刑部支持審刑院、大理寺的判決。

當時許遵就任大理寺卿，御史臺以此奏劾許遵判決不當。許遵不服御史臺之奏劾，向皇帝請求由內外兩制就此案件進行討論。於是，皇帝下令翰林學士王安石與司馬光共同商議該案件。然而兩人意見大相徑庭，就將各自的觀點和看法分別上報皇帝。司馬光傾向於大理寺和審刑院的主張，而王安石支持許遵之觀點。神宗最終採納了王安石、許遵的觀點並頒之以詔書。御史中丞滕甫認為皇帝詔書不妥，奏請再次推官評議，錢顗並奏請免除許遵大理寺卿的官職。由於雙方矛盾衝突較大，皇帝再次下令，命翰林學士呂公著、韓維和知制誥錢公輔重新審定。

此次評議結果同上，呂公著等人意見與王安石意見一致。但是，法官齊恢、王師元、蔡冠卿又上奏認為呂公著等人意見不當。於是，皇帝又命王安石與法官們反覆討論。時至熙寧二年二月庚子日，神宗下了一道妥協之詔：「今後謀殺人自首及按問欲舉，並奏取敕裁。」當月，王安石出任參知政事，上奏認為，關於所因殺傷罪而自首的規定清楚明瞭不需再報皇帝裁決，亦不需再立新法。參知政事唐介認為不然，遂與王安石於帝前爭論多次，最後，神宗皇帝依然採納了王安石的意見。二月甲寅日下詔規定今後此類案件依熙寧元年七月詔書辦理，「謀殺已傷，按問欲舉，自首，從謀殺減二等論」。收還庚子詔。其後，判刑部劉述奏請中書、樞密院合議。中丞呂誨、御史劉琦、錢顗皆同劉述奏請下之二府。皇帝認為律文明確清楚，不須再行合議。而曾公亮、文彥博、呂公弼皆奏「殺傷不可首」，陳升之、韓絳之議則與王安石略同。富弼時任宰相，帝命之與王安石議。富弼從眾議，認為：謀與殺分為二事，是破析律文。王安石並不認可其觀點，後富弼以疾病而辭。於是，熙寧二年八月，皇帝再次下詔曰：「謀殺人自首及按問欲舉，並依甲寅敕施行。」並詔，開封府推官王堯臣彈劾劉述、丁諷、王師元等人皆貶之。至此，爭論了一年之久的阿雲之案，王安石一方取得初步勝利，以「謀殺已傷可首」之法為定，神宗的按問首原敕令通行全國。〔註11〕

這一案件幾經討論，涉及多個國家機關：審刑院、大理寺、刑部進行審

〔註11〕有關判決之爭的內容，參見（元）脫脫等：《宋史》卷二〇一，刑法三，第 15 冊，中華書局 1977 年版，第 5006～5007 頁；《宋史》卷三二一，劉述傳，第 30 冊，第 10432 頁；《宋史》卷三三〇，許遵傳，第 30 冊，第 10627～10628 頁；（宋）馬端臨：《文獻通考》卷一七〇，刑考九，第 8 冊，中華書局 2011 年版，第 5097～5100 頁。

判，御史臺、翰林院、中書省、樞密兩院進行討論。牽涉諸多官員：許遵、司馬光、王安石、滕甫、錢顗、呂公著、韓維、錢公輔、齊恢、王師元、蔡冠卿、唐介、劉述、呂誨、劉琦、曾公亮、文彥博、呂公弼、陳升之、韓絳、富弼。以司馬光反對適用謀殺已傷自首之法和王安石贊同適用該法為兩種不同觀點，參與官僚對法律所做的解釋、辯論，皆持之有據、言之成理、自有邏輯，其不僅展示了宋代士大夫階層法律專業素養，也展現出在處理疑難案件時宋人的智慧。〔註12〕

（二）案件爭議焦點

阿雲案所涉及的法律問題共有三個：第一個問題，阿云是否構成「謀殺其夫」這一十惡不赦之罪？第二個問題，謀殺已傷是否能夠自首？「謀」是否為「殺」之因？第三個問題，阿云「被問即承」是否可以適用於「按問欲舉」？

第一，阿云是否構成「謀殺其夫」之爭。

關於阿雲與韋氏的婚姻是否有效這一問題，是確定阿雲之罪究竟能否自首的關鍵問題。該案在判決之時，審刑院、大理院做出死罪決定，並認為：阿云為母服喪時許聘是「違律為婚」，故而，上奏皇帝裁決。宋代《戶婚律》中關於「居喪嫁娶」有明確規定違律而婚的應處以徒三年的處罰。〔註13〕究前後之意，可以看出，審刑院、大理寺在此奏報阿雲違律為婚並無善心，意圖以此條加重對阿雲的處罰。許遵卻認為，阿雲在母服未除之日納采，和韋氏並非夫妻，二者之關係應以凡人論。司馬光認為阿雲對韋氏之謀殺構成謀殺其夫罪，雖未致其死亡，但造成重傷，情無可憫。若從許遵之言，阿雲依律可以從自首，減免刑罰。若依司馬光等人之見，阿雲便是「十惡」重罪其一「惡逆」，謀殺其夫，依律不許自首，應處「常赦不免，決不待時」。〔註14〕故而，弄清楚這一問題是後邊諸多問題之前提，頗為重要。宋代雖無定婚之公證制

〔註12〕持「謀殺已傷不可首」之觀點以司馬光為代表，並有：滕甫、錢顗、齊恢、王師元、蔡冠卿、唐介、劉述、呂誨、劉琦、曾公亮、文彥博、呂公弼、富弼等人。持「謀殺已傷可首」之觀點以王安石為代表，並有：許遵、呂公著、韓維、錢公輔、陳升之、韓絳等人。

〔註13〕（宋）竇儀：《宋刑統》卷十三，戶婚律·居喪嫁娶，吳翊如點校，中華書局1984年版，第216頁。

〔註14〕（宋）竇儀：《宋刑統》卷一，名例律·十惡，吳翊如點校，中華書局1984年版，第8頁。

度，但依禮卻有明確的婚俗習慣。一樁婚姻必須依次經過納采、問名、納吉、納徵、請期、親迎「六禮」方能締結。阿雲犯罪之時，雖然已經納采之禮，但並未親迎，且納采之禮是在母喪未除期間完成，故而二者僅是定婚，並不是律文中所指的夫妻關係。因此，許遵之觀點是緊扣法律之規定。到此，第一個問題明確解決，阿雲並不構成「謀殺其夫」，韋氏應以凡人論。但即便是殺傷凡人亦應有所處罰，故而對於阿雲謀殺韋氏未死已傷是否可首的討論隨之而來。

第二，謀殺已傷是否可首之爭。

在第一個問題解決基礎之上，關於阿雲之案是否適用熙寧七月詔的討論愈演愈烈。案件討論涉及官員 20 餘人，其間神宗共頒發 4 道詔書〔註 15〕，足以看出案件焦點問題爭議分歧之大。

1. 謀殺已傷不可首〔註 16〕

對於阿雲謀殺已傷是否可首這一問題，登州知州許遵認為可首，「謀」為殺之「因」，與劫殺、鬥殺一般，為有所因之殺。〔註 17〕當皇帝詔司馬光與王安石同議時，二者意見不一，司馬光認為：「凡議法者，當先原立法之意，然後可以斷獄。」他強調解釋法律需要遵從立法意圖。

首先，司馬光分析了「因犯殺傷而自首，得免所因之罪」這一條文的立法意圖和適用條件。他認為有律文規定：「於人損傷，不在自首之例。」但殺傷之罪仍然存在有別因所犯之情形，如為盜、劫囚、略賣人等，其中有人並無殺傷之意，而致人殺傷，立法者恐有的官員以律文為憑，不許人自首，故而才申明：「因犯殺傷而自首，得免所因之罪。」

〔註 15〕①第一道詔書，頒於熙寧元年七月，以詔書的形式肯定了王安石、許遵的觀點；②第二道詔書，於熙寧二年二月庚子日頒布，內容為「今後謀殺人自首及按問欲舉，並奏取敕裁」，謂之妥協之詔；③第三道詔書，於熙寧二年二月甲寅日頒布，收回庚子之詔，從七月詔；④最後一道詔書，於熙寧二年八月頒布，面對質疑神宗皇帝再次下詔確定了同類案件的處理依據，即，謀殺人已傷，按問欲舉，自首，從謀殺減二等論。其謀殺人已死，為從者雖當首減，依《嘉祐敕》：「兇惡之人，情理巨蠹及誤殺人傷與不傷，奏裁。」

〔註 16〕持「謀殺已傷不可首」之觀點，以司馬光為代表，並有：滕甫、錢顗、齊恢、王師元、蔡冠卿、唐介、劉述、呂誨、劉琦、曾公亮、文彥博、呂公弼、富弼。

〔註 17〕（元）脫脫等：《宋史》卷三三〇，許遵傳，第 30 冊，中華書局 1977 年版，第 10628 頁。

其次，司馬光又分析何種情況之下謀殺從故殺之。他認為：殺傷之中，也存在另外兩種情況：一是謀殺，即，處心積慮，巧詐百端，掩人不備：二是故殺，直情徑行，略無顧慮，公然殺害。謀殺的刑罰重於故殺。如果因有所因之罪而致人殺傷的，所因之罪可首，而殺傷之罪不可免除，又從謀殺之罪的刑罰過於嚴重而從鬥殺之罪的刑罰則過於輕的情形，則從故殺傷法。

再次，司馬光分析了殺傷可否自首的情形。他認為：無別因之罪，只犯殺傷罪的，只有在沒有造成傷的情形之下方可自首，反之，已傷不在自首之限。

最後，司馬光針對許遵將謀與殺分為二事之說進行反駁。他認為：謀殺和故殺皆是殺人，若從許遵之見，將謀與殺分為二事，則故與殺也為二事。若一人居於家中，只做謀慮，並不為殺人，他有何罪之首？因此，司馬光得出結論，「謀」字只是「殺」字所生之文，並不能成為所因之罪。並且，司馬光給出謀不為殺之因一反例。即，若劫、鬥與謀皆為所因之罪，從故殺傷法，鬥殺傷自首，免除鬥之因，從故殺傷法反而罪加一等。

2. 謀殺已傷可首〔註18〕

王安石與司馬光持相反意見，他贊同許遵的觀點。為說明這一問題，王安石對律條進行分析。其言：《宋刑統》中關於「所因之殺傷」的罪名有七個，只有故殺傷沒有可以減免之所因。〔註19〕所以，《刑統》規定「因犯殺傷而自首，得免所因之罪，仍從故殺傷法」。首先，王安石對「因犯殺傷，自首，從故殺傷法」進行推理。其認為法律之意是：法律規定了有所因而殺傷的，可以首其所因之罪，得以原免，然法律規定已經造成殺傷的不許自首，故而，「因犯殺傷」中殺傷並無刑名可以適用，唯有故殺傷是無所因而殺傷，因此規定從故殺傷法。其次，王安石對何種殺傷之下適用「從故殺傷法」進行分析。他指出：在有別因犯過失殺傷而自首的，所因之罪免除，過失殺傷非故殺傷，不可從故殺傷法，所以，《刑統》中規定了過失法。至於鬥殺傷，所因之罪往往較輕，殺傷之罪往往較重，所以從《刑統》之規定。王安石由上揣《刑統》之意：過失與鬥從本法，其餘殺傷，得免別因之罪，從故殺傷法。於

〔註18〕持「謀殺已傷可首」之觀點以王安石為代表，並有許遵、呂公著、韓維、錢公輔、陳升之、韓絳。

〔註19〕（宋）馬端臨：《文獻通考》卷一七○，刑考九，第 8 冊，中華書局 2011 年版，第 5097 頁。

是，法律規定可以自首的罪可以減免，法律規定不可以自首的不減免；殺傷情節較輕者從本法，較重者，得以首原。再次，王安石就謀殺之概念進行分析。其言：刑部將「因犯殺傷者」，解釋為「別因有犯，遂致殺傷」，但律文明文言之「因犯」而非「別因」，所以，謀殺為何不能是殺傷的所因之犯？針對刑部舉例以說只謀不殺，無所因之罪，王安石又言：律文寫到「謀殺人者徒三年，已傷者絞，已殺者斬」，這就是將謀殺與已傷、已殺分為三等刑名，即，謀殺徒三年，已傷對應絞之刑名，已殺對應斬之刑名。這怎麼能說謀殺不是所因之罪呢？法寺、刑部將法律允許自首的謀殺與不可自首的已傷合為一罪有失律意。最後，王安石指出，依律疏出罪當舉重以包輕。進而言之，因盜傷人者處以斬刑，自首尚且可以免除其所因之罪，謀殺傷人者處以絞刑，絞之刑罰輕於斬，故而，依上述原則，重罪可首，而輕罪亦應可首。謀殺傷人者，自首免除其所因之罪應當是不證自明的。

翰林學士呂公著等人贊同王安石的意見，對於謀是否為殺之因有著詳細的分析。呂公著等人認為：王安石與司馬光所爭，不外乎謀為傷因不為傷因。首先，其從法條、敕條出發，對文義、立法意圖進行分析。〔註20〕呂公著等人對謀是傷之因進行推理。他們認為，自首者，免除所因之罪，從故殺傷法，殺、傷之刑名並未免除。法律規定器物損壞至不可賠償者方不可自首，於人損傷，尚有相當之刑罰，卻一定要使之以死賠償，是有錯誤的。古人立法之初，殺人者死，傷人者抵罪。後來將因劫殺而至傷的刑罰增加到斬，將因謀殺而傷的刑罰增加到絞。若沒有所因之罪謀、劫，不過是徒、杖三等之科，並不會達到絞、斬這一情形。若自首其所因之謀，傷罪仍然沒有免除，是傷不可首而所因之罪應當可首。因此，謀是傷之因的道理非常明確。就自首制度設定的立法目的和價值進行論證。

其認為：法律之所以設立自首這一制度，並不是僅僅為改惡開路，而是惟恐犯罪者已知其行為不可免除死刑，故而將作惡之心放之最大必致人於死地。若按司馬光等人之見，正是堵塞了犯罪自首之路，之後自首者，官吏不論情形輕重，一律殺之，朝廷寬宥無法體現。故此，呂公著等人意見認為：謀為所因之罪依律可以原免，已造成殺傷的情形可以奏許敕裁。王安石與司馬光等人的論述緊扣律條，參以立法意圖，通過細緻的說理展示了宋朝疑罪

〔註20〕法條指「不得自首者凡六科，而於人損傷，不在自首之例」；敕條指「犯殺傷而自首者，得免所因之罪，仍從故殺傷法」。

之議中的推理邏輯。

第三，阿云「被問即承」是否適用「按問欲舉」用現代法學的眼光，可以看出該問題證實阿雲究竟能否自首的關鍵，但在熙寧年間，這一問題並非士大夫官員關注的焦點。該差異是由於古今關於自首之規定的著重點不同所導致。現代刑法關於自首的規定並沒有犯罪性質的限制，任何犯罪都可以在受到強制措施前進行自首，現代更為注重犯罪分子自首的時間和主觀心理，重視其是否有悔改之意。古代中國刑法關於自首的規定雖然對自首的時間有所限制但其重點在於對犯罪性質的限制，如「十惡」重罪等不許自首。究其法條中「按問欲舉」的真正含義頗為重要。雖然，這一問題在《宋史》和《文獻通考》並未多做記載，但在宋代法學、文學大家蘇轍的《龍川略志》中卻表現出對這一問題的高度關注。他認為：法從嚴時，一問不承，其後即使犯罪者自首也不能視作「按問」。法從輕時，雖然累問不承，亦可視為「按問」。二人共同犯罪，其生死取決於問之先後，而非犯罪情節之輕重。更有甚者，當出現多人犯罪的情形之下，差吏欲讓何人活就先問，欲讓何人死則後問。這是「按問」這一制度的弊端所在。〔註21〕清人沈家本在《寄簃文存》中對下這一問題的看法，筆者較為贊同。沈家本認為：「案問欲舉，是官吏方興此議，而罪人未拘執到官也，故得原其悔過之心，以自首原減。若阿雲之事，吏方求盜勿得，是已告官司；疑雲，執而詰之，乃吐實，是官吏已舉，罪人已到官，未有悔過情形，按律本不成首。」〔註22〕如前文所述，阿雲並不構成自首。但，時人均將目光聚焦於謀殺可否自首，謀是謀是否為殺之因之問題之上，並未對這一問題進行辯論。

三、案件背後的法學命題

該案件爭議焦點，在於謀殺已傷究竟可否適用自首。餘之兩個問題案件雖有涉及但並非時人聚焦之處。司馬光與王安石在分析案件、解讀律條時均言之鑿鑿、深刻有力。其中，引起筆者關注的法學命題有二：其一，「凡議法者，當先原立法之意，然後可其論述中體現這一命題」。王安石指出，「依法重罪可以斷獄」；其二，「有司議罪，惟當守法」。前者，認為當出現疑難案件，

〔註21〕（宋）蘇轍：《龍川略志龍川別志》，《龍川略志》第四，許遵議法雖妄而能活人以得福，俞宗憲點校，中華書局1982年版，第19～20頁。

〔註22〕沈家本：《歷代刑法考（附寄簃文存）》第4冊，《寄簃文存》卷四《宋阿雲之獄》，鄧經元，駢宇騫點校，中華書局1985年版，第2162頁。

需要對法律進行解釋時，首當揭示該條文背後之立法意圖。後者，認為司法人員對有異議的罪名進行解釋、定論時，應當遵守法律的規定。此二命題，皆圍繞法律於適用層面出現異議時如何處置進行論述。

（一）凡議法者，當先原立法之意〔註23〕

此一命題為司馬光所主張，但王安石一方在議罪之時並沒有否定這一命題。以王安石為代表主張「謀殺已傷可首」之觀點的士大夫們，究其本意，他們主張朝廷欲寬宥，法意為善，鼓勵罪犯自首。法律應以尚未發生的犯罪為轉移，著眼於刑罰的預防、威懾功能，最大限度地瓦解、制止再犯行為和其他犯罪，取得遠比懲罰個人大得多的社會作用。以自首引其向善，不致窮凶極惡，反之，若使罪犯以為均不可首，噁心陷於必殺。並且，他們認為，司馬光等人的態度會堵塞罪犯原首之路，以至於有司將不擇輕重，對於罪犯一律按文殺之。導致刑罰濫用，致人手足無措。〔註24〕但是，以司馬光為代表主張「謀殺已傷不可首」的士大夫認為：雖然法律規定死刑上奏制度，於情有可憫、案有疑慮的情形規定奏讞制度，但若非情有可憫、刑名疑慮的案件給予了寬縱，就不能除暴安善。立法之本意在於禁止百姓為非作歹，避免犯罪，威懾於民。天下人之性命最為寶貴，殺人者死是通行之理。應輕罪輕刑，重罪重刑，其主張所謂「以刑止刑」。他們認為王安石等人的態度會縱容犯罪，導致對於刑法無畏懼之心之人輕易走上犯罪。更是使一人活，卻撩起天下人之輕易犯罪之心，令更多的人置於危險之境地。為君王者，應當承天地，順四時；法之聖人，應從經律也。就命題本身而言雙方並無異議差異在於「立法之意」含義的理解不同。對立法原則，立法目的和法律之價值的判斷不同，導致大相徑庭的兩種論斷。

（二）有司議罪，惟當守法〔註25〕

該命題由王安石的上書中提出，他認為：法律是議罪、議法之範圍，不能法外論罪，以禮釋法，否則法亂於天下將使百姓手足無措。王安石一方多

〔註23〕（宋）馬端臨：《文獻通考》卷一七〇，刑考九，第8冊，中華書局2011年版，第5097頁。

〔註24〕（宋）馬端臨：《文獻通考》卷一七〇，刑考九，第8冊，中華書局2011年版，第5098頁。

〔註25〕（宋）馬端臨：《文獻通考》卷一七〇，刑考九，第8冊，中華書局2011年版，第5098頁。

次在其論述中體現這一命題。王安石指出：依法重罪可首，故而輕罪亦當可首。呂公著指出：器物損壞至不可賠償方不可自首，於人損傷，並未置於死亡等不可迴旋之地，且尚有相當之刑罰，卻不可自首，定要以死賠償，亦有悖於常人之道理。可以看出，王安石一方在法律的框架內邏輯自洽，以法釋法。雖然司馬光在一個命題中強調議法需先原立法之意，但他認為，阿雲之案中等之材的官吏就能決斷，導致朝堂紛爭不斷、皇帝敕令反覆頒行之主要原因在於決斷者未按「分爭辨訟，非禮不決，禮之所去，刑之所取」的原則處理案件。〔註26〕司馬光將「立法之意圖」定位於「禮」，以禮釋法。王安石這一命題是在「一準乎禮」之環境中產生，它的提出有著深厚的社會歷史背景。

結論

　　熙寧元年（1068）阿雲之獄，神宗以王安石之論為案件之定。至元豐八年（1085）哲宗即位，司馬光就任宰相，又將案件提出，進行覆議。歷經17年，該案件的相關話題一直被討論。由此，我們可以看出：

　　第一，阿雲案涉及多個部門，被當時諸多官員如許遵、司馬光、王安石等士大夫所討論，有史可考、有例可據的有20人。該案件的產生並不是因為法律沒有明文規定或事實複雜不清，而是出現了具體法條在具體情景之下如何運用的問題。這一案件事實簡單明瞭，法律關於自首的規定明顯存在，只是關於自首規定的適用上司馬光和王安石雙方產生分歧。這一案件的討論將宋代士大夫極高的法律素養展現得淋漓盡致。〔註27〕

　　第二，在案件審理過程中王安石的論述得到了中國古代最高裁決者的認可，原因有二：第一，王安石的變法思想能夠適應當時皇帝的政治需求——削弱守舊勢力。第二，王安石所提出的「重罪可首，輕罪亦應可首」這一論點在法律框架內邏輯自洽，符合法律的一致性和整體性。

　　第三，司馬光在時隔多年仍要將此案重翻論述，其注重的並非僅僅是這一案件的判決結果，他更為在意的是「法律的真實意圖和價值」究竟為何？

〔註26〕（宋）馬端臨：《文獻通考》卷一七〇，刑考九，第8冊，中華書局2011年版，第5100頁。

〔註27〕參見陳景良：《「文學法理，咸精其能」——試論兩宋士大夫的法律素養（上）》，載《南京大學法律評論》1995年第2期；陳景良：《「文學法理，咸精其能」——試論兩宋士大夫的法律素養（下）》，載《南京大學法律評論》1996年第1期。

這一案件所引發的時人對於這一問題之探索，其實古今中西的疑難案件歸根結底所探尋之問題概莫能外。「何為真正立法意圖和價值」這一原命題隱藏於整個社會的正義原則和價值追求之下，日常並不被人們所關注，唯有遇到疑難案件之時方能發現大家對於這一問題有著截然不同的認識。譬如發生在1882年紐約州的里格斯訴帕爾默案，由於繼承人殺害立遺囑人有無繼承權這一問題當時紐約州繼承法並無規定，導致了審理案件時產生巨大分歧，最後以厄爾法官提出「任何人不得以其錯誤行為獲得利益」這一原則為據，判決剝奪了帕爾默的繼承權並承擔刑事責任。〔註28〕這一案件伊始也是對於具體法律條文的爭議，隨後上升為對法律原則、法律價值乃至何為法律的爭議。

　　因此，對法律究竟為何，這一原命題的追問不論中西抑或古今均會在不同的歷史情景下遇到，其彰顯的意義是永恆的。質言之，當代中國法律史研究基礎應立足於文獻，眼光應著眼於現實，宗旨則應是樹立文化主體意識。

〔註28〕里格斯訴帕爾默案，Riggsv.Palmer115n.y.506508-0922n.e.188189，（1889）。這一案件在1889年的紐約州也是一個疑難案件，其主要是關於「當法律沒有明文規定的時候應該依據什麼原則來處理案件」這一問題的討論。判決法官討論的問題歸根結底也是關於「什麼是法律」「何為立法意圖」的爭論，這一案件與阿雲案的討論有著相似的遭遇。

典賣與倚當：宋代法律的邏輯與生活原理〔註1〕——以《會要》體文獻為中心

　　「典」作為質的一種表現形式，其對象一開始並非是田宅，而主要是衣、物與人，漢至三國兩晉南北朝，尤其如此。〔註2〕唐中期以前，由於土地國有，「均田制」盛行，土地買賣受到嚴格限制，以田宅作典的現象很少在社會生活中發生。唐德宗後，均田制崩潰，土地買賣的禁令鬆弛，田宅典賣開始盛行。五代時，與典聯繫密切的「倚當」也開始出現。至宋，土地私有制深化，土地利用及土地權益之間的關係更加複雜多元。宋代法律及司法實踐，針對新出現的田宅交易及訴訟活動中的「典賣」及「倚當」糾紛，十分關注，在以法典與敕令的形式進行規制的同時，〔註3〕還在司法實踐中創造了體現「程序

〔註1〕本文與王天一（時為中南財經政法大學法律史專業博士生）合作。原載於《法律科學》2018 年第 3 期。文章由陳景良完成初稿後，第三部分中的「儒家經典」與「法律邏輯及其生活原理」之間的內在聯繫，則由王天一補充完成，全文最後由陳景良修改定稿。

〔註2〕參見吳向紅：《典之風俗與典之法律——本土視域中的典制淵源》，載《福建師範大學學報》（哲學社會科學版）2007 年第 2 期。另參見李力：《清代民法語境中「業」的表達及其意義》，載《歷史研究》2005 年第 4 期。

〔註3〕《宋刑統·戶婚律》之中的「典賣指當論競物業」條以「準」令、敕的方式規定了典賣、倚當等不動產交易的規則。參見（宋）竇儀：《宋刑統》卷十三「典賣指當論競物業」，吳翊如點校，中華書局 1984 年版，第 205～207 頁。其內容如下：

〔準〕《雜令》，諸家長在，（在謂三百里內非隔闊者。）而子孫弟姪不得輒以奴婢、六畜、田宅及餘財物私自質舉，及賣田宅。（無質而舉者亦準此。）其有質舉賣者，皆得本司文牒，然後聽之。若不相本問，違而輒與及買者，物即還主，錢沒不追。

臣等參詳，應典賣物業或指名質舉，須是家主尊長對錢主，或錢主親信人當面署押契帖；或婦女難於面對者，須隔簾幕親聞商量，方成交易。如家主尊長在外，不計遠近，並須依此。若隔在化外，及阻隔兵戈，即須州縣相度事

正義」的規則，以保護當事人在土地流轉與田宅訴訟中的各種權益。

《會要》作為一種史書體裁，始於唐中期的蘇冕，經五代王溥總其成，而最後鼎盛於趙宋之時。《會要》詳細記載了唐中期至五代，再到宋時，田宅交易及訴訟中的「典賣」及「倚當」活動，留下了異常豐富而又寶貴的史料。

對於宋代的土地買賣、典及倚當諸項法律關係，學界已有不少探討。〔註4〕但以《會要》史書體裁為視角，聚焦於宋代田宅交易及訴訟活動中的程序正義，在回歸歷史語境，走向歷史現場的基礎上，揭示「典買」與「倚當」背

理，給與憑由，方許商量交易。如是卑幼骨肉蒙昧尊長，專擅典賣、質舉、倚當，或偽署尊長姓名，其卑幼及牙保引致人等，並當重斷，錢業各還兩主。其錢已經卑幼破用，無可徵償者，不在更於家主尊長處徵理之限。應田宅、物業雖是骨肉不合有分，輒將典賣者，準盜論，從律處分。

〔準〕建隆三年十二月五日敕節文，今後應典及倚當莊宅、物業與人，限外雖經年深，元契見在，契頭雖已亡沒，其有親的子孫及有分骨肉，證驗顯然者，不限年歲，並許收贖。如是典當限外，經三十年後，並無文契，及雖執文契，難辨真虛，不在論理收贖之限，見佃主一任典賣。

臣等參詳，自唐元和六年後來條理，典賣物業，敕文不一，今酌詳舊條，逐件書一如後：

一、應田土、屋舍有連接交加者，當時不曾論理，伺侯家長及見證亡歿，子孫幼弱之際，便將難明契書擾亂別縣，空煩刑獄，證驗終難者，請準唐長慶二年八月十五日敕，經二十年以上不論，即不在論理之限。有故留滯在外者，即與出除在外之年。違者並請以不應得為從重科罪。

一、應典賣、倚當物業，先問房親，房親不要，次問四鄰，四鄰不要，他人並得交易。房親著價不盡，亦任就得價高處交易。如業主、牙人欺罔鄰親，契帖內虛抬價錢，及鄰親妄有遮吝者，並據所欺錢數，與情狀輕重，酌量科斷。

一、應有將物業重疊倚當者，本主、牙人、鄰人並契上署名人，各計所欺入己錢數，並準盜論。不分受錢者，減三等，仍徵錢還被欺之人。如業主填納罄盡不足者，勒同署牙保、鄰人等，同共陪填，其物業歸初倚當之主。

〔註4〕代表性論著有，戴建國：《宋代的民田典賣與「一田二主」制》，載《歷史研究》2011年第6期；鄭定、柴榮：《兩宋土地交易中的若干法律問題》，載《江海學刊》2002年第2期；李如鈞：《從〈名公書判清明集〉看宋代田宅典賣中的二典》，載《宋代社會與法律——〈名公書判清明集〉討論》，臺灣宋代官箴研讀會編，東大圖書公司2001年版。

民法學界對中國古代典制的研討，多見於中國民法、物權法草案等討論稿且以說明與解釋為多，很少能以歷史文獻為據，結合現代法學原理，在回歸歷史現場的基礎上，揭示中國古代典質背後的法律邏輯與生活原理。參見梁慧星《中國民法·物權篇草案》，法律出版社2004年版。另專門研究中國古代典制及典權制度的專著有郭建：《典權制度源流考》，社會科學文獻出版社2009年版；吳向紅：《典之風俗與典之法律》，法律出版社2009年版。

後的中國固有法律邏輯，尤其是從儒家經典《論語》《孟子》與《孝經》的角度論及二者之間的內在聯繫，從而去尋求中國人過日子的規則與原理，則是以往學界未曾注意到的，本文試論之。〔註5〕

一、從《會要》體史書的出現看田宅「典賣」與「倚當」的歷史進程

《會要》是中國史書中的一種重要體裁。中國的正史，如二十二史，是以人物為中心的「記、傳」體史書。《會要》體史書，就性質而言，與正史中的「書」或「志」相近，是分門別類記載一代典章制度沿革變遷的政書、專書。

《會要》體史書，就歷史沿革而言，始於唐中期的蘇冕。蘇冕是唐大曆以來的著名學者，尤擅長於當時的典章制度，其學術聲譽頗受時人好評。《國史補》卷下稱：「大曆以後，專學者，……地理則賈僕射，兵賦則杜太保，故事則蘇冕、蔣乂，曆算則董和，天文則徐澤，氏族則林寶」。唐德宗時，蘇冕輯高祖李淵至德宗「九朝典章沿革損益之制，成會要四十卷。」〔註6〕至唐宣宗時，又有楊紹復等成《續會要》四十卷，於大中七年奏上。〔註7〕

五代諸朝，命祚雖短，但皆以奉唐之典章為尚，施政修律一襲唐舊，《會要》成了官員們的重要參考書。并州祁縣（今山西祁縣）人王溥，是五代、宋初時期著名的學者。他於五代後漢乾祐年間（948年）舉進士第一，歷仕後漢、後周，官至中書舍人，翰林學士，右僕射。入宋後，進司空，同平章事、監修國史。他不僅在蘇冕《會要》及楊紹復等《續會要》的基礎上，修撰完成了《唐會要》一百卷，又據五代史籍及自己的見聞，編撰了《五代會要》三十卷。

入宋後，太祖、太宗右文抑武，尤重史學。修史機構超過盛唐，《會要》體史書也因卷軼浩繁，史料豐富，修撰歷久不衰而獨具時代特色。〔註8〕

〔註5〕 必須說明的是，會要體史書，內容豐富，體例龐大。本文僅以《五代會要》中的「市」、《宋會要輯稿》食貨六一《田產雜錄》《宋會要輯稿》刑法三《訴訟·田訟》為中心，結合其他歷史文獻展開討論。因《宋會要輯稿》文字幾達千萬，鈞沉稽微，任重路艱，本文只是進行了初步的研討。

〔註6〕 （宋）王溥：《唐會要》，前言，上冊，上海古籍出版社2006年版。

〔註7〕 （宋）王溥：《唐會要》，唐會要題辭，上冊，上海古籍出版社2006年版。

〔註8〕 宋朝所修《會要》史書，共十二種，分別是（1）《慶曆國朝會要》一百五十卷、（2）《元豐增修國朝會要》三百卷、（3）《政和重修國朝會要》、（4）《乾

　　本文之所以將《會要》體文獻視為田宅典賣、倚當研究的重點史料，是因為《宋會要輯稿》在宋代史料中的獨特地位。《宋會要輯稿》《宋史》及《文獻通考》是宋代相關史料中極為重要的三部，通過對比這三類文獻所反映的信息數量及信息質量，可以明確揭示《會要》體文獻在本文研究主題上的重要性。

　　其一，從文獻所蘊含的信息量來看，《宋會要輯稿》遠超另外兩部文獻。以刑法部分為例，《宋史》的《刑法志》部分僅有三萬多字，《文獻通考》的《刑考》部分有十六餘萬字，而《宋會要輯稿》中的刑法部分則達近七十萬字。至於與本文研究主題密切相關的「食貨」方面的信息數量，尚未有精確的統計，但粗略估計《宋會要輯稿》的食貨部分，達數百萬字，其信息量更是遠超其他文獻。

道國朝會要》三百卷、(5)《國朝中興會要》二百卷、(6)《孝宗會要》三百六十八卷、(7)《嘉泰重修孝宗會要》二百卷、(8)《光宗會要》一百卷、(9)《寧宗會要》三百二十五卷、(10)《寧宗會要》一百卷（上項《寧宗會要》起紹熙五年寧宗即位，止嘉定十三年，此寧宗會要編至嘉定十七年，故只有百餘卷—引者）。(11)《總類國朝會要》若干卷，張從祖編成於寧宗開禧中，五百八十卷，嘉定三年進呈，李心傳續編，又稱《續總類國朝會要》；(12)《理宗會要》。

需要略加說明的是，宋朝之會要，總共是十四朝十二種，卷數龐大，內容豐富。可惜的是，這些《會要》並沒有保存下來。我們目前所能看到的是清人徐松假編撰《全唐文》之名，而從《永樂大典》中輯佚出來的，故稱《宋會要輯稿》，近千萬字。（自徐松整理之後，繆荃孫、屠寄、劉富曾均曾著手過整理過《宋會要輯稿》。）據學界考證，宋朝所編各朝《會要》，至明人所修《永樂大典》時，可能已經佚失，明人所依據的，極可能是南宋史家李心傳在張從祖《總類國朝會要》五百八十卷的基礎上，所增修的《續總類國朝會要》。

以上歷史事實告訴我們，有宋一朝並沒有一部概稱《宋會要》的史書，我們所說的「宋會要」，是對兩宋十四朝所修的，總計十二部會要的泛稱，我們現在所見到的《宋會要輯稿》是清人徐松借書吏之手從《永樂大典》之中輯出來的，由於幾經輾轉反覆，現在的《宋會要輯稿》之門類，已失去了原來的面貌，其錯訛、顛倒、混亂，已在所難免。儘管如此，它仍以龐大的規模，保留了宋代大量原始史料，尤其是，當宋代司法檔案、司法文書今已難尋蹤跡的情況下，幸賴《輯稿》，還能使我們看到保有大量宋代司法檔案元素的文獻材料。更值得一提的是，經過民國學者湯中、宋史專家王雲海（已故）、陳智超諸人的努力，四川大學古籍所劉琳、刁忠民、舒大剛、尹波諸學者在前人校勘、研究《宋會要輯稿》的基礎上，經多年之努力，終於完成了對這部大書的整理、校勘工作，由上海古籍出版社於2014年6月推出了十六冊點校本的《宋會要輯稿》，為我們研究宋代各項制度提供了極大的方便。

　　其二，從文獻記載的信息質量來看，《宋會要輯稿》有著獨特優勢。宋史專家梁太濟、包偉民兩位教授在專著《宋史食貨志補正》的緒論中指出，宋史志的「第一手資料，除了《宋會要》中也許有少量存留以外，今天已經很難搜尋了」，而且，「《宋會要》中的多數內容，雖然都不是第一手資料，但卻遠較《宋志》原始」。〔註 9〕另外，值得注意的是，《宋史食貨志補正》對《宋史·食貨志》所作的補正、解釋，大量引用了《宋會要輯稿》中的內容，並且，這些材料往往比《宋志》中的相應內容更為詳細。因此，從信息溯源的角度上講，《會要》體文獻也應當是研究田宅典賣、倚當相關內容的重中之重。

　　《會要》體史書的價值既明，再以《五代會要》卷 26《市》《宋會要輯稿》中的「食貨」六一《民產雜錄》、「刑法三」《田訟》為中心，看田宅「典賣」與「倚當」的歷史進程。

　　學者通常認為：中國歷史中的典，出現的較早，以物為質而借錢，在漢至三國兩晉南北朝、隋唐，是社會生活中常見的現象。〔註 10〕不過文獻中多以「帖」、「賣」等名詞出現。〔註 11〕不過此時，典的對象多是生活之物，而不是田宅。唐代的歷史文獻中，以田宅為典賣對象的事例雖有，但並不多見。唐中期以後，土地買賣與典貼開始活躍，及至五代，始成規模，引起了政府的重視，後周朝廷以核准之形式，批准了開封府之奏請，田宅的「典質」與「倚當」開始出現在法令之中。

　　王溥《五代會要》卷二六「市」載：

　　「周廣順二年（按：即公元 952 年）十二月開封府奏：

　　商賈及諸色人訴稱，被牙人店主引領百姓，賒買財貨，違限不還，甚亦有將物去後，便與牙人設計公然隱沒。又莊宅牙人，亦多與有物業人通情重疊，將產宅立契典當，或虛指別人產業，及浮造物舍，偽稱祖父所置。更有卑幼骨肉，不問家長，衷私典賣，及將倚當取債，或是骨肉物業，自己不合有分，倚強凌弱，公行典賣。牙人、錢主，通同蒙昧，致有爭訟。起今後欲乞明

〔註 9〕梁太濟、包偉民：《宋史食貨志補正》，緒論，中華書局 2008 年版。

〔註 10〕例如杜甫有詩云：「朝回日日典春衣，每日江頭盡醉歸。酒債尋常行處有，人生七十古來稀。」參見（唐）杜甫：《杜詩詳注》卷六，曲江二首，其二，仇兆鰲注，第 1 冊，中華書局 1979 年版，第 447 頁。

〔註 11〕參見吳向紅：《典之風俗與典之法律》，法律出版社 2009 年出版。

降指揮，應有諸色牙人、店主引致買賣，並須錢物交相分付。或還錢未足，祇仰牙行人、店主明立期限，勒定文字，遞相委保。如數內有人前卻及違限，別無抵當，更仰連署契人同力填還。如諸色牙行人，內有貧窮無信行者，恐已後悞累，即卻衆狀集出，如是客旅自與人商量交易，其店主人、牙行人，並不得邀難遮占，稱須依行店事例引致。如有此色人，亦加深罪。

其有典質倚當物業，仰官牙人、業主及四鄰同署文契，委不是曾將物業。印稅之時，於稅務內納契白一本，務司點檢，須有官牙人、鄰人押署處，及委不是重疊倚當，方得與印。如有故違，關連人押行科罪，仍徵還錢物。如業主別無抵當，仰同署契行保鄰人，均分代納。如是卑幼不問家長，便將物業典當倚當，或雖是骨肉物業，自己不合有分，輒敢典賣倚當者，所犯人重行科斷。其牙人錢主，並當深罪。所有物業，請準格律指揮。

如有典賣莊宅，準例，房親鄰人合得承當。若是親人不要，及著價不及，方得別處商量，不得虛抬價例，蒙昧公私。有發覺，一任親人論理。勘責不虛，業主、牙保人並行重斷，仍改正物業。或親鄰人不收買，妄有遮悋阻滯交易者，亦當深罪。

從之。」〔註 12〕

上述引文，不避冗長，意在說明：其一，「典質、倚當」四字並用出現在五代周廣順年間——即公元 952 年。其二，伴隨著經濟的發展，房屋與土地，如同其他物品一樣，也具有了商品的性質，可以用來交易或以其收益作抵押、清償債務，這就是「倚當」。其三，「田宅」二字，雖然還沒有出現在這個奏請中，但依文意，或者文中所要求的程序而言，其中的「物業」、「莊宅」與「產宅」，〔註 13〕當指土地、房屋無疑。當然，「田宅」二字明確出現，還要待入宋之後，因為那時的土地私有制將進一步深化，田宅「典賣」與「倚當」，如

〔註 12〕（宋）王溥：《五代會要》卷二六，市，上海古籍出版社 1978 年版，第 415～416 頁。

〔註 13〕學界通常認為，傳統中國沒有「動產」與「不動產」之觀念，與之相近的詞彙是「物」與「業」。雖學者李力曾撰文力辯「業」並非僅指「田宅」，也包括了當事人對田宅的管領狀態及相關的收益等，但這並不能否定「業」在古典中國主要指涉田宅及其相關管領狀態的基本內涵。「業」一詞雖不僅僅指田宅，但它若干義指，皆與田宅的管領及收益相關，故以「業」指涉不動產，仍是我們辨析中西法律概念之異的主要工具。參見李力：《清代民法語境中的「業」的表達及其意義》，《歷史研究》2005 年 4 期。

同吃飯穿衣一樣，進入尋常百姓家中，由此而引起的訴訟糾紛也將充斥於《宋會要輯稿》中。其四，土地、房屋雖是物，且具有商品屬性，但這是一種特殊的物。尤其是土地，擁有者與使用者不僅可以利用它來經營獲利、發家致富，而且它還與擁有者、佔有使用者的親鄰之利益相關聯。不僅如此，政府的稅收、徭役也與土地相關。其「典賣」、「倚當」決不僅僅是當事人之間的事，還牽涉到親鄰之利益與國家的稅收，故以法令之形式，規定一套嚴格程序以區別於其他生活之用品的交易與流通，也就必然成為當政者之所急。其五，在當時的社會生活中，由於土地、房屋不僅可以交易變現，而且還可以「出典」借錢，以解燃眉之急，甚還可以利用其收益清償債務。土地、房屋在交易或利用中的多項便利及好處，不僅有利於守信誠實的人，而且也給那些心懷不端的牙人、保人及業主帶來了「投機取巧」的機會。這就是文獻中不斷提到的「重疊」典賣、倚當的不法行為。「重疊」就是指一物數賣、數典，即重複典賣與倚當，以詐欺之手段，獲取非法之利。對此，法律嚴加禁止，並規定了懲治手段。

從上述文獻中，我們大概可以看到：（1）田宅「典賣」與「倚當」已經在後周廣順年間並行出現；（2）房親、鄰人與田宅典賣、倚當關係密切，有優先權；（3）田宅交易必須合法，卑幼不經家長同意，不得私自交易；（4）交易時，須業主、鄰人、牙人（即保人）共署結保，不得重複交易，以示誠信。否則，共同賠償；（5）簽立契約，到官府納稅。

就此法令而言，後周政府對田宅典賣與倚當行為的規制，可以說，已初具規模。然而，田宅進入流通領域涉及的關係極為複雜，就國家而言，土地即便屬於私人所有，其所擔負的賦稅徭役功能也不會因此而減少。因此，土地流轉中，如何辦理過割手續，賦稅與徭役該由誰負擔，以怎樣的方式進行等等，都有待於其後的趙宋王朝來完成。

尤其是土地的典，它使土地的管領及受益人從原有主人的手中脫離出來，是土地所有權能與使用權能分化的特殊形態，其牽涉的關係與利益極其複雜，既有雙方當事人，也有土地上的親鄰，還有負責擔保的牙人及中人，合約如何簽訂，各種關係人享有怎樣的權利，負有怎樣的責任，土地典賣後，受典人能否轉典，出典人如何回贖等等，這一系列的關係與程序，也都需要進一步釐清。

　　入宋之後，由於《會要》體史書編撰的主要史料，一是來自於《實錄》與《日曆》，二是來自於中央六部以及地方諸路監司之檔案，故現存的《宋會要輯稿》「食貨」與「刑法」兩類目，尤其是其中的「民產雜錄」「刑法・訴訟」之「田訟」等，是研究宋代田宅典賣、倚當之活動的寶貴史料。下面，我們就以此文獻為中心，結合其他史料及學界研究成果，匯表考察宋代田宅典賣與倚當背後的法律邏輯與生活原理。

圖表：田宅典賣程序完善之進程

時　　代	法律程序	史料出處
五代周廣順二年（952年）典賣與倚當	1. 先問親鄰，親鄰不要，得與他人交易。 2. 寫立契約，牙人、業主、四鄰同署簽押，共負責任。 3. 申請納稅，官府審核蓋印。	（宋）王溥撰：《五代會要》卷二六，市，上海古籍出版社 1978 年版，第 415～416 頁。
兩宋典賣與倚當（倚當於北宋仁宗後逐漸消失）	兩宋時，土地私有，唐初規定的土地買賣須向官府請牒，立賬的程序被廢除。私有土地的田宅可以當事人之志願自由典賣，官府並不禁止。田宅交易，一任其自便。	（1）參見漆俠：《宋代經濟史》上冊，中華書局 2009 年版，第 235 頁。 （2）宋人袁采《袁氏世範・富家置產當存仁心》說：「貧富無定勢，田宅無定主。有錢則買，無錢則賣。」〔註 14〕 （3）《名公書判清明集》卷九《典主如不願斷骨合還業主收贖》：「大凡人家置買田宅，固要合法，亦要合心。合法則不起爭訟，合心則子孫能保。」〔註 15〕
	1. 當事人據生活之需，以己之意向，確定土地轉移形式，在中間人的幫助下，尋求買主。	《袁氏世範・田產宜早印契割產》：「人戶交易，當先憑牙家索取圖書砧基，指出丘段圍號，就問見個人，有無界至交加，典賣重疊。」〔註 16〕

〔註 14〕（宋）袁采：《袁氏世範》卷下《富家置產當存仁心》，天津古籍出版社 1995 年版，第 162 頁。

〔註 15〕中國社會科學院歷史研究所宋遼金元史研究室點校：《名公書判清明集》卷九，中華書局 1987 年版，第 321 頁。

〔註 16〕（宋）袁采：《袁氏世範》卷下《田產宜早印契割產》，天津古籍出版社 1995 年版，第 159～160 頁。

2. 典賣田宅，先問房親，次問四鄰，房親不要，他人並得交易。	（1）在田宅典賣中，房親四鄰若有多家，以何為先，法令如若不明，易生事端，致有興訟。開寶年間，開封府司錄參軍孫嶼所言，正是如此。朝廷令大理寺據孫所奏，詳加議定，頒行天下州縣，以便所行。〔註17〕 （2）饒有趣味的是，南宋年間，法官在審理田宅爭訟時，對親鄰的理解，依《慶元重修田令》及《嘉定十三年刑部頒降條冊》，已作了嚴格化的限制：「即有親而無鄰，有鄰而無親者，皆不在問限。」〔註18〕
3. 房親四鄰如若不要，須在有關法律文書上畫押聲明，以示放棄，宋代謂之「批退」。	（1）宋代田宅典賣時，房親四鄰須在何種法律文件上批退，時限如何，宋代尚不明確。至元朝時，法律進一步明確。（詳見下表）。 （2）但據《宋會要輯稿》食貨六一之六四，宋高宗紹興二年（公元 1132 年）閏四月十日詔：「典賣田宅，不經親鄰及墓田鄰至批退，並限一年內陳訴。」八月二十九日，臣僚言：「典賣田宅，批文鄰至，莫不有法。」〔註19〕
4. 雙方當事人商議，確定價格意向，由官私牙人從中說合，據地租、時價和鄉原體例。由買賣雙方、中間人三面評議價錢，為定立契約必備之步驟。	三面評價，是宋人田宅典賣中的常用語。南宋淳祐十二年（1252 年）徽州李從致賣山田契中就有「三面評值」之語。〔註20〕
5. 寫立合同契約、典賣雙方、見證人、家長簽字畫押。	（1）《宋會要輯稿》食貨六一之五七：「乾興元年（1022）正月，開封府言：『人戶典賣宅，立契二本，一本付錢主，一本納商稅院。年深整會，親鄰爭占，多為錢主隱沒及問商稅院，又檢尋不見。今請曉示人戶，應典賣倚當莊宅田土，並立合同契四本：一付錢主，一付業主，一納商稅院，一留本縣』從之。」〔註21〕

〔註17〕（清）徐松：《宋會要輯稿》食貨三七，第 11 冊，劉琳等校點，上海古籍出版社 2014 年版，第 6805 頁。

〔註18〕中國社會科學院歷史研究所宋遼金元史研究室點校：《名公書判清明集》卷九《有親有鄰在三年內者方可執贖》，中華書局 1987 年版，第 308～309 頁。

〔註19〕（清）徐松：《宋會要輯稿》食貨六一，第 12 冊，劉琳等校點，上海古籍出版社 2014 年版，第 7471 頁。

〔註20〕張傳璽主編：《中國歷代契約會編考釋》上冊，第二卷，北京大學出版社 1995 年版，第 534～535 頁。

〔註21〕（清）徐松：《宋會要輯稿》食貨六一，第 12 冊，劉琳等校點，上海古籍出版社 2014 年版，第 7464 頁。

		（2.1）田宅交易在宋代，本由當事人自願，故所立契約，原無統一格式，這當然反映了契約自由之原則，但同時帶來的問題是，私自訂立之契約，對所交易之田宅的範圍四至，不做清楚交代，鄰里也不知悉，致使弊竇叢生，爭訟日繁。為此，太宗下詔：從開封司錄參軍事趙孚所奏，確立「割移、典賣文契各一本，立為榜樣。」這只是說，官府頒立一個合同樣本，當事人定約時，可模仿此格式進行，並非是官府印製的格式統一的標準契約樣本。〔註 22〕
		（2.2）真宗乾興元年（1022），始立合同契法，專用於田宅出典。〔註 23〕
		（2.3）神宗元豐七年（1084）七月二十日，修立「應典賣田宅私立契書並不係籍定於人衷私引領交易法」，規定典賣田宅契書，統一格式，統一印製。〔註 24〕
		（2.4）統一格式，不利於契約的簽訂，帶來諸多不便。南宋時（紹興三十一年六月二十二日）曾受到戶部員外郎馬騏的批評，後朝廷建議，契約簽立，除了必須有牙保、寫契約人親書押字、標明四至、到官府投稅印契外，其他格式可以鬆動。〔註 25〕
		（3）參見中國社會科學院歷史研究所整理：《徽州千年契約文書（宋元明編）》卷一，宋代淳祐二年休寧李思聰等賣田、山赤契，第 1 冊，花山文藝出版社 1991 年版，第 5 頁。
	6. 過割納稅，官給憑由（納田契牙稅憑證）與朱批官契（官印田宅契書）：即政府用來行使管理職能，監督買賣雙方合理繳納稅	（1）徽宗政和元年（1111 年）四月九日，戶部奏：「欲諸以田宅契投稅者，即時當官注籍，給憑由付錢主。限三日勘會業主、鄰人、牙保寫契人書字圓備無交加，以所典賣頃畝、田邑、間架勘驗無業稅租、免役錢，紐定應割稅租分數令均平推取，收狀入案，當日於部內對注開收。」〔註 26〕

〔註 22〕（宋）李燾：《續資治通鑒長編》卷二四，太平興國八年（公元 983 年）三月乙酉條，第 1 冊，中華書局 2004 年版，第 542 頁。

〔註 23〕（清）徐松：《宋會要輯稿》食貨六一，第 12 冊，劉琳等校點，上海古籍出版社 2014 年版，第 7464 頁。

〔註 24〕（宋）李燾：《續資治通鑒長編》卷三七四，哲宗元祐元年（1086）四月辛卯條，第 15 冊，中華書局 2004 年版，第 9065 頁。

〔註 25〕（清）徐松：《宋會要輯稿》食貨六一，第 12 冊，劉琳等校點，上海古籍出版社 2014 年版，第 7473 頁。

〔註 26〕（清）徐松：《宋會要輯稿》食貨六一，第 12 冊，劉琳等校點，上海古籍出版社 2014 年版，第 7469 頁。

	租，公平履行賦稅義務的法律文件。	（2）《宋會要輯稿》食貨七〇之一四九至一五〇：「乾道七年（1171年）十一月六日，臣僚言：比年以來，富家大室典賣田宅，多不以時稅契，有司欲為過割，無由稽察。其弊有四焉：得產者不輸常賦，無產者虛籍反存，此則催科不便，其弊一也。富者進產而物力不加多，貧者去產而物力不加少，此則差役不均，其弊二也。稅契之直，率為乾沒，則隱匿官錢，其弊三也。已賣之產，或復求售，則重疊交易，其弊四也。乞詔有司，應民間交易，並先次令過割而後稅契。凡進產之家，限十日內繳連小契自陳，令本縣取索兩家砧基赤契，並以三色官簿（係是夏稅簿、秋苗簿、物力簿），卻遂自本縣，就令本縣主簿對行批鑿。如不先經過割，即不許人戶投稅。仍以牙契一司專錄主簿廳，庶幾事權歸一，稽察易見。若主簿過割不時及批鑿不盡，或已為批鑿而一委於胥吏，不復點對稽察者，則不職之罰，以例受制書而違者之罪罪之。」〔註27〕
		（3）《宋會要輯稿》食貨六一之六七：乾道九年（1173年）九月十九日，詔：「逐路常平司下所屬州縣，自今交易產業，既已印給官契，仰二家即時各齎干照，砧基簿赴官，以其應割之稅，一受一推，書之版簿。仍又朱批官契，該載過割之詳。朱批已圓，方得理為交易。如或違戾，異時論訴到官，富豪得產之家雖有契書，即不憑據受理。」〔註28〕
元代田宅典賣	在「批退」時限上有更明確的規定。	《元史·刑法志》「戶婚」載：「諸典賣田宅，須從尊長署押，給據立帳，歷問有服房親，及鄰人典主，不願交易者，限十日批退，笞一十七，屬者限十五日議價，立契成交，違限不酬價者笞二十七，任便交易。親鄰典主故相邀阻，需求書字錢物者，笞三十七，仍聽親鄰典主百日收贖，限外不得爭訟。業主欺昧，故不交業者，笞四十七。親鄰典主在他所者，百里之外，不再由問之限。若違限事覺，有司不依理聽斷者，監察御史廉訪司糾之。」〔註29〕

〔註27〕 （清）徐松：《宋會要輯稿》食貨七〇，第13冊，劉琳等校點，上海古籍出版社2014年版，第8188～8189頁。

〔註28〕 （清）徐松：《宋會要輯稿》食貨六一，第12冊，劉琳等校點，上海古籍出版社2014年版，第7475頁。

〔註29〕 （明）宋濂：《元史》卷一〇三，刑法志，第9冊，中華書局1976年版，第2641～2642頁。

二、不以權利為名，卻有權利之實：田宅典賣與倚當背後的法律邏輯

美國著名學者費正清教授說：「中國人不把法律看作是社會生活中來自外界、絕對的東西。不承認有什麼通過神的啟示而給予人類較高的法律，摩西的金牌律是神在山頂上授與他的，而孔子卻只從日常生活中推究事理，而不求助於任何神靈，他並不宣稱他的禮法獲得過什麼超自然的認可。」〔註30〕

學界通常認為，由於中國文化的本質與西方迥異，故中國古代社會沒有「權利」的意識，法律及其社會秩序也不是以權利為基點而建立。著名思想家梁漱溟先生認為，倫理本位的社會結構不僅決定了中國文化的個性，而且也直接影響著中國法律的內部結構及人們的思想觀念。梁氏指出，中國人的權利、自由概念十分淡漠，法律體系中沒有公法、私法之分，也沒有民法、刑法的區別，中國自古法律，不過是刑律而已。他說：「權利、自由這類概念，不但是中國人心目中從來所沒有的，而且是至今看了不得其解的。」〔註31〕

這樣的說法，若僅僅是為了揭示中西文化之異，它確實是合乎事實的。問題在於：以西方法學的眼光，透視中國社會生活與歷史，不僅僅在於揭示其異。因為只說其異，無非是說中國文化與西方相比，是一個它者而已。必須進一步追問的是，這個異因何而產生，它背後的邏輯是什麼，特點為何，而且還要以文獻為據，回歸歷史場境，站在同情的立場上，揭示中國固有的法律邏輯與生活原理，展示中國人的智慧與理性。〔註32〕

不可否認的是，在宋代的社會生活中，確實未曾有見過現代意義上的民法典與民事權利觀念，田宅的典賣與倚當，也並非依據今天的物權與所有權觀念，去確定田宅所有權的邊界與歸屬，立法及司法對田宅所有權與使用權的區分及保護，法官對訴訟糾紛的處理，對土地利用關係中各類當事人正當

〔註30〕 （美）費正清：《美國與中國》，張理京譯，世界知識出版社 2001 年版，第 109 頁。

〔註31〕 梁漱溟：《中國文化要義》，《梁漱溟全集》第 3 冊，山東人民出版社 1990 年版，第 23 頁。

〔註32〕 中國近一個半世紀以來，無數個思想家及學者，都在思索著中西文化之異，中西文化之別，從馬克斯·韋伯到余英時，從部門法尤其是民法學者到法理、法史專家，紛紛發表文章，出版著作。著名的有大陸學者梁治平、張中秋，臺灣學者柳立言、林端等。近幾年來，張中秋一直致力於中西法律文化原理異同之研討，其觀點對人頗有啟發。參見氏著《原理及其意義——探索中國法律文化之道》，中國政法大學出版社 2010 年版。

利益的保護，都在遵循著固有的法律邏輯與原理，而不是也不可能是依據現代物權體系去規制宋代的田宅訴訟活動。〔註33〕

我們的問題是：宋代的法律實踐是怎樣確定田宅之歸屬的呢？當田宅進入交易中，在沒有區分物權與債權的宋代社會實踐中，法律又是如何釐清田宅典賣及倚當中各類利害人的利益邊界，規制他們的行為，處理他們之間的訴訟糾紛的呢？

首先，我們需要知道的是，在宋代社會生活中，土地私有是一普遍現象，與國有土地相對應的私有土地叫「民田」或「民產」，《宋會要輯稿》食貨六〇中便有「民產雜錄」一目。據宋史專家漆俠先生研究，宋時，土地的私有佔有絕對優勢。〔註34〕在土地私有深入發展的時代大潮中，土地的利用關係越來越重要，也愈加複雜。以今日的眼光看，土地權能走向細化，在宋代的百姓生活中，是為必然。這種細化或分化的表現有二：一是土地使用權脫離田主而成為單獨的權利形態，這就是典，時人也成為典賣；二是利用土地的受益權能，以契約的方式轉移土地與房屋的使用權，以清償債務，時人稱為「倚當」。

對於宋代土地的典賣與倚當，學界論述頗詳。〔註35〕就「倚當」而言，法史學者郭建先生就其性質、倚當與典賣的同異之處、消失之時間與原因，均作了詳細的考證與論述；〔註36〕而對於田宅買賣的研討以及「一田二主」

〔註33〕 以現實的眼光關注法史，是一個不可避免的視角。故用西方法學理論及概念去分析已有的歷史現象，也在所難免。最為值得注意的是，當我們這樣做時，一是要注意回歸歷史場境，不要使基本的歷史事實虛化為概念，二是不要唯西方法學概念是瞻，去簡單地切割歷史，更不能武斷地認為：不合西方法學概念的固有中國法律邏輯與原理，皆是不類不倫的歷史沉渣，而無現實意義。事實恰恰相及，現實中國法治的建設，在學習西方先進法文化的同時，於中國法律文明中汲取豐富有益的影響，更顯得寶貴。

〔註34〕 漆俠說：「北宋墾田在宋神宗熙寧元豐之際，最大達七百萬頃，可能在七百五十萬頃左右。國有地占墾田總數的百分之四點三左右，而民田亦即私有地占總數的百分之九十五點七左右。由此可見，私有土地居於絕對的優勢地位。」參見氏著《宋代經濟史》上冊，中華書局 2009 年版，第 343 頁。

〔註35〕 本人早在八十年代中期，即在碩士學位中就已初步探討過宋元的土地典賣法令，但由於當時的學識及掌握的文獻有限，此一問題未再深入。參見陳景良：《元朝民事訴訟與民事法規論略》，載韓延龍主編：《法律史論集》（第 2 卷），法律出版社 1999 年版，第 153～207 頁。

〔註36〕 郭建認為：倚當是由唐代的「貼賃」轉變而來。倚當之立法，在五代與北宋初直至宋仁宗時期，均與出典、出賣相同。顯然在當時的立法看來，這是兩種相似的民事行為。「倚當」與「典賣」的不同有二：一是從外表上看，田宅買賣要求業主必須離業，而「倚當」並無此硬性規定；二是從性質上看，典

制現象的出現，以戴建國的論述最為深刻。〔註37〕

綜合學者成果，揆諸歷史文獻，兩宋田宅典賣總體情況是：其一：田宅交易活動十分頻繁，田宅之訟無日無之。袁采在《袁氏世範》：「貧富無定勢，田宅無定主。有錢則買，無錢則賣。」〔註38〕

《宋會要輯稿》食貨三之十八載：「揚州逐時人戶交易田地，投買契書及爭訟界至，無日無之。」〔註39〕南宋臨湘（在今湖南岳陽）縣令王炎說：「臨湘為縣地止一鄉，民止數千戶，視江浙間繁難之縣，其詞訟不及百分之一也。然以炎之遲鈍不才處之，則不可以民訟為少，而不盡心。況一縣之人，所謂詞訟，半是訟訴田疇官司。」〔註40〕

其二，凸現程序正義，規範典賣與倚當程序（見上文圖表）。

「程序正義」是西方法律中的名詞。就其內涵而言，有兩方面的內容：

賣是一種土地使用權與受益權的出讓，而「倚當」則是一種債務的清償方式，立契時雙方議定的當價實際上只是債務人所不能償還的債務數額。由於唐宋法典不允許從田宅牛馬折抵民間有的有息債負，以限制具有貪婪性的高利貸行為，故社會生活中，就有了以田宅的收益為質，約定期限，清償有息債負的債務行為，這就是「倚當」產生的原因。由於「倚當」約定的期限多有時間限制，而典賣無明確的回贖期限，故「倚當」在北宋仁宗後，多為民間私契，官府的法律不再承認其合法性，其重要性越來越小，以至於消失。參見氏著《典權制度源流考》之「倚當制度及其廢除」，社會科學文獻出版社 2009 年版。

〔註37〕 戴氏認為：「其一，宋代土地所有權與使用權普遍分離。在典田的情形下，同一塊土地出現了擁有田根的出典主和擁有土地使用權的承典主，形成了事實上的『一田兩主制』。當一塊民田存在多個典買人時，典買人購買土地所有權的順序是按承典到土地的先後排列的。典買人除了轉典之外，還可斷賣已典土地，其斷賣的，除了土地的使用權，還連帶著田根的優先購買權。業主如將田根出賣給第三方，原先的典賣關係並不因業主的更換而失效。宋代國家賦稅和戶口登記制度視田產的出典為財產轉移，剝離了使用權權能後所剩田根在『業』的觀念上被虛化了，並不作為財產來登記。國家的戶口制度實行的是『一田一主制』。這種『一元制』的產權形態與流通領域存在的『一田兩主制』形態不同，它的產生乃是國家從降低社會管理成本出發，行使財稅和行政管理職能的結果。」參見戴建國：《宋代的民田典賣與「一田兩主制」》，《歷史研究》2011 年 6 期。

〔註38〕 （宋）袁采：《袁氏世範》卷下《富家置產當存仁心》，天津古籍出版社 1995 年版，第 162 頁。

〔註39〕 （清）徐松：《宋會要輯稿》食貨三，第 10 冊，劉琳等校點，上海古籍出版社 2014 年版，第 6024 頁。

〔註40〕 （宋）王炎：《上孫漕書》，載《全宋文》第 270 冊，上海辭書出版社、安徽教育出版社 2006 年版，第 89～90 頁。

一是輸送正義的方式要明確，讓人看得見；二是輸送正義要及時，遲到的正義是不正義。傳統中國的法律中無程序正義之概念。但程序不明，當事人與國家利益必然受害的道理，宋代的人認識還是極其清楚的，如田宅典賣後，若不及時辦理「過割」──即交業手續，當事人，尤其是典賣方將會「業去稅存」，利益受損，國家之稅收也會漏失。南宋孝宗乾道七年（1171年）大臣上奏說：「比年以來，富家大室典買田宅，多不以時稅契，有司欲為過割，無由稽察。其弊有四焉：得產者不輸常賦，無產者虛籍反存，此則催科不變，其弊一也。富者進產而物力不加多，貧者去產而物力不加少，此則差役不均，其弊二也。稅契之值，率為乾沒，則隱匿官錢，其弊三也。已賣之產，或復求售，則重疊交易，其弊四也。乞詔有四，應民間交易，並先次令過割而後稅契。」〔註41〕

正因為如此，宋代於立國之初，即於《宋刑統》中增置「典賣指當論競物業」之專條，在五代後周廣順二年法令的基礎上，以法典編纂者奏請的方式（即《宋刑統》中的「臣等參詳」）向朝廷提出立法建議，經皇帝批准後，編入法典，頒行全國，對田宅「典賣」與「倚當」之程序進行規制。必須說明的是，此條款中關於田宅典賣必須「請牒立帳」的要求，只是對《唐律》的承襲，因均田制早已廢除，土地典賣，尤其是私田之交易，原則上不受任何之限制，故「請牒立帳」已不行用。

由於《宋刑統》是有宋一代的基本法典，歷代帝王並不輕易修訂，當《宋刑統》之條文不能滿足日益增長的田宅交易之需求時，兩宋王朝多是以主管臣僚上奏，朝廷批准，然後以頒行敕令的方式，釐清田宅「典賣」與「倚當」的步驟，規制契約的內容、格式、立定條款、投稅的程序，規範契約簽署的行為，平衡典賣雙方、親鄰牙保及國家稅收、應役等諸方的利益，以實現司法的公平與社會的和諧。

其三，宋代沒有民事權利主體、物權、所有權、債權諸現代民法理念，也沒有制定出規制田宅所有權如何歸屬、田宅權能如何流通的物權法與債權法。而是以一種固有的法律邏輯與頗具時代特色的方式，履行著上述權能，為當時的社會生活，輸送著宋代司法的正義與智慧。

其四，就其歷史特色而言，《宋刑統》以法典的方式，通過懲治行為人的

〔註41〕（清）徐松：《宋會要輯稿》食貨七〇，第13冊，劉琳等校點，上海古籍出版社2014年版，第8188頁。

犯罪加害行為，而保護田宅典賣諸方、親鄰牙保及國家的正當權益，而不是以民法或民事訴訟法之概念方式，卻釐清實體權利與程序權利的界限，從而達到保護當事人私有財產權利的目的。

其五，宋代田宅之典賣，雖無物權、所有權、債權之名，卻有田宅權能細化、演變及頗具時代特色之實。在宋代社會生活中，田宅可賣、可典、甚或轉典，也可用來清償債務，其相當於田宅所有權的術語叫「田骨」與「屋骨」；相當於田宅所有權主人的名詞為「田主」、「業主」、「典賣人」等，與之對應的則是「典主」與「錢主」之類的概念。〔註42〕

在實際生活中，宋代的田宅，可賣、可典、可贖，甚至可經數次轉手，多次轉典。賣而不贖者，為「斷賣」或「斷骨賣」，賣而可贖者為典，先典後賣者為「並根」或「並根為正」。〔註43〕

現在，我們要問的是，面對著田宅所有權及使用權的分離，乃至以此收益為質而去清償債務的，以至今日不便分類的權利及其生活現象等，宋代法律是怎樣規制的，而其背後的邏輯又是什麼呢？

我們先說前者。依據現代民法理論，財產權於靜止狀態下的歸屬問題，是物權法的內容，財產權進入流通狀態，則由債權法調整。宋代田宅所有權的歸屬及流通，主要由以下法律或法令進行規定：

（1）基本法典──《宋刑統》與南宋時期之《慶元條法事類》以法典之形式，承認田宅私有權，並通過打擊有關犯罪行為來保護私有財產權利；〔註44〕

〔註42〕徽宗政和三年九月四日，刑部奏奉御筆改定條法內稱主者：「典賣田宅交易文契、要約，錢主改為典買人，業主改為典賣人。」（參見（清）徐松：《宋會要輯稿》刑法一，第 14 冊，劉琳等校點，上海古籍出版社 2014 年版，第 8240 頁。）買斷田宅之所有權，或「以典就賣」，宋人稱之為「斷骨」、「斷屋骨」或「並根」及「並根為證」。參見中國社會科學院歷史研究所宋遼金元史研究室校：《名公書判清明集》，中華書局 1987 年版，第 180 頁、第 318 頁、第 321 頁。

〔註43〕中國社會科學院歷史研究所宋遼金元史研究室校：《名公書判清明集》卷六，中華書局 1987 年版，第 180 頁。

〔註44〕參見《宋刑統》「典賣指當論競物業」條、「婚田入務」條。（參見（宋）竇儀：《宋刑統》卷十三，吳翊如點校，中華書局 1984 年版，第 205～207 頁。）《慶元條法事類》卷四七「受納租稅賦役式·人戶納畸零稅租憑由」等。（楊一凡、田濤主編，戴建國點校：《中國珍稀法律典籍續編第 1 冊：慶元條法事類》卷四七，黑龍江人民出版社 2002 年版，第 622～623 頁。）另有《清明集》卷九法官引用《慶元重修田令》，《嘉定十三年刑部頒降條冊》等。（中國社會科學院歷史研究所宋遼金元史研究室點校：《名公書判清明集》卷九《有親有鄰在三年內者方可執贖》，中華書局 1987 年版，第 308～309 頁。）

（2）更多的是，朝廷以臣僚奏議為基礎，以敕令頒行的方式，規制田宅的流通，著名者如《續資治通鑑長編》卷 374 所載，元豐七年（1806）七月二十日頒布的《修立應典賣田宅私寫契書並不係籍定牙人衷私引領交易法》等，對田宅流通的程序、契約簽立格式、過割納稅收續、官方所給用來證明田宅過割的產權法律文書等，均有詳細的明確的規定。這種在不同時期，針對社會生活中因田宅流通所出現之弊端而頒行的法令（敕令），或批准的奏章，是規制兩宋田宅交易、處理訴訟糾紛的主要法律依據。

（3）田宅典賣與賣的程序、手續雖基本相同，但因典及「以典就買」關涉到當事人的多種權益，涉及的關係極為複雜，故宋代法律對典及以典就賣，規定的更加詳細，簽立的契約有不同的名稱，官府所給的產權過割文書，也有固定的名稱。在此情況下，出典人或典賣人手中保留的契約稱「合同契」，典買人收留的契約叫「本契」。繳納田契牙稅後，請求官府給印的契約叫「請契」，官府發給當事人的納稅憑證叫「投稅憑由」。過割交業後，政府給當事人的，用以作田宅產業歸屬的法律文件，叫「官印田宅契書」。記載人戶產業的物力流轉及升降的法律文書，有五等丁產簿或五等戶版簿，還有依《紹興經界法》之規定，由人戶自造的，畫有自家田形四至丘段、田產來源的田產底帳，稱為「砧基簿」。〔註45〕

上述一應契約文書及納稅憑證，宋稱之為「干照」。官印契書、砧基簿、五等丁產簿、干照等便是宋代田宅物權歸屬的證明。

（4）宋代的契約文書、法律憑證、砧基簿、五等丁產簿不僅起到物權證明之作用，當田宅進入流通，即因土地典賣、倚當而發生訴訟糾紛時，它同時也是宋代法官用以證信、判決的依據。當然對於一個清明公正的法官而言，他在審理田宅爭訟時，不僅要「先問干照，次問管業，再問開荒」，〔註46〕及至不明，還必須實地勘驗，取證鄰保，辨析契約真偽。其審判的依據，主要是法條，其次有習慣。而在依法判決的基礎上參酌案情，從而達到「天理」、「國法」「人情」三者的綜合平衡，以取得審判的滿意效果，則是一個極高的要求，也是司法的最高目標。

〔註45〕參見戴建國：《宋代的民田典賣與「一田兩主制」》，載《歷史研究》2011 年第 6 期。
〔註46〕參見陳景良：《釋干照——從「唐宋變革」視野下的田宅訴訟說起》，載《河南財經政法大學學報》2012 年第 6 期。

上述這些不是依據現代民法理論之建立，而又獨具時代特色的宋代法律與司法實踐，其背後的邏輯又是什麼呢？

1. 法律邏輯的起點不是個體權利的明確界限，而是倫理個體的責任與利益之綜合。

2. 法律邏輯的展開，不是物權與債權的明確劃分，而是通過敕令的方式，實行田宅流通領域中「一田兩主」制（權能分離）與戶口管理中的「一元制」（產去稅去，產來稅生）。契約文書（合同契、契本）、官印田宅契書、納稅憑由（統稱為「干照」）、管業狀況、牙保鄰人結信等成為官府確定田宅歸屬、權益是否正當的特有證據，而極具宋代歷史特色。

3. 法律邏輯的歸屬不是確立明確的法律權能體系（抽象的物權、所有權、用益物權、擔保物權等始終闕如），而是以經驗與實踐理性為依仮。

4. 法典以懲治犯罪的形式，通過打擊加害人侵害行為而去保護受害人的合法權益；法令則以大臣的奏議為基礎適時而變，及時調整社會生活中新出現的矛盾糾紛，劃分田宅交易中的各種利益關係；司法則以法官的審判藝術──「先問干照，次問管業，再問鄰保」，以「書證」及其他客觀事實取信於民，從而達到當事人各種利益的平衡。

三、誠信善良與責任區分：支撐宋代法律邏輯的生活原理

南宋袁采說：「官中條令，惟交易一事最為詳備，蓋欲以杜爭端也。」〔註47〕如果不以西方民法理論的嚴格定義為限，把出自於中國歷史，來源於社會生活的民事規範，也視作是民法的話，我們似乎可以這樣認為：宋代規制田宅「典賣」與「倚當」的法典法令、習慣就是中國的民事法律，而且這個獨具時代特色的法律邏輯體系，又有著宋代社會生活原理的支撐。

所謂生活原理，就是老百姓過日子的規則與邏輯。在世界各個人類文明的歷史中，滿足基本的物質需求，吃飯穿衣，行居有依，是普通民眾生活之第一所需，這既是不言而喻的基本道理，也是生活原理的第一要義。僅以此為據，並不能反映出世界上各個歷史階段中的民族文化特色，更不能揭示出宋代社會生活原理的特質。

問題在於人的生活原理，不光僅僅是物質需求，它還更應該包括一個社

〔註47〕（宋）袁采：《袁氏世範》卷下，《田產宜早印契割產》，天津古籍出版社 1995 年版，第 160 頁。

會的文化意義，而不同的文化意義又植根於不同的社會結構中。人對衣食住行之需求，雖然是基於本能，但如何滿足物質需求，怎樣分配利益，以什麼樣的規則從事生產、規制流通、滿足分配，處理由此而引起的糾紛與訴訟，則必須從一個社會的規範與文化結構中去理解。在一定的意義上說，人的生活原理是與一個民族的文化意義密切相關的。人之所以區別於動物，一個民族之所以區別於另一個民族，從而引起生活方式與風俗習慣，乃至法律的不同類型，其根本原因在於對人之本質、人之生活意義的不同理解，當然也與一個社會的歷史及其結構相關。就此而言，人的生活原理與一個民族的文化氣質，是無法分開的。

就兩宋而言，一方面，在儒家語境的主導下，重道德、尚人倫的文化精神，仍然是官方的文化意識形態，是人之交往的基本準則。以儒家仁義禮智信為主流價值的向善精神，既是社會生活中，人之所以為人的基本準則，也是田宅典賣活動中，規制人們行為的依據；另一方面，由於土地私有制的深化，及土地、房屋各種權能的分化，利益之爭，既反映到凡人之間，也出現在親鄰之中，乃至父母子女、叔侄兄弟都會因田宅之爭而訴諸於公堂。即是說，儒家倡導的善良、國家法律、法令所規定的交易準則與程序，往往在社會生活中多次受到衝擊，嚴重影響著社會生活的秩序與和諧。這樣誠信不僅是社會生活中士大夫官員的主題訴求，同時，也是平民百姓契約履行、從事田宅交易所必須遵循的道德基礎，更進一步說，乃是宋代社會老百姓過日子的生活原理，更是宋代田宅典賣法令得以運行與建立的文化基礎。

尤為值得注意的是，兩宋時期經學領域出現的一個重大變化，能夠向今人揭示出當時田宅典賣法令的理論基礎與倫理基礎，這對理解當時的法律邏輯與生活原理有著深刻意義。這一重大變化就是《孟子》入經部的「升格」運動。在唐代以前，《孟子》只具備儒家子部典籍的地位，自唐代有提升《孟子》地位的動議，宋太宗翻刻蜀石經中有《孟子》一經，至南宋朱熹創立「四書」學，正式將《孟子》在道統上升格為經部典籍。〔註48〕如果孤立地看待《孟子》升格這一事件，僅將其視為「故紙堆」中的一則記錄，自然不足以發現蘊含其中的重大意義；如果深入探尋《孟子》升格事件以及兩宋特定的時代背景，即探尋兩宋時期特定的經濟生活形態、倫理取向與法律精神，則能夠發

〔註48〕參見蔣伯潛：《十三經概論》，上海世紀出版集團 2010 年版，第 400 頁；周予同：《中國經學史講義》，上海人民出版社 2012 年版，第 59 頁。

現《孟子》升格並不單純是文本上的變動，更在於這一變動契合了當時的社會生活，並進一步塑造著當時人們的生活邏輯與法律觀念——從更廣闊的視野看，《孟子》升格運動恰恰是人們出於當時的生活原理對經典理論作出的主動選擇。

具體而言，《孟子》論政內容中的「恆產—恒心」論，正與兩宋田宅典賣、倚當法令體系的理論基石與邏輯起點完全契合，是理解當時業已形成的生活原理與法律邏輯的關鍵。

所謂「恆產—恒心」論，就是指，民眾佔有足資生存的穩定資產（主要就是「田」「宅」），是維持社會普遍範圍內人倫道德與秩序的前提條件。《孟子·梁惠王上》中有語：「無恆產而有恒心者，惟士為能。若民，則無恆產，因無恒心。苟無恒心，放辟邪侈，無不為已。」朱熹在《四書章句集注》中解釋道：「恆產，可常生之業也。恒心，人所常有之善心也。」而在「恆產」的內容層面，即具體實現這一設計的措施論述中，孟子更是切實地指出了「宅」與「田」的首要地位：「五畝之宅，樹之以桑，五十者可以衣帛矣。雞豚狗彘之畜，無失其時，七十者可以食肉矣；百畝之田，勿奪其時，數口之家可以無饑矣；謹庠序之教，申之以孝悌之義，頒白者不負戴於道路矣。」〔註49〕這一論述在《孟子·梁惠王上》中重複出現了兩次，可見其重要性。在這一論述中，孟子完全從現實生活出發，指出「田」與「宅」直接決定了百姓的生存境況，〔註50〕是人心賴以保持的先決條件。

實現「恆產」與「恒心」的邏輯聯結，孟子給出了充分的論述，他說：「明君制民之產，必使仰足以事父母，俯足以畜妻子，樂歲終身飽，凶年免於死亡；然後驅而之善，故民之從之也輕。」〔註51〕孟子指出，民眾佔有足夠保障生存的資產時，能夠免於不幸，在這一條件下，國家對民眾的向善引導乃至對秩序的維護都能夠得到高效保證。需要指出的是，孟子在論述百姓生存需求的過程中，始終穿插著人倫的紐帶，這樣的論述方式揭示了，在儒

〔註49〕 參見（宋）朱熹：《四書章句集注》，《孟子·梁惠王上》，中華書局 1983 年版，第 211～212 頁，第 204 頁。

〔註50〕 「衣帛」、「食肉」只是一種個例的類推，其意義也不僅限於所言個例，朱熹稱之為「衣帛食肉但言七十，舉重以見輕也」。參見（宋）朱熹：《四書章句集注》，《孟子·梁惠王上》，中華書局 1983 年版，第 204 頁。

〔註51〕 （宋）朱熹：《四書章句集注》，《孟子·梁惠王上》，中華書局 1983 年版，第 211 頁。

家語境下，生存不單單是個人問題，更包含著「事父母」、「畜妻子」的人倫價值觀，亦即，在儒家生存倫理中，「事父母」、「畜妻子」不是外在的要求，而是人發自內心的需求與天性。儒家語境下的這一生存天性，恰恰是人倫的內在保證，賦予滿足生存天性的「恆產」，自然是「恆心」得以廣泛存續的必然要求。

傳統經學學者通常是從國家、君主層面對孟子的「恆產—恆心」論及其相關設計進行解讀，將之視為儒家「仁政」、「王道」的政治理念與制度設計，但若反觀現存反映兩宋生活、觀念實態的材料，我們也不難發現，當時紛繁的田宅典賣、倚當活動以及官方的相應法令，恰恰是在「恆產—恆心」邏輯關聯的基石上運作的：社會活動已經在事實上證明了「恆產—恆心」論的正確，並且，在紛繁變化的實際生活中，「恆產—恆心」關係成為了驅動百姓田宅交易與官府規制田宅交易活動的邏輯起點與價值支撐。

此外，《孝經》在兩宋重新回歸經部典籍，也是值得注意的內容。歷經五代時期的混亂無序，《孝經》逐漸喪失了唐代官方正式確立的經部典籍地位，一度被剔除出「十一經」。〔註52〕直至宋初在收拾亂象、重建倫理秩序的過程中，《孝經》地位逐漸回升，朱熹也專門做《孝經刊誤》，基於「四書」中的精神，對《孝經》作了某些肯定，以至於「宋以後，把孝與忠完全聯繫起來，作為社會道德的標誌」。〔註53〕雖然在宋代，《孝經》的理論地位已經遠不如漢唐，但基於《論語》中「孝悌為仁之本」等論斷的精神，〔註54〕「孝」仍然是核心的價值取向與倫理要素。就本文具體而言，《孝經》中多處出現的「以事父母」的主張，當然也與兩宋田宅交易的倫理基礎與生活邏輯密切相關，「孝」與田宅交易的邏輯聯結，亦正與論、孟中的相關內容一致。

需要說明的是，上文所指出的儒家經義雖然並不能直接與兩宋田宅典賣倚當活動的法律邏輯與生活原理進行機械的對應，更由於《孟子》《孝經》兩部經典是在南宋時才升格為十三經的，而使這種推論尤其需要慎重。但我們可以合理推論的是：宋初以來，三先生（即孫復、石介與胡瑗）便在朝廷支持下，闡釋經典，收拾人心，重建儒家倫理道德秩序，故經典對兩宋社會生活

〔註52〕參見蔣伯潛：《十三經概論》，上海世紀出版集團2010年版，第400頁。

〔註53〕參見周予同：《中國經學史講義》，上海人民出版社2012年版，第64頁。

〔註54〕有子曰：「其為人也孝悌，而好犯上者，鮮矣；不好犯上，而好作亂者，未之有也。君子務本，本立而道生。孝悌也者，其為仁之本與！」參見（宋）朱熹：《四書章句集注》，《論語·學而》，中華書局1983年版，第47～48頁。

的影響是不言而喻的，這種推論應當是整個邏輯鏈條中合理的一環。基於宋儒重義理闡發而輕章句的時代特徵，並依據反映當時生活實態的相關記載，不難推出，《論語》《孟子》《孝經》等儒家經典中的儒家經義對兩宋田宅倚賣、典當活動的法律邏輯與當時百姓的日常生活原理，足以產生根本性的影響，甚或可以認為，在兩宋田宅交易活動中，其時的法律邏輯與生活原理也足以自然地與儒家經典中的人倫精神產生共鳴或應和。

申言之，宋代的生活原理植根於老百姓過日子的規則與邏輯之中，而這些規則與邏輯又反過來支撐著宋代田宅典賣交易活動中法律、法令的建立與運行。那麼，這些規則與邏輯的表現形式，又是什麼呢？

第一，重視家庭倫理的規則。過日子就要有家庭，家庭必有夫妻、父母與子女。男女不能隨意結合，必有規則，因此中國人的第一規則便是家庭倫理規則，其中包括父母子女關係的規則，夫妻之間的規則，這是中國人之所以為中國人的第一準則。第二，重家庭財產的規則。古代中國，平凡百姓，數間草房，幾頭耕牛，數畝薄田是維持家庭生活的基本保障。就此意義上說，中國人看重財產，決不會隨便讓與。中國也有過土地私有制，否則宋代以下田土買賣不會習以為常，所謂「千年田換八百主，今日一年換一家」。但這個視自家財產不可輕與他人的觀念，並非以個體為本位的「個人權利之私」，而是以儒家思想為指導的「倫理個體之私」。第三，重契約履行的規則。

這三種規則塑造了宋代人的生活原理與文化意義。

首先，家庭生活中強調子女對父母的孝敬，父母子女之間財產關係的分配雖受分家習慣支配，強調諸子均分，但這並非是相互之間權利義務關係的明確界定，而是基於生活所需的異財同籍，是和諧思想下的相給相與，不是你我之間的權利義務。

其次，中國歷史上，無論是田宅還是牛馬等動產，都在絕大多數時間內為私有制，但是這個私有制存在著諸多附加條件，宗法鄉族與國家皆在此私有制上留著權利，構成現代民法意義上的所有權負擔，如國家賦稅、田不出族、房不離宗等。故私有制神聖在中國歷史上不曾實現過。即便是如今的民法，在土地不是私有的情況下，完整的物權無法建立，對私有財產權的保護，如果離開了黨的政策及其特別民事法規，僅靠制定民法典、單行的物權法、侵權責任法都是不可能真正實現的。

　　最後，中國文化以善為本位，以誠信為導向，國家制定法以懲治罪惡為
依歸，司法中的民事判決倡導示信於證，各種契約的履行以誠信為本。

　　綜上所述，可得出如下結論：

　　1.《會要》體史書資料豐贍，記事詳盡。尤其是《宋會要》，即現在能看
到的、經過學人點校出版的《宋會要輯稿》（十六冊），其包含的宋代法律文
書與司法檔案的歷史元素，在宋代文獻大量失傳的情況下，尤顯珍貴，應深
入挖掘。

　　2. 宋代有關田宅典賣的法律，其邏輯起點、展開與歸屬，皆與西方物權
法體系迥異。其宗旨不單純是釐清權利邊界，而是在責任劃分的基礎上，注
重土地權益的多重利用，保護當事人的合法權益；基於孝義精神，誠信善良
與責任劃分是宋代人的生活原理，也是支撐法律建立與運行的邏輯基礎。

宋代司法中的事實認知與法律推理〔註1〕

　　作為傳統中國司法文化定性研究的重要維度，近年來宋代司法傳統吸引了學界的廣泛關注。目前相關研究主要集中在宋代司法是否依法審判（法源結構或司法準據結構）、是否同案同判、是否具有穩定性和可預期性等問題上。〔註2〕立足於現有研究，大致可以勾勒出宋代司法既重視依法判決、同時又兼顧天理人情，具備一定穩定性和可預期性的圖景輪廓。但是，宋代司法判決內部究竟是如何展開說理的，其事實認知與法律推理具體是如何進行的，尚

〔註1〕本文與王小康（時為中南財經政法大學法律史專業博士生）合作。原載於《學術月刊》2020 年第 2 期。

〔註2〕參見王志強：《〈名公書判清明集〉法律思想初探》，載《法學研究》1997 年第 5 期；王志強：《南宋司法裁判中的價值取向——南宋書判初探》，載《中國社會科學》1998 年第 6 期；（日）佐立治人：《〈清明集〉的「法意」與「人情」——由訴訟當事人進行法律解釋的痕跡》，載楊一凡、寺田浩明主編：《日本學者中國法制史論著選·宋遼金元卷》，中華書局 2016 年版，第 353～383 頁；劉馨珺：《論宋代獄訟中「情理法」的運用》，載《法制史研究》2002 年第 3 期；陳景良：《宋代司法傳統的敘事及其意義——立足於南宋民事審判的考察》，載《南京大學學報》2008 年第 4 期；陳銳：《宋代的法律方法論——以〈名公書判清明集〉為中心的考察》，載《現代法學》2011 年第 2 期；柳立言：《南宋的民事裁判：同案同判還是異判》，載《中國社會科學》2012 年第 8 期；柳立言：《「天理」在南宋審判中的作用》，載《歷史語言研究所集刊》第八十四本第二分（2013 年），第 277～328 頁；（英）馬若斐：《南宋時期的司法推理》，陳煜譯，載徐世虹主編：《中國古代法律文獻研究》第 7 輯，社會科學文獻出版社 2013 年版，第 299～358 頁；趙晶：《中國傳統司法文化定性的宋代維度——反思日本的〈名公書判清明集〉研究》，載《學術月刊》2018 年第 9 期。

且欠缺細緻而深入的揭示，存在進一步挖掘和闡釋的空間。〔註3〕

一、「明辨是非」：宋代司法判決兼具事實求真與價值向善的訴求

眾所周知，在現代法學語境中，事實認知與法律推理是司法審判活動以及法學方法的兩個基本要素。〔註4〕在現代司法實踐中，法官判決的基本邏輯就是演繹法：以法律規範為大前提，以事實認知為小前提，由此得出判決結果。那麼，宋代司法判決中是否存在著類似的推理邏輯結構？到底是什麼訴求在主導宋代司法官的說理過程呢？要解釋這一點，我們必須回歸宋代司法的真實判決中一探究竟。作為宋代最重要的司法判例集，《名公書判清明集》（下簡稱《清明集》）記載了南宋時期一些著名的地方法官審判案件的真實事例。在《清明集》當中存在著一種「明辨是非」的敘事，其中貫穿著對於事實認知和法律推理兩方面的關切，這正是一個剖析宋代司法判決說理方式的一個良好視角。

據筆者統計，「是非」一詞在《清明集》中共出現達33次，涉及27份書判〔註5〕，並且經常與「明辨」（或「辨明」）一詞相伴出現。根據文理來分析，這種「明辨是非」的敘事有時側重於指向證據認定、事實認知，如「官司理斷

〔註3〕陳銳《宋代的法律方法論——以〈名公書判清明集〉為中心的考察》一文對於宋代司法名公的「法律方法」進行了有力的探討。他認為，宋代名公們在斷案中充分運用了演繹論證、類比論證以及價值衡量等法律方法，這種斷案模式大致屬於「法律論證模式」，並非「不合邏輯的」。但是，他並未就宋代司法判決中事實認知與法律推理的具體情況和內在理路展開進一步分析。

〔註4〕舒國瀅、王夏昊、雷磊所著《法學方法論》一書指出，「在邏輯上，法官針對特定案件做法律決定可以分為三個步驟：確定特定的事實；釐清法律規範的內容；將事實與規範聯結到一起。」（參見舒國瀅、王夏昊、雷磊：《法學方法論》，中國政法大學出版社2018年版，第7頁。）「法學方法是關於法律推理或論證的方法」，「在法律推理或論證中，法律人是在針對特定案件事實即在一定語境下解釋法的淵源文本即實在法的意義。這就意味著，在邏輯上，法律人不僅要確認案件事實，而且要解釋實在法。這就是我們通常所謂的事實問題與法律問題的區分。」（舒國瀅、王夏昊、雷磊：《法學方法論》，第20～23頁。）

〔註5〕在《清明集》中，「是」與「非」兩字相連實際出現了35次，涉及29份書判。在吳雨岩《宗室作過押送外司拘管爪牙並從編配》一判中，「則是非惟」應理解為「則是不僅僅」（參見中國社會科學院歷史研究所宋遼金元史研究室點校：《名公書判清明集》卷十一《宗室作過押送外司拘管爪牙並從編配》，中華書局1987年版，第399頁。）；在《生祠立碑》一判中，「於是非但」應理解為「對此不僅僅」（中國社會科學院歷史研究所宋遼金元史研究室點校：《名公書判清明集》卷十一《宗室作過押送外司拘管爪牙並從編配》，第61頁。）因此，這兩個書判不在統計之列。

交易，且當以赤契為主，所謂抵當，必須明辨其是非」〔註6〕，此即要求查清案件事實，辨明當事人之間是否存在「抵當」關係；有時側重於指向法律推理、價值判斷或追求公平正義，如「事到本司，三尺具在，只得明其是非，合於人情而後已」〔註7〕，此即要求依法辨明爭訟雙方孰對（是）孰錯（非），「三尺」即法也；有時則兼兩者而有之，如「昨曾約束民間爭訟，官司所當明辨是非」〔註8〕，即兼有查清案件事實與進行價值判斷、追求公平正義之意。具體情況參見下表。

表格：《清明集》「是非」一詞出場情況統計

（按：以下各案件均出自《清明集》，書判名及其作者姓名參見頁底注釋。）

序號	《清明集》中的「是非」一詞及其意義闡釋 （以下每案分三個子目：A、原文；B、「是非」一詞在具體語境的含義；C、所涉證據）	
1	A	（1）存心以公，傳曰：公生明。私意一萌，則是非易位，欲事之當理，不可得也。 （2）夫州之與縣，本同一家，長吏僚屬，亦均一體，若長吏儼然自尊，不以情通於下，僚屬退然自默，不以情達於上，則上下痞塞，是非莫聞，政疵民隱何從而理乎？〔註9〕
	B	（1）側重於進行價值判斷、追求公平正義之意：「是非」指正邪善惡標準，即「理」。 （2）側重於追求查清案件事實之意：「是非」指州縣民間情況，「政疵民隱」。
	C	此書判為對僚屬在行政、司法原則上的勸誡，不涉及具體證據建構問題。
2	A	（3）公事在官，是非有理，輕重有法，不可以己私而拂公理，亦不可徇公法以狗人情。 （4）殊不思是非之不可易者，天理也，輕重之不可踰者，國法也。以是為非，以非為是，則逆乎天理矣！以輕為重，以重為輕，則違乎國法矣！〔註10〕

〔註6〕中國社會科學院歷史研究所宋遼金元史研究室點校：《名公書判清明集》卷六《以賣為抵當而取贖》，中華書局1987年版，第169頁。

〔註7〕中國社會科學院歷史研究所宋遼金元史研究室點校：《名公書判清明集》卷七《立繼有據不為戶絕》，中華書局1987年版，第215頁。

〔註8〕中國社會科學院歷史研究所宋遼金元史研究室點校：《名公書判清明集》卷一《勸諭事件於後》，中華書局1987年版，第15頁。

〔註9〕中國社會科學院歷史研究所宋遼金元史研究室點校：《名公書判清明集》卷一《諮目呈兩通判及職曹官》，中華書局1987年版，第2頁。

〔註10〕中國社會科學院歷史研究所宋遼金元史研究室點校：《名公書判清明集》卷一《諭州縣官僚》，中華書局1987年版，第6頁。

	B	（3）（4）側重於進行價值判斷、追求公平正義之意：「是非」指正邪善惡標準，即「理」「公理」「公法」「天理」「國法」。
	C	不涉及具體證據建構問題。
3	A	（5）昨曾約束民間爭訟，官司所當明辨是非，如果冒犯刑名，自合依條收坐。〔註11〕
	B	（5）兼有查清案件事實與進行價值判斷、追求公平正義之意：「是非」兼指事之虛實、理之正邪。
	C	不涉及具體證據建構問題。
4	A	（6）但李克義、李克剛有事在官，是非曲直，只當聽候官司剖決。〔註12〕
	B	（6）兼有查清案件事實與進行價值判斷、追求公平正義之意：李克義是否冒充李少卿嫡系子孫，是否應受懲罰。
	C	李少卿真本誥命與真本墓誌；檢驗劉七被打「傷至流血，痕跡俱存」。
5	A	（7）具申尚書省，乞與放行注授，庶幾是非明白，士夫知所勸。〔註13〕
	B	（7）兼有查清案件事實與進行價值判斷、追求公平正義之意：知縣黃輅是否貪污、縣吏鄭勳等人是否為誣告知縣，縣吏是否應受懲罰。
	C	鄭勳之口供。
6	A	（8）蕭、張之訟田，固未知其孰是非也，然以人情度之，一番為瞞昧，則錢沒官，業還主，張氏何為不能訟之官，而遽獻之學邪？是必有故矣。（9）學官不問其是非而私受之，遭使所謂質之夫子辭受之義而安者，其果安乎？〔註14〕
	B	（8）兼有查清案件事實與進行價值判斷、追求公平正義之意：所爭田業究竟原屬於是蕭氏還是張氏，蕭氏與張氏誰對誰錯。（9）兼有查清案件事實與進行價值判斷、追求公平正義之意：所爭田業究竟原屬於是蕭氏還是張氏，學官是否應當接受張氏獻田。
	C	學司狀紙，即學司衙門所簽發的公文。
7	A	（10）此事昨來僉廳所擬，間得其情，至於剖決之際，未免真偽混殽，是非易位，僉廳盍申言之。〔註15〕

〔註11〕 中國社會科學院歷史研究所宋遼金元史研究室點校：《名公書判清明集》卷一《勸諭事件於後》，中華書局1987年版，第15頁。

〔註12〕 中國社會科學院歷史研究所宋遼金元史研究室點校：《名公書判清明集》卷二《冒解官戶索真本誥以憑結斷》，中華書局1987年版，第45頁。

〔註13〕 中國社會科學院歷史研究所宋遼金元史研究室點校：《名公書判清明集》卷二《縣吏妄供知縣取絹》，中華書局1987年版，第60頁。

〔註14〕 中國社會科學院歷史研究所宋遼金元史研究室點校：《名公書判清明集》卷三《學官不當私受民獻》，中華書局1987年版，第93～94頁。

〔註15〕 中國社會科學院歷史研究所宋遼金元史研究室點校：《名公書判清明集》卷五《侄假立叔契昏賴田業》，中華書局1987年版，第146～147頁。

	B	（10）兼有查清案件事實與進行價值判斷、追求公平正義之意：賈勉仲與賈文虎之間田產是否成立典賣關係，所謂賈勉仲撥田與嚴氏是否屬實，賈宣的立嗣身份是否應該認定為成立；賈勉仲與賈文虎二人，何者主張為正當。
	C	賈文虎所持遺囑、典契，賈宣立嗣憑據（「除附給據」）。
8	A	（11）俞行父、傅三七爭山之訟，昨已定奪，而行父使弟定國妄以摽撥界至為詞，套合保司，意欲妄亂是非。〔註16〕
	B	（11）兼有查清案件事實與進行價值判斷、追求公平正義之意：俞行父山林與傅三七田業之界至有無干涉、傅三七有無「摽撥界至」之行為，俞行父現佔有之山林是否有正當來源；俞行父與傅三七二人，何者主張為正當。
	C	俞行父手中干照（保司朱記）、劉德成上手干照契約；縣尉親自下鄉勘驗兩家田業界至；查明傅三七買劉八四田，傅三七現在管業。
9	A	（12）題目：爭山各執是非當參旁證〔註17〕
	B	（12）兼有查清案件事實與進行價值判斷、追求公平正義之意：是否存在過一份嘉定二年契約，現有這份嘉定二年契約是否為真實，嘉定二年契約中所載之典賣是否包括宋家源頭山；曾子晦與范僧二人，何者主張為正當。
	C	紹熙元年范崇買楊三六山契約，開禧三年范誠之、范元之、范僧分家支書，嘉定二年曾大機宜買阿黃、范八、范僧黃梔園並宋家源頭山契約，以及寶慶元年曾知府買宋五「宋家源」山契約。
10	A	（13）官司理斷交易，且當以赤契為主，所謂抵當，必須明辨其是非。〔註18〕
	B	（13）側重於追求查清案件事實之意：陳嗣佑與何太應之間的羅家塢山地交易究竟是「抵當」，還是「斷賣」。
	C	寶慶二年陳嗣佑買羅家塢山地契約及上手赤契、紹定二年何太應買陳嗣佑羅家塢山地契約。
11	A	（14）此歲月先後重迭，是非不辨而明矣。〔註19〕
	B	（14）兼有查清案件事實與進行價值判斷、追求公平正義之意：孫斗南兩處園地的一地兩賣，這四次交易契約各自時間先後順序如何，其中應認定哪兩次為有效。
	C	紹定四年孫蛻買孫斗南園地一角三十步契約、紹定六年孫蘭買孫斗南園地一角三十步契約、紹定五年孫蘭買孫斗南園地二角草屋三間契約、紹定六年孫蛻買孫斗南園地二角草屋三間契約；孫彥烈與王氏的供詞。

〔註16〕中國社會科學院歷史研究所宋遼金元史研究室點校：《名公書判清明集》卷五《爭山妄指界至》，中華書局 1987 年版，第 157 頁。

〔註17〕中國社會科學院歷史研究所宋遼金元史研究室點校：《名公書判清明集》卷五《爭山各執是非當參旁證》，中華書局 1987 年版，第 160 頁。

〔註18〕中國社會科學院歷史研究所宋遼金元史研究室點校：《名公書判清明集》卷六《以賣為抵當而取贖》，中華書局 1987 年版，第 169 頁。

〔註19〕中國社會科學院歷史研究所宋遼金元史研究室點校：《名公書判清明集》卷六《爭業以奸事蓋其妻》，中華書局 1987 年版，第 181 頁。

12	A	（15）殊不知既有交爭，何害和對，既相詞訟，寧免追呼，此皆枝蔓之辭。若夫產業之是非，初不在是。〔註20〕
	B	（15）兼有查清案件事實與進行價值判斷、追求公平正義之意：該田產究竟是否已經贖回，若該田產未曾贖回，是否已經斷賣；吳五三（吳富）和陳稅院二人，何者主張為正當。
	C	吳五三（吳富）手中標明田產四至之底帳砧基、證明贖回田產的批約，陳稅院手中有吳亞休所交付上手赤契，吳亞休與其父陳解元所先立之典賣契約，吳朝興、吳都正、吳富、吳歸兄弟四人與其父陳解元所後立之斷賣契約，吳朝興、吳都正、吳富、吳歸兄弟四人在此田上佃種之契約租劄。
13	A	（16）惟其是非未明，此大成望蜀之心，獨不止於得二畝，可久全璧之意，又未忍於割二畝，其訟所以不已也。〔註21〕
	B	（16）兼有查清案件事實與進行價值判斷、追求公平正義之意：華綱、華緯及其子華惟德、華惟忠前後所賣六畝多田，是華詠名下未曾分析的遺產田業，還是華綱、華緯所分得的田產；華大成與華惟德、華惟忠雙方，何者主張為正當。
	C	紹定二年至嘉熙三年陳舜臣買華綱、華緯及其子華惟德、華惟忠田產之十張契約，開禧二年華詠四個兒子分家以及嘉定年間華綱、華大成兄弟分家的「眾存文約」、「各分分書」。
14	A	（17）張誠道不曾管業一日，卻有張洵正賣契一紙，遂謂有契豈不勝無契。鍾承信止有張模等上手契三紙，更無正典賣契，卻管業二十八年，遂謂管業豈可使失業。二說相持，莫決是非。〔註22〕
	B	（17）兼有查清案件事實與進行價值判斷、追求公平正義之意：三間房屋實際上究竟歸屬於張誠道還是鍾承信，應支持何人主張。
	C	張誠道所持署有自己名字的張洵正典斷賣契約一張，鍾承信所持張模等上手契三張，張氏管理租房的點印賃錢簿歷、租劄、供責；其房屋租客都稱其所租為鍾家房屋。
15	A	（18）今官合先論其事理之是非，次考其遺囑之真偽。（19）欲連契案帖縣，令牛大同憑遺囑管業，庶幾是非別白，予奪分明。〔註23〕
	B	（18）側重於進行價值判斷、追求公平正義之意：「是非」指正邪善惡標準，即「事理」。（19）兼有查清案件事實與追求公平正義之意：祥禽鄉之山是否為錢居茂之財產，牛大同所持錢居茂遺囑是真實還是偽造；牛大同與錢孝良二人，何者主張為正當。
	C	嘉定二年錢居茂與錢居洪兄弟分家析產之分書、牛大同所持錢居茂遺囑。

〔註20〕 中國社會科學院歷史研究所宋遼金元史研究室點校：《名公書判清明集》卷六《偽批誣賴》，中華書局 1987 年版，第 182 頁。

〔註21〕 中國社會科學院歷史研究所宋遼金元史研究室點校：《名公書判清明集》卷六《訴任盜賣田》，中華書局 1987 年版，第 183～184 頁。

〔註22〕 中國社會科學院歷史研究所宋遼金元史研究室點校：《名公書判清明集》卷六《舅甥爭》，中華書局 1987 年版，第 191 頁。

〔註23〕 中國社會科學院歷史研究所宋遼金元史研究室點校：《名公書判清明集》卷六《爭山》，中華書局 1987 年版，第 197～198 頁。

16	A	（20）事到本司，三尺具在，只得明其是非，合於人情而後已。（21）若有龍果乳一歲，則法所當立，在吳琳卻不當以一為七，以乳為男，是是非非，於斯可見矣。〔註24〕
	B	（20）（21）兼有查清案件事實與進行價值判斷、追求公平正義之意：兩份關於吳有龍立嗣的縣據何者為真，是否應認定吳有龍為立嗣之子、是否支持吳有龍的財產繼承權。
	C	兩份當年本縣縣衙所發給的吳琛收養異姓子（吳有龍）之憑據（「縣據」）。
17	A	（22）官司徒以其前後陳述，猶能委利權於官，以為他日全身遠害之計，遂得以別公私，定是非於梁、鄭氏之爭也。〔註25〕
	B	（22）側重於進行價值判斷、追求公平正義之意：房長梁太與側室鄭氏二人，何者主張為正當。
	C	官府查證。
18	A	（23）題目：辨明是非〔註26〕
	B	（23）兼有查清案件事實與進行價值判斷、追求公平正義之意：董三八有無證明其為韓知丞之子的證據，是否應認定董三八為韓知丞之子、是否支持董三八繼承韓知丞財產的訴求。
	C	韓時觀、周蘭姐、董三八和韓奶婆等人的供詞；通過官府查證得知韓知丞、周蘭姐、董三八的生平交際關係。
19	A	（24）是二人者，已供手狀在案，不待喚集，足見是非。〔註27〕
	B	（24）兼有查清案件事實與進行價值判斷、追求公平正義之意：關於虞繼立嗣身份的兩份憑據何者為真，是否應認定虞繼為立嗣之子。
	C	虞縣丞手中所持立嗣憑據（「縣據」）與當地縣衙所保存的立嗣憑據（「官司文書」）；房長虞季恭與虞丞妾劉氏兒二人的供狀。
20	A	（25）縣丞所斷，不計其家業之厚薄，分受之多寡，乃徒較其遺囑之是非，義利之去就，卻不思身為養子，承受田畝三千，而所撥不過二百六十，（26）遺囑之是非何必辯也。〔註28〕
	B	（25）（26）兼有查清案件事實與進行價值判斷、追求公平正義之意：鄭孝純、鄭孝德二人所持遺囑是真實還是偽造，遺囑繼承方案是否合乎公平正義。
	C	鄭應辰生前所立遺囑。

〔註24〕中國社會科學院歷史研究所宋遼金元史研究室點校：《名公書判清明集》卷七《立繼有據不為戶絕》，中華書局1987年版，第215～216頁。

〔註25〕中國社會科學院歷史研究所宋遼金元史研究室點校：《名公書判清明集》卷七《房長論側室父包並物業》，中華書局1987年版，第232頁。

〔註26〕中國社會科學院歷史研究所宋遼金元史研究室點校：《名公書判清明集》卷七《辨明是非》，中華書局1987年版，第239～241頁。

〔註27〕中國社會科學院歷史研究所宋遼金元史研究室點校：《名公書判清明集》卷八《立昭穆相當人復欲私意遣還》，中華書局1987年版，第248～249頁。

〔註28〕中國社會科學院歷史研究所宋遼金元史研究室點校：《名公書判清明集》卷八《女合承分》，中華書局1987年版，第291頁。

21	A	（27）吳春論王生掘土，斫木，填塞祖墓，續卓清夫論吳春、吳輝毆傷作人，闌喪、碎碑，不與安葬。兩詞共寫山圖，是非莫辨。〔註29〕
	B	（27）兼有查清案件事實與進行價值判斷、追求公平正義之意：雙方契約干照文書誰真誰假，大廣山北山分水之南的土地究竟是卓氏祖業還是吳氏所買；吳春與卓清夫二人，何者主張為正當。
	C	卓清夫所持慶元二年卓家先祖撥地給吳四五、吳念七葬祖之契約，吳春、吳輝所持其父吳樨從江彥處買山之契約，卓清夫所持分家文書（「分書」），吳春所畫山圖，趙知縣屬下縣衙主簿所定驗之山圖；保正、魏七七等鄰人的供詞；縣衙主簿、署名「莆陽」的名公親自下鄉勘驗山田界至，並使用羅盤針對山圖予以查證核對。
22	A	（28 若但據其先後之詞，而遂以為有無之決，是非鮮有不失實者。〔註30〕
	B	（28）側重於查清案件事實之意：兒媳阿黃與公爹李起宗之間是否存在著苟合（姦情）關係。
	C	阿黃、李起宗的供詞；通過官府查證得知阿黃與李起宗的曖昧關係傳聞等等。
23	A	（29）推原其故，皆由居巡、尉之職者，以差頭為買賣，藉此輩為爪牙，幸有一人當追，則恨不得率眾以往，席捲其家，以為已有，理之是非，一切不顧，此羅閏之家所以遭此橫逆也。〔註31〕
	B	（29）側重於進行價值判斷、追求公平正義：指正邪、善惡標準，即「理」。
	C	官府查證。
24	A	（30）是非曲直，官司自當從公處斷，決無白休之理。〔註32〕
	B	（30）兼有查清案件事實與進行價值判斷、追求公平正義之意：羅邦臣、羅四六究竟是否劫奪了樊如彬家之財產，羅邦臣、羅四六與樊如彬之間何人理虧。
	C	阿鍾、羅邦臣、羅四六等人的供詞；通過官府查證得知陸時義田產、樊如彬家產的相關情況。
25	A	（31）詳閱所判，是非曲直，了然目中，無復餘蘊矣。〔註33〕
	B	（31）側重於進行價值判斷、追求公平正義之意：對於欺凌寡婦阿賀的宗族親戚、鄉黨鄰里，應如何處理方為正當。
	C	官府查證。

〔註29〕中國社會科學院歷史研究所宋遼金元史研究室點校：《名公書判清明集》卷九《主佃爭墓地》，中華書局1987年版，第325頁。

〔註30〕中國社會科學院歷史研究所宋遼金元史研究室點校：《名公書判清明集》卷十《既有曖昧之訟合勒聽離》，中華書局1987年版，第388頁。

〔註31〕中國社會科學院歷史研究所宋遼金元史研究室點校：《名公書判清明集》卷十一《弓手土軍非軍緊切事不應輒差下鄉騷擾》，中華書局1987年版，第438頁。

〔註32〕中國社會科學院歷史研究所宋遼金元史研究室點校：《名公書判清明集》卷十三《峒民負險拒追》，中華書局1987年版，第506頁。

〔註33〕中國社會科學院歷史研究所宋遼金元史研究室點校：《名公書判清明集》卷十四《合謀欺凌孤寡》，中華書局1987年版，第527頁。

26	A	（32）當職厭諛諂而喜抗直，惡偏私而樂正大，今連黏原榜在前，並備述心事曉諭，使是非曲直，昭然如日，與此邦賢士大夫公議之。故茲榜示，各請知悉。〔註34〕
	B	（32）兼有查清案件事實與追求公平正義之意：知縣翁浩堂自己是非存在收受賄賂之事，張貼匿名榜的行為是否正當。
	C	匿名榜。
27	A	（33）今作鬧之端未欲鞫勘，是非當無兩詞，扭拽經官，中途勸解，此意亦善。〔註35〕
	B	（33）兼有查清案件事實與追求公平正義之意：裴乙是否具有鄧四所說情狀，鄧四所持所謂裴乙文約是否為真，鄧四與裴乙何人理直、何人理虧。
	C	官府查證。

據上表可知，《清明集》書判中出現 33 次的「是非」一詞，在各自具體語境中，側重於指向查清案件事實的有 3 次，側重於進行價值判斷、追求公平正義的有 7 次，而兼有查清案件事實與進行價值判斷、追求公平正義之意的有 23 次。基於以上統計數據，首先可知，《清明集》所載宋代司法判決中確實存在著這樣一種「明辨是非」的敘事，其訴求指向查清案件事實或進行價值判斷、追求公平正義之意。

其次，儘管在具體語境下，「是非」一詞有時側重於指向查清案件事實、有時側重於指向進行價值判斷、追求公平正義，但從這些判決的整體說理結構來看，查清案件事實與進行價值判斷、追求公平正義兩種訴求普遍是並存其中而不可分的。如《以賣為抵當而取贖》一案中，「必須明辨其是非」固然是指要查清陳嗣佑與何太應之間的羅家塢山地交易究竟是「抵當」還是「斷賣」，然而查清案件事實的目的正是為了判斷山地判給何人為正當；而且從此案的證成邏輯來講，一旦山地交易是「抵當」或是「斷賣」之事實被查明，則合乎公平正義的價值判斷自然就可推導出來了。對此證成邏輯，留待下文詳述。

第三，並不是說只有出現了「是非」一詞的書判才追求「明辨是非」，而沒有出現「是非」一詞的書判就不要求查清案件事實或進行價值判斷、追求公平正義。實際上，有研究顯示，探求案件事實（實然）與進行價值判斷、追

〔註34〕中國社會科學院歷史研究所宋遼金元史研究室點校：《名公書判清明集》卷十四《匿名榜連黏曉諭》，中華書局 1987 年版，第 551 頁。

〔註35〕中國社會科學院歷史研究所宋遼金元史研究室點校：《名公書判清明集》卷十四《裴乙訴鄧四勒渡錢行打》，中華書局 1987 年版，第 555 頁。

求公平正義（應然）這兩種意涵在同一個詞彙中混綸為一，這在《清明集》判詞中是廣泛存在的。〔註36〕綜合以上，似可做如下推論：宋代司法判決兼具事實求真與價值向善的兩種訴求，而這兩種訴求正是主導宋代司法官說理工作的內在動因。

搉之宋代司法史蹟，這種推論或許並非虛妄。首先，重證據實乃是宋代司法的基本原則，事實認知上的求真是司法名公進行判決的首要前提。南宋著名提刑官、法醫學鼻祖宋慈指出，「獄事莫重於大辟，大辟莫重於初情，初情莫重於檢驗。蓋死生出入之權輿，幽枉屈伸之機括，於是乎決。」〔註37〕可見，宋慈認為，在刑獄案件尤其是死罪案件中，要特別重視對案件事實的掌握，而事實的認知則立足於對於證據的檢驗和甄別，並且他將證據的檢驗和甄別提到關乎人命死生、公道冤枉的高度來看待。

實際上，在民間民事爭訟案件中宋代司法也同樣重視對於案件事實認知的求真，具體表現在司法名公對於案件事實認知活動本身的反思和對於證據的重視上。宋代司法名公對案件事實認知活動有著深刻的批判性反思，他們清楚地知道人的認識能力是有侷限性的，案件事實認知既有可能合乎「真相」，也有可能背離「真相」。他們把案件事實「真相」稱之為「實情」，如「兩詞柄鑿如此，況書契之人並無一存，可以為證。本廳既難根究，何緣可得實情」〔註38〕，把合乎「真相」的案件事實認知稱之為「情實」，如「當職身為縣令，於小民之患頑者，則當推究情實，斷之以法」〔註39〕。司法名公充分意識到，

〔註36〕根據英國學者馬若斐的研究，《清明集》中的「情」（或「人情」）、「理」（或「情理」）兩個詞便是兼有描述性功能與規範性功能。換言之，也同樣包含有案件事實（實然）與價值判斷（應然）這兩種意涵。具體來說，「情」有時候指「案情事實」（fact），有時候指「情緒」「感情」（feeling）；「人情」可以表示「社會中普遍存在的現實情形」，更多的時候表示「行為舉止合乎相應的倫常要求」；「理」有時候描述事物存在之「理由」，有時候表示「原則」「倫理準則」或「標準」。參見（英）馬若斐：《南宋時期的司法推理》，陳煜譯，載徐世虹主編：《中國古代法律文獻研究》第 7 輯，社會科學文獻出版社 2013 年版，第 305 頁，第 313 頁，第 326 頁。

〔註37〕參見（宋）宋慈：《洗冤集錄序》，載高隨捷、祝林森譯注：《洗冤集錄譯注》，上海古籍出版社 2016 年版，第 1 頁。

〔註38〕中國社會科學院歷史研究所宋遼金元史研究室點校：《名公書判清明集》卷五《爭山各執是非當參旁證》，中華書局 1987 年版，第 161 頁。

〔註39〕中國社會科學院歷史研究所宋遼金元史研究室點校：《名公書判清明集》附錄二《勉齋先生黃文肅公文集·張運屬兄弟互訴墓田（新淦）》，中華書局 1987 年版，第 585 頁。

之所以「實情」難得、「情實」難致，很大程度上是因為案件當事人都傾向於做出有利於己方的事實陳述，因此當事人詞狀既有可能是「情實」，也有可能是出於做「偽」。案件事實「情（實）」「偽」難辨，故而宋代司法名公自覺地對案情之「事」、兩造之「詞」進行仔細的甄別，正如《侄假立叔契昏賴田業》判詞所說「事有似是而實非，詞有似弱而實強，察詞於事，始見情偽，善聽訟者不可有所偏也。」〔註40〕

　　那麼，宋代司法名公又是如何甄別情偽、查清事實呢？這就必須提到他們對於證據的重視。在司法實踐過程中，司法名公特別強調事實認知應有「憑據」。如「江文輝供稱係江通寶直下子孫，欲取贖江通寶之田，必當有合同典契，今既無合同之契，本司難以憑據還贖。」〔註41〕可見，無合同典契難以認定典賣關係，無法為取贖提供事實「憑據」。又如，「照得華詠四子，先分析於開禧二年，華綱、華大成兄弟又分析於嘉定年間，何為已分析三十年，而尚有未分之田邪？又何為不爭訴於三十年前華綱未死之日邪？又何為諸分不爭，而一分獨爭邪？此田謂之未分，官司何所憑據？若曰故祖遺下未分之田，則必有眾存文約，又必有各分分書，互載可照。所合索上究證，則無者不得盡其辭矣。」〔註42〕在此司法官吳革（恕齋）指出，要想證明所爭訴田業是否為未分析的祖產，必須有所「憑據」，因此要調取分家眾存文約、各分分書等文書證據來進行辨別、查證。這種對於事實認知應有「憑據」的強調，體現了宋代司法名公對於事實求真的重視以及以證據認定事實的方法自覺。〔註43〕

〔註40〕中國社會科學院歷史研究所宋遼金元史研究室點校：《名公書判清明集》卷五《侄假立叔契昏賴田業》，中華書局1987年版，第146～147頁。

〔註41〕中國社會科學院歷史研究所宋遼金元史研究室點校：《名公書判清明集》卷九《妄贖同姓亡歿田業》，中華書局1987年版，第320頁。

〔註42〕中國社會科學院歷史研究所宋遼金元史研究室點校：《名公書判清明集》卷六《訴侄盜賣田》，中華書局1987年版，第184頁。

〔註43〕「憑據」二字在《清明集》書判中所在多有，另如：「或是相傳，或是買入，無所憑據」（《漕司送許德裕等爭田事》，《清明集》第117頁），「所賣田三坵、山十二段，乃是憑大保長憑由作上手干照，不足憑據」（劉後村《爭山妄指界至》，《清明集》第158頁），「所添字跡，又在稅契朱墨之上，其所執賣契，委難憑據」（吳恕齋《兄弟爭業》，《清明集》第173頁），「今直之施王德死後，乃欲於屋基外，冒占朱氏桑地一角，不知何所憑據？」（吳恕齋《王直之朱氏爭地》，《清明集》第185～186頁），「不知友能全有此地，何所憑據？」（吳恕齋《叔姪爭》，《清明集》第189頁），「官司見得阿周無所憑據，若不從其初而折其萌，何以絕後紛紛之訟」（葉岩峰《辨明是非》，《清明集》第241頁），「爭分全憑支書，有印押者尚多假偽，不足憑據，而況不

在上文表格所梳理《清明集》「明辨是非」敘事相關的 27 份書判（前 3 份為官箴訓誡，實際只有 24 份司法判決）中，若將同一書判中的同類證據記作一次，則契照書證出現 17 次，人證口供出現 8 次，官方勘驗查證出現 10 次；契照書證單獨作為證據的情況有 10 次，官方勘驗查證單獨作為證據的情況有 3 次，而人證口供單獨作為證據的情況只有 1 次；在大多數情況下，名公們是綜合運用不同類型證據來進行事實認知的。我們當然不能認為具體司法活動只是用到了書判中所提到的證據，但僅就書判所見證據及其使用過程，亦可以想見宋代司法名公對於案件事實認知活動的慎重態度。

其次，追求判決結果的良善可欲、合乎正義乃是宋代司法的價值立場，司法名公們自覺地立足於案件事實認知進行價值判斷、運用法律推理。南宋司法名公胡穎（石壁）曾指出，「大凡官廳財物勾加之訟，考察虛實，則憑文書；剖判曲直，則依條法。」〔註 44〕這就是要求，憑據文書等證據來「考察虛實」、查清案件事實〔註 45〕，依據法律條文來「剖判曲直」、追求公平正義。這一說法與今天司法所謂「以事實為依據，以法律為準繩」頗有暗合相通之處。胡穎所謂「考察虛實，則憑文書；剖判曲直，則依條法」，意義重大，這一說法表明宋代司法官對於事實認知問題（確認法律演繹推理小前提）與法律認定問題（確認法律演繹推理大前提）之區分有了充分的自覺，這標誌著中國本土法學方法的劃時代進步。

事實上，在宋代司法語境中胡穎式的區分事實問題與法律問題的意識或說法並非孤例。《吳蕭吳鎔吳檜互爭田產》一案判詞中提到，「夫豈知民訟各據道理，交易各憑干照。在彼則曲，在此則直，曲者當懲，直者當予，其可執

印押者乎？」（天水《已有親子不應命繼》，《清明集》第 250 頁），「王方無可抵爭，往往力於攻一妾使紅梅，且曰紅梅一出，則干照具白，此妾不出，雖千言亦難憑據。」（主簿擬《假為弟命繼為詞欲誣賴其堂弟財物》，《清明集》第 513 頁）。

〔註 44〕中國社會科學院歷史研究所宋遼金元史研究室點校：《名公書判清明集》卷九《質庫利息與私債不同》，中華書局 1987 年版，第 336 頁。

〔註 45〕按，宋代司法活動中證據本有多種，但這裡胡穎（石壁）單舉「文書」而言「考察虛實」，這裡的「文書」就是指契約干照等文書證據，可見契約干照文書證據在宋代司法事實認知中的重要性。例如，吳革（恕齋）曾說「切惟官司理斷典賣田地之訟，法當以契書為主，而所執契書又當明辨其真偽，則無遁情」（吳恕齋：《孤女贖父田》，《清明集》第 315 頁），又說「官司理斷交易，且當以赤契為主，所謂抵當，必須明辨其是非」（吳恕齋：《以賣為抵當而取贖》，《清明集》第 169 頁）。

一，以墮奸謀。」〔註46〕「干照」者，為宋代司法中特有的關於文書證據之稱呼，即干連之證照。〔註47〕該判詞指出，關於交易的案件事實應該以干照書證為依據，而爭訟中誰曲誰直、誰對誰錯則應該依據「道理」來進行裁判。這同樣是對於司法活動中事實問題與法律問題（這裡的「法律」取廣義，泛指裁判依據）的自覺區分。可見，立足於案件事實認知進行價值判斷、運用法律推理，以追求判決結果的良善可欲、合乎正義，正是宋代司法名公的共識。

當然，「民訟各據道理」一語又引出另外一個問題，即宋代司法裁判的規範依據，或判決結果是否良善可欲、合乎正義的標準，不僅有胡穎所謂的「條法」，還有「道理」。關於「條法」與「道理」在宋代法律推理中的關係，後文將有所探討，這裡暫且不論。基於以上論述，至少可以得出這樣的結論：其一，宋代司法判決確乎兼具事實求真與價值向善的兩種訴求，而這兩種訴求正是主導宋代司法官說理工作的內在動因；其二，宋代司法名公對於事實認知問題（確認法律演繹推理小前提）與法律認定問題（確認法律演繹推理大前提）之區分已有了充分的自覺，正是在此基礎上他們才得以充分地施展法律智慧、發展法學方法。

二、事實與法律的銜接：宋代司法名公綜合運用內部證成與外部證成

對於宋代司法裁判而言，無論是所謂「考察虛實，則憑文書；剖判曲直，則依條法」，還是所謂「民訟各據道理，交易各憑干照」，其核心問題都集中在這裡：如何確認案件基本事實，如何認定裁判規範（法律），如何在事實與法律之間進行合乎邏輯、合乎目的之銜接。從現代法學方法論的角度來說，這就涉及到「涵攝」。所謂「涵攝」（Subsumtion），就是確定生活事實與法律規範之間關係的思維過程。〔註48〕廣義的「涵攝」是指「將特定案件事實歸屬於法律規則的構成要件之下，以得出特定法律後果的推論過程」，而狹義的「涵攝」則是指「具體待決案件與為制定法構成要件所確鑿涵蓋之案件之間

〔註46〕中國社會科學院歷史研究所宋遼金元史研究室點校：《名公書判清明集》卷四《吳肅吳鎔吳檜互爭田產》，中華書局 1987 年版，第 112 頁。

〔註47〕對於宋代司法中干照書證的具體分析，可參看陳景良：《釋「干照」——從「唐宋變革」視野下的宋代田宅訴訟說起》，載《河南財經政法大學學報》2012 年第 6 期。

〔註48〕參見（德）魏德士：《法理學》，法律出版社 2005 年版，第 295 頁。

的等置」。〔註49〕既然宋代司法判決兼具事實求真與價值向善的兩種訴求，既然宋代司法名公對於事實問題與法律問題之區分已有了充分的自覺，那麼他們又是如何具體確定生活事實與法律規範之間關係的呢？

這個問題遠沒有看上去那麼簡單。最簡單而理想的法律推理模式當然就是亞里士多德式的演繹法三段論。如：法律規定「殺人者死」（大前提，法律），甲殺人（小前提，事實），甲應被處死（結論，判決結果）。然而，在現實司法實踐中，法律推理不可能都是如此簡單明瞭的。作為法律演繹推理之小前提的案件事實與作為法律演繹推理之大前提的裁判規範往往都不是先天給定的，而是有賴於司法者運用法律智慧和法學方法來加以認識和獲得。〔註50〕正由於此，為了銜接事實小前提、法律大前提的各自證立與終極的法律演繹推理，現代法律證成理論創制了一對概念：「內部證成」與「外部證成」。所謂「內部證成」，是確保所欲得到的裁判結論從所引述的前提中合乎邏輯地被推導出來；而所謂「外部證成」，則是指確保內部證成所使用之前提的正確性、可靠性。〔註51〕換言之，「內部證成」指向終極的法律演繹推理，而「外部證成」則指向事實小前提、法律大前提的各自證立。就此而言，宋代司法名公

〔註49〕按，狹義的「涵攝」僅僅涉及作為法律演繹推理之小前提的事實認知問題，而廣義的「涵攝」則指向包括確定事實小前提、選擇法律大前提以及得出結論在內的法律演繹推理整體過程。參見舒國瀅、王夏昊、雷磊：《法學方法論》，中國政法大學出版社2018年版，第105～106頁。

〔註50〕按，首先，司法實踐中對於事實的認定並不總是那麼價值中立、規範無涉的。相反地，很多時候案件事實的認定本身就需要通過援用法律規範對生活事實進行涵攝。其原因在於，案件事實不同於客觀事件本身，它是一個命題、一個陳述。「在判決的事實部分出現之『案件事實』，是作為陳述的案件事實。」（參見（德）卡爾‧拉倫茨：《法學方法論》，陳愛娥譯，商務印書館2003年版，第160頁。）而陳述的內容不僅涉及自然事實，還涉及制度性的事實，制度性事實的認定本身就需要對法律規範進行解釋。比如，宋代司法實踐中的立嗣子之身份、田宅典賣關係是否成立之認定。換言之，這過程裏面存在著規範與事實之間的循環互動關係。其次，在具體的法律推理中，法律規範並不總是那麼確當無疑的。在現代法學方法論的語境下，尋找和證立裁判規範的過程可能存在以下困境：1.「法律針對特定社會生活或社會關係或特定案件事實沒有提供答案」；2.「法律針對特定社會生活或社會關係或特定案件事實沒有提供適當的或合適的答案」。（參見舒國瀅、王夏昊、雷磊：《法學方法論》，中國政法大學出版社2018年版，第389～390頁。）類似的裁判規範證立困境在宋代司法實踐中也是存在的，對此將在後文予以分析。

〔註51〕參見舒國瀅、王夏昊、雷磊：《法學方法論》，中國政法大學出版社2018年版，第191～194頁。

對於生活事實與法律規範之間的銜接,確乎是綜合運用內部證成與外部證成而實現的。〔註52〕對此,我們必須從回歸具體案例來進行解說。

從外部證成之內容來看,事實小前提的證立和法律大前提的證立都具有一定的難度。但是,相比於法律相對確定情況下的事實認定,尋找和證立裁判規範工作往往要複雜得多。這些難題宋代名公在司法實踐中都可能遇到,本節就從裁判規範(廣義的「法律」)相對確定情況下的事實認定說起,將名公對裁判規範證立困境的應對留到下一節來論述。宋代民事爭訟案件種類繁多,若以訴訟參加者的身份關係為標準,可劃分為以下三種:1. 凡人之間的爭訟(「凡人」者即指無倫常服紀關係之普通人);2. 親屬之間的爭訟;3. 涉及士人、官戶、豪強的爭訟。〔註53〕在古代社會秩序背景下,第三類案件具有一定的特殊性,且不占主流,當另外討論。這裡主要討論前兩種案件的事實認知與法律推理過程。

首先這裡選取一個凡人之間的田土爭訟案件來分析,即上文梳理「明辨是非」敘事中提到的吳革(恕齋)所判《以賣為抵當而取贖》一案。〔註54〕此案約發生在南宋理宗淳佑二年(1242年),主審法官吳革(恕齋)為時任臨安知府。經查明,此案爭訟標的羅家塢山地係陳嗣佑於於寶慶二年(1226年)以十三千錢購得,有上手赤契。紹定二年(1229年),陳嗣佑將此羅家塢山地上手赤契,作價錢七貫,立契賣與何太應。「當時嗣佑既離業矣,太應亦過稅矣。越五年,太應將契投稅為業。」物主離業、錢主投稅均已完成。淳佑二年(1242年),陳嗣佑到縣銜告狀,認為當初與何太應之間只是「抵當」,並非「正行斷賣」,意圖用錢贖回羅家塢山地。初審之中,知縣認為當地風俗之中「多有抵當之事」,而且此羅家塢山地陳嗣佑於於寶慶二年(1226年)以十三千錢購得,但紹定二年(1229年)與何太應交易僅得七貫,由此懷疑陳嗣佑

〔註52〕按,關於「內部證成」與「外部證成」的最經典論述當屬英國學者圖爾敏所著 The Uses of Argument 一書。對其主張中文學界一般稱之為「圖爾敏論證模式」,這種模式的核心特徵就是在內部證成上層層嵌套外部證成。陳銳《宋代的法律方法論——以〈名公書判清明集〉為中心的考察》一文用「圖爾敏模式」對宋代司法判決進行了分析,重在揭示宋代司法的合邏輯性。本文這裡側重在揭示宋代司法判決中事實認知與法律推理的具體情況和內在理路。
〔註53〕參見陳景良:《釋「干照」——從「唐宋變革」視野下的宋代田宅訴訟說起》,載《河南財經政法大學學報》2012年第6期。
〔註54〕中國社會科學院歷史研究所宋遼金元史研究室點校:《名公書判清明集》卷六《以賣為抵當而取贖》,中華書局1987年版,第168~170頁。

與何太應之間只是「抵當」關係，「勒令太應退贖」。對此，「太應堅不伏退贖，乃有詞於府」，即向知府衙門上告。因此，本案爭議的焦點在於：陳嗣佑與何太應之間的羅家塢山地交易究竟是不是「抵當」，陳嗣佑能否取贖該土地。

究竟是不是「抵當」，這當然是屬於事實認知問題，但這屬於一個制度性事實，即此事實的認定有賴於對法律制度的解釋。作為複審法官，吳革（恕齋）認為，知縣初審判決在案件事實認定上存在問題。他指出「官司理斷交易，且當以赤契為主，所謂抵當，必須明辨其是非」，即要以加蓋了官府印章的交易契約文書（赤契）為根據，來明辨是非，判斷陳嗣佑與何太應之間究竟是抵當還是斷賣。他分析指出，「鄉民以田地立契，權行典當於有力之家，約日克期，還錢取契，所在間有之。為富不仁者因立契抵當，逕作正行交易投稅，便欲認為己物者亦有之。但果是抵當，則得錢人必未肯當時離業，用錢人亦未敢當時過稅。」這是說，現實中確實存在為富不仁者主動投稅，以「抵當」混為「正行斷賣」，企圖霸佔他人產業的現象；但在抵當關係下，為避免交易風險，物主（得錢人）往往不會離業，錢主（用錢人）也不敢當時過稅。何以故？據吳革（恕齋）另一處判詞《抵當不交業》，「在法：諸典賣田宅並須離業。又諸典賣田宅投印收稅者，即當官推割，開收稅租。必依此法，而後為典賣之正。」〔註55〕可見，根據法律規定，「正行交易」「典賣之正」要求同時具備物主離業、錢主投稅兩要件。正是以此法律規範為基礎，吳革（恕齋）推論出了此類案件的要件事實模型，「其有錢、業兩相交付，而當時過稅離業者，其為正行交易明，決非抵當也」。進而又得出了其所認定的案件事實：「嗣佑立契賣地之後，既即離業，太應用錢得地之後，又即過稅，此其為正行交易較然」，二人之間的交易並不是「抵當」關係。

本案判詞所說的田地「抵當」，乃是「民間衍生的一種非正規的抵押借貸」〔註56〕。其制度性內涵是：業主將田地抵押給錢主以為借貸，依約定抵當田

〔註55〕中國社會科學院歷史研究所宋遼金元史研究室點校：《名公書判清明集》卷六《抵當不交業》，中華書局 1987 年版，第 167 頁。

〔註56〕按，戴建國先生指出，「抵當在宋代，作為國家認可的一種正式交易制度，僅限於百姓與官府之間的借貸抵押，在民間亦僅限於動產的交易。而像土地這樣的不動產抵當，『本非正條』，只是民間衍生的一種非正規的抵押借貸，其特點是手續簡便，不割業，不過稅，無需繳納契稅錢，因而在民間部分地區流行。……宋代在長期的實踐中，經過選擇，淘汰了抵當和倚當，將不動產交易形式固定在典與斷賣上，典與斷賣才是『正行交易』。」參見戴建國：《宋代的民田典賣與「一田兩主制」》，載《歷史研究》2011 年第 6 期。

地到期可退贖，不能取贖則歸錢主所有。確定雙方不是「抵當」關係，僅僅只能推斷陳嗣佑不可依抵當之規則取贖該土地。實際上，宋代土地交易中，所謂「正行交易」「典賣之正」，在斷賣之外還包括出典（狹義的典賣）。斷賣在制度上是不存在退贖之空間的，而出典則即僅僅轉移土地使用權而保留所有權，可以進行取贖。〔註57〕那麼，陳嗣佑與何太應之間的羅家塢山地交易究竟出典還是「正行斷賣」呢，陳嗣佑能否依出典之規則取贖該土地？對此吳革（恕齋）進一步展開了分析。

吳革（恕齋）指出，「若曰嗣佑買貴賣賤，則寶慶至紹定亦既數年，安知其直之貴賤不與時而高下乎？且在法，諸典賣田地滿三年，而訴以準折債負，並不得受理。況正立賣契，經隔十餘年而訴抵當者乎？」在這裡，對於陳嗣佑所提出其在寶慶二年（1226年）以十三千錢買進而於紹定二年（1229年）以七貫賣出給何太應的差價問題，吳革（恕齋）分別作出了兩種推測：其一，「其直之貴賤」「與時而高下」，也就是說，陳嗣佑與何太應之間確實是「正行斷賣」，這種差價只不過是雖時間推移而出現的正常價格波動。在斷賣前提下，陳嗣佑自然不可取贖該土地。其二，吳革（恕齋）提出了另一種假設，陳嗣佑與何太應之間的山地交易不是「正行斷賣」而是出典，則作為放貸人的何太應佔有借貸人陳嗣佑之山地就是以田地不動產來折算償還其借款，這就是所謂的「準折債負」。〔註58〕在此種情況下，即使陳嗣佑與何太應之間的是出典，依據法律「諸典賣田地滿三年，而訴以準折債負，並不得受理」，此訴訟時為淳佑二年（1242年），距二人紹定二年（1229年）的交易已過去十餘年，因此陳嗣佑的訴求同樣不受支持。

總結此案判決，吳革（恕齋）確乎是綜合運用內部證成與外部證成來實現對生活事實與法律規範之間的銜接。這種法律推理包括兩個階段：1. 若為

〔註57〕按，儘管田宅典賣也是允許到期取贖的，但它跟抵當在形式上有所不同。正規的田宅典賣交易要滿足離業、投印收稅之要求，而抵當則只是民間的非正規借貸抵押，其存在的出發點之一就包括避稅，抵當人往往也不會當時離業。因此，「所謂抵當者，非正典賣也」（葉巖峰：《倚當》，《清明集》第170頁）。

〔註58〕按，所謂「準折債負」，又稱「有利準折債負」，是宋代錢糧借貸領域的一個專有名詞。有研究者指出，「宋代『有利準折債負』確切含義是禁止有利借貸中放貸人強制借貸人以田宅等不動產折算償還虛利」。參見王文書：《宋代「有利準折債負」考辯》，載《中西法律傳統》第10卷，中國政法大學出版社2014年版，第112～121頁。

抵當則可取贖（此裁判規範係社會公認的交易習慣規則）〔註59〕，以此為內部證成之法律演繹推理框架，進而探討是否存在相應的案件事實小前提——是否為抵當關係，進行外部證成。在此過程中，司法官吳革（恕齋）通過解釋法律規範對案件生活事實進行了重構，證明了不存在抵當關係，兩當事人之間為「正行交易」——斷賣或出典。由此推斷，陳嗣佑不可依抵當之規則取贖該土地。2. 在「正行交易」情況下，唯有出典才可取贖（斷賣不可取贖而出典可取贖，係社會公認的交易習慣規則），且依法律規定須在三年以內提起訴訟，以此為內部證成之法律演繹推理框架，進而探討是否存在相應的案件事實小前提——是否為三年內提起訴訟。在此過程中，吳革（恕齋）再一次通過解釋法律規範對案件生活事實進行了重構，證明了不存在相應案件事實小前提，陳嗣佑不可依出典之規則取贖該土地。至此，本案最終判定「何太應照紹定二年買到赤契管業，取陳嗣佑知委申，違坐以虛妄之罪」，也就是駁回了陳嗣佑取贖田地的請求。

其次，這裡再選取一個親屬之間的立嗣爭產案件來分析，即上文梳理「明辨是非」敘事中提到的《立繼有據不為戶絕》一案。〔註60〕此案亦發生在南宋時期，具體時間不詳，書判署名為「司法擬」。在本案中，根據宗譜記載，吳琛有四女一子，老大為二十四娘，嫁給石高，老二為二十五娘，嫁給胡闓，老三為二十六、吳有龍，乃是異姓子，老四為二十七娘，一說已嫁許氏、一說賣為義女，老五為二十八娘，尚未出嫁。吳有龍為吳琛生前所立，現吳琛、吳有龍皆已身故，吳有龍妻阿塗與子吳登見在，並掌管吳家家業。

現二十四娘提起訴訟，主張吳有龍乃是抱養異姓之義子，並非立嗣之子，因此吳家現屬戶絕之家。二十五娘之夫胡闓認為，吳琛名下現已戶絕，吳家家產當年多由二十四娘之夫石高與自己以吳家資財經營增置而成，因此吳家家產應該由二十四娘、二十五娘、二十七娘、二十八娘四個女兒均分。阿塗與吳登母子對此不予認可，認為吳有龍確屬立嗣之子，吳家並非戶絕之家。

〔註59〕按，社會公認的交易規則是否能毫無疑問地成為裁判規範——（廣義的）「法律」？顯然地，這仍然是有待於進一步證成的，這種證成自然也屬於外部證成的範圍。但既然當時人事實上確以此為不容置疑的裁判規範，而本節目的又在於揭示宋代司法的以法律規範涵攝生活事實的邏輯，則本節對此暫不討論。對此問題，本文將在下一節中予以反思，以追究宋代司法中到底什麼是「法」，「法」究竟是如何獲得的。

〔註60〕中國社會科學院歷史研究所宋遼金元史研究室點校：《名公書判清明集》卷七《立繼有據不為戶絕》，中華書局 1987 年版，第 215～217 頁。

可見，本案爭議焦點在於：吳有龍是否立嗣之子，吳琛名下是否戶絕，吳有龍與二十四娘、二十五娘、二十七娘、二十八娘四個女兒各自是否有資格繼承吳琛名下財產。

吳有龍是否立嗣之子，這屬於事實認知問題，並且是一個制度性事實。申言之，究竟什麼是「立嗣子」本就取決於法律的規定。對此，署名為「司法」的斷案官員援引法律條文進行了分析，「準法：異姓三歲以下，並聽收養，即從其姓，聽養子之家申官附籍，依親子孫法。雖不經除附，而官司勘驗得實者，依法。」這裡所適用的法條實際是《宋刑統·戶婚律》「養子」條：「其遺棄小兒年三歲以下，雖異姓，聽收養，即從其姓。」正是基於以上法律規範，司法官推論出了此類案件的要件事實模型：收養異姓子，只要滿足收養時孩子年齡在三歲以下，則成立立嗣子身份。

關於吳有龍是否立嗣子的案件事實證立，司法官進行了多方面的調查取證，包括吳有龍曾為吳琛服斬衰、姊妹們曾為吳有龍服大功、吳有龍為吳琛夫婦進行「生事死葬，克盡人子之責」、二十四娘不在吳琛死而吳有龍在世時告訴，以及兩份關於吳琛收養吳有龍的「縣據」，即當年本縣縣衙所發給的吳琛收養異姓子（吳有龍）之憑據。從案件事實建構的角度來看，只有記載吳有龍被收養時年齡信息的兩份「縣據」在法律論證上具有法律的相關性。現查明，阿塗手中的憑據，記載吳有龍收養時為一歲乳兒；而吳琳（判詞中並未說明其身份，其名字與吳琛為同一偏旁，疑似為吳琛之兄弟一輩；可以確定的是，其立場明顯是站在二十四娘、胡闐這一邊）手中的憑據，記載吳有龍收養時為七歲男童，其間有文字改動痕跡。

對於阿塗手中縣據與吳琳手中縣據的矛盾，司法官指出，「若有龍果七歲男，公法不當立，在縣司無由給乳一歲之文。若有龍果乳一歲，則法所當立，在吳琳卻不當以一為七，以乳為男，是是非非，於斯可見矣。」就是說，根據法律規定，收養異姓子必須要是三歲以下的孩子，才能得到國家認可。阿塗手中縣據清楚明白，吳有龍被收養時為一歲乳兒，符合法律規定；而吳琳手中的縣據有改動痕跡，吳有龍被收養時為七歲男童，不符合法律規定。由此可以推斷吳琳手中的縣據是出於篡改的，是為了造成不利於吳有龍家人一方的事實認知，而阿塗手中縣據則是原原本本的，真實無疑。「有龍雖曰異姓之男，初立之時，已易其姓，父死之後，吳琛有詞，又給據以正之，如此則不可謂之義男矣。」因此，吳有龍確屬立嗣之子，吳家並非戶絕之家。司法官的這

一推理過程，正是立足於對法律規範的理解來預估案件的要件事實模型，進而重構和裁剪案件生活事實，最終實現對案件事實的證立。

基於吳有龍確為立嗣子的事實認定，司法官進一步作出了關於吳琛名下財產如何繼承的判決。其一，判令認可吳有龍立嗣子身份，可以「照條承分」。這裡說的「條」是指《宋刑統·戶婚律》「分異財產」條：「〔準〕戶令：諸應分者，田宅及財物兄弟均分。妻家所得之財，不在分限。兄弟亡者，子承父分。兄弟俱亡，則諸子均分。其未娶妻者，別與聘財。姑、姊妹在室者，減男聘財之半。寡妻妾無男者，承夫分。若夫兄弟皆亡，同一子之分。」依此規定，吳有龍具有遺產繼承資格，其財產份額由其子吳登代位繼承。其二，認定吳家並非戶絕之家，吳琛遺產自然也就不適用戶絕遺產繼承法，即所謂「又法：諸戶絕財產盡給在室諸女，歸宗者減半」。司法官指出，「胡𨋎又稱吳氏之產，乃二婿以妻家財物，營運增置，欲析歸四女，法則不然。在法：諸贅婿以妻家財物營運，增置財產，至戶絕日，給贅婿三分。今吳琛既有植下子孫，卻非絕之比，豈可遽稱作絕戶分邪？」故依法駁回二十四娘、胡𨋎等人的訴訟請求。其三，司法官還指出，「已嫁承分無明條，未嫁均給有定法，諸分財產，未娶者與聘財，姑姊妹在室及歸宗者給嫁資，未及嫁者則別給財產，不得過嫁資之數。」依此，司法官判令，二十四娘、二十五娘及其夫婿無分繼承，二十八娘依法給予嫁資，並責令吳登母子以禮相待；二十七娘之婚配情況尚未查明，下令通城縣予以查證，待查明另行安排其財產份額。

總結此案判決，司法官同樣是綜合運用內部證成與外部證成來實現對生活事實與法律規範之間的銜接。對於本案來說，吳有龍是否立嗣子這一案件事實認定問題乃是全部法律推理的核心。〔註61〕原因是，若吳有龍非立嗣子，則吳琛名下確已戶絕，吳琛遺產將依《宋刑統·戶婚律》「戶絕資產」門與《天聖戶絕條貫》之規定〔註62〕處理，由諸在室女、出嫁女繼承；而若吳有龍為

〔註61〕按，本案對於收養異姓子是否成立立嗣子的法律與事實之涵攝方式，在宋代司法中非常普遍。葉巖峰所判《已有養子不當求立》載：「在法：諸遺棄子孫三歲以下收養，雖異姓亦如親子孫法。」（葉巖峰：《已有養子不當求立》，《清明集》第214頁）這就是說，若收養時異姓子在三歲以下，則國家承認此收養關係，並且保護收養異姓子的宗法身份利益，跟親生子孫待遇一樣。可見，宋代司法判決在此問題上具有穩定性和可預期性。

〔註62〕按，《宋刑統·戶婚律》「戶絕資產」門規定：「〔準〕喪葬令：諸身喪戶絕者，所有部曲、客女、奴婢、店宅、資財，並令近親轉易貨賣，將營葬事及量營功德之外，餘財並與女，無女均入以次近親，無親戚者官為檢校。若亡人在

立嗣子，則吳琛名下並非戶絕，吳琛遺產將依《宋刑統‧戶婚律》「分異財產」之規定來處理，其結果如本案司法官所判。換言之，以上基於兩種事實可能性的兩種判決路徑即構成本案內部證成之預設框架。隨後探討本案法律演繹推理所欠缺的案件事實小前提——吳有龍是否立嗣子，進行外部證成。正是在綜合運用內部證成與外部證成的過程中，司法官實現了以法律規範對於生活事實的涵攝，並且完成了終極的法律演繹推理。

事實上，這種綜合運用內部證成與外部證成的方法在宋代司法中是非常普遍的。這裡再舉一個田宅爭訟案件來予以印證。上文梳理「明辨是非」敘事中提到的《主佃爭墓地》一案〔註63〕，案情比較複雜，所涉證據繁多，此處不予細說，只舉出其中局部的證據分析和事實認定過程。該案件發生在福建莆陽，時間約在南宋理宗年間。在本案中，吳春、吳輝為兄弟，吳樫為二人之父，吳四五、吳念七為二人之祖輩。大廣山北山分水之南的土地與吳樫所買江彥之山地毗鄰，其上有吳四五、吳念七慶元二年（1196年）所葬祖墳。卓清夫主張大廣山北山分水之南的土地為卓氏祖業，吳四五、吳念七原為卓氏佃農，其葬墳乃卓氏先祖允許，並明確約定「不許丈尺侵佔」，且經投官加印。而吳春、吳輝則主張大廣山北山分水之南的土地包括在吳樫所買江彥山地之中，即吳氏祖墳乃葬自家買到之土地上。

吳氏葬祖之地——大廣山北山分水之南的土地是否包括在吳樫所買江彥山地之中，這是一個事實認知問題。對此事實認定，其中一個相關證據為吳春、吳輝手中所持其父吳樫從江彥處買山之契約。該契約雖記載交易時間為

<hr>

日，自有遺囑處分，證驗分明者，不用此令。」宋）竇儀：《宋刑統》卷十二，《戶婚律‧戶絕資產》，吳翊如點校，中華書局1984年版，第198頁。）據《宋會要輯稿》記載：「（宋仁宗天聖）四年（公元1026年）七月，審刑院言：『詳定戶絕條貫：今後戶絕之家，如無在室女，有出嫁女者，將資財、莊宅物色除殯葬營齋外，三分與一分。如無出嫁女，即給與出嫁親姑、姊妹、姪一分。餘二分，若亡人在日，親屬及入舍婿、義男、隨母男等自來同居、營業佃蒔，至戶絕人身亡及三年以上者，二分店宅、財物、莊田並給為主，若無出嫁姑、姊妹、姪並全與同居之人。若同居未及三年，及戶絕之人孑然無同居者，並納官，莊田依令文均與近親，如無近親，即均與從來佃蒔或分種之人承稅為主。若亡人遺囑證驗分明，依遺囑施行』。從之。」（參見（清）徐松：《宋會要輯稿》食貨六一，民產雜錄，第12冊，上海古籍出版社2014年版，第7465頁。）以上即宋仁宗所頒布之戶絕財產繼承單行法《天聖戶絕條貫》的內容。

〔註63〕中國社會科學院歷史研究所宋遼金元史研究室點校：《名公書判清明集》卷九《主佃爭墓地》，中華書局1987年版，第325～327頁。

淳熙十年（1183 年）買到，但卻是嘉定十六年（1223 年）投官稅契。司法官指出，「在法，典賣年月只憑印契，豈有未到官，未交業，而預卜葬於他人山之理？藉使私下批鑿，年月可據，則自淳熙十年至嘉定十六年，凡經四十載，藏匿白契，果法邪？」根據法律規定，典賣年月只能以投官印契的時間為準，則其所謂吳樀從江彥處買山只能認定為嘉定十六年（1223 年）而不能認定為淳熙十年（1183 年）。由此，假設大廣山北山分水之南包含在吳樀所買土地之內，其買地時間只能證明到嘉定十六年（1223 年），但吳四五、吳念七實際葬祖的時間卻為慶元二年（1196 年），先葬墳而後買地，這於情於法都不合，難以令人信服。

這就是說，對吳氏與江彥的交易而言，吳氏祖墳要想出現在江彥土地之上，必先買地而後才得允葬祖，絕不可能不買地而先葬祖；反過來，如果吳氏葬祖在買地之前，則吳氏祖墳必不在江彥土地之上。此係社會公認的交易習慣規則，司法官以此為內部證成之演繹推理框架。進而探討此演繹推理所欠缺的案件事實小前提——吳氏買地是否在葬祖之前。司法官以法律規範為大前提對生活事實予以涵攝，進行外部證成，認定葬祖時間在買地時間之前，即在未買江彥地之時，葬祖行為已完成。而後，綜合內部證成與外部證成，認定吳氏葬祖之地不在所買江彥地之內。

最後，這裡再舉一個歸宗爭產案件來印證宋代司法中內部證成與外部證成的綜合運用，即上文梳理「明辨是非」敘事中提到的《辨明是非》一案。〔註64〕本案發生在南宋理宗嘉熙四年（1240 年），主審法官為葉岩峰。在本案中，韓時覬為韓知丞之侄，韓時宜為韓知丞之子。周蘭姐乃是韓知丞舊時婢女，嘉定二年（1213 年）出韓家而嫁給董三二，其後生董三八，距今已過二十七年。現韓知丞身故。韓時覬供稱，伯父韓知丞於永豐身故，棺柩才送到家，遭遇桑百二、董三八等持刀擁入，搗破門戶，打拆籬障。而周蘭姐主張，其子董三八乃是韓知丞之子，而韓時宜不允許董三八入屋守孝。周蘭姐認為，董三八應「歸宗認產業」，且以韓奶婆作為人證。可見，雙方爭議焦點在於：董三八究竟是否為韓知丞之子，董三八能否歸宗繼承韓知丞遺產。

在 DNA 檢驗技術尚未發明的古代中國，要想證明韓知丞與董三八之間是否存在父子血緣關係，這是非常困難的。因此在當時，司法名公只能繞開

〔註64〕中國社會科學院歷史研究所宋遼金元史研究室點校：《名公書判清明集》卷七《辨明是非》，中華書局 1987 年版，第 239～241 頁。

血緣關係這種生物性事實，來探究制度性事實——別宅子歸宗的身份認定。《宋刑統・戶婚律》「別宅異居男女」條規定，「〔準〕唐天寶六載五月二十四日敕節文：百官、百姓身歿後，稱是別宅異居男女及妻妾等，府縣多有前件訴訟。身在縱不同居，亦合收入本籍。既別居無籍，即明非子息。及加推案，皆有端由，或其母先因奸私，或素是出妻棄妾，苟祈徼倖，利彼資財，遂使真偽難分，官吏惑聽。其百官、百姓身亡之後，稱是在外別生男女及妻妾先不入戶籍者，一切禁斷，輒經府縣陳訴，不須為理，仍量事科決，勒還本居。」可見，根據法律規定，在所論生父已死的情況下，別宅子要想歸宗即確定其與所論生父之間的父子關係，必須滿足一個要求：所論生父生前將別宅子收入本家戶籍。〔註65〕這正是本案的要件事實模型。基於此，葉岩峰指出，「韓知丞不收養董三八於生前，非其子明矣。董三八欲歸宗於韓知丞之死後，其將誰欺乎？」這裡所適用的法律正是以上《宋刑統》所載「身在縱不同居，亦合收入本籍。既別居無籍，即明非子息。」

對於本案來說，《宋刑統・戶婚律》「分異財產」條之規定構成了本案內部證成之預設框架：若董三八為韓知丞之子，則其能夠歸宗繼承韓知丞遺產，反之則不能。隨後，對於此演繹推理所欠缺的案件事實小前提——董三八是否為韓知丞之子，司法官葉岩峰以「別宅異居男女」條之法律規範為大前提對生活事實予以涵攝，進行外部證成，認定董三八並非韓知丞之子。最終將外部證成與內部證成進行銜接，判定「韓時宜自保守韓知丞之業，阿周、董三八妄詞」，即駁回阿周、董三八訴訟請求。

綜上可見，在裁判規範相對確定而案件事實有待證立的情況下，宋代司法名公綜合運用內部證成與外部證成以銜接事實與法律的過程，實際上就是疊加使用演繹推理方法。具體來說，1. 根據裁判規範預設一個（或幾個）內部證成框架，這本身就是使用演繹推理，即以案件事實為小前提，以裁判規範為大前提，得出（可能的）判決路徑；2. 案件事實小前提的證立，則是進

〔註65〕按，本案對於別宅子歸宗身份認定的法律與事實之涵攝方式，在宋代司法中非常普遍。范西堂所判《無證據》（李五冒認饒操為父）一案判詞載：「饒操無子，養應申以為子，倘果有庶出之親子，不自撫育，並母逐去，以嫁其僕李三，非人情也。今李三之子李五，謂其母懷孕而出，以嫁李三，自陳歸宗，何所據而然也。準法：諸別宅之子，其父死而無證據者，官司不許受理。李五生於李三之家，年逾二十，父未嘗以為子，其無證據也決矣。」（范西堂：《無證據》，《清明集》第292～294頁）可見，宋代司法判決在此問題上具有穩定性和可預期性。

一步運用演繹推理進行外部證成，即以生活事實為小前提，以裁判規範為大前提，在事實與規範的循環互動中實現法律規範對生活事實的涵攝，得出案件事實認定結果；3. 最後，將外部證成的案件事實認定結果嵌套入內部證成框架，得出案件的判決結果。

以上梳理充分說明，宋代司法名公對於事實求真與價值向善的訴求及事實問題與法律問題之區分併非僅是停留在一種主觀性追求上，對於確定生活事實與裁判規範之間關係，他們業已形成相當成熟的法學方法。更需要注意的是，宋代司法名公所使用的法學方法中存在著豐富的形式邏輯尤其是演繹推理的思維。儘管並非全部如此，但以上梳理足以證明，那種泛說傳統中國司法不講邏輯的論斷是難以成立的。

三、法與理：宋代司法名公對裁判規範查找和證立困境的應對

上文已提到，在具體法律推理的外部證成中，除了要證立事實小前提，還涉及到法律大前提的查找和證立——司法者應該到哪裏去尋找裁判規範，什麼才是適當的裁判規範，這個過程俗稱「找法」，其所涉及的是現代法理學所謂「法的淵源」理論。[註66] 值得注意的是，在現代法學方法論語境下，無論如何對「法」或「法的淵源」進行定義，有一個問題始終不可迴避，即在具體司法實踐中經常會出現無法找到（合適的）裁判規範的情況，要麼是法律根本沒有規定，要麼是法律規定在適用有現實困難，即存在法律查找困難、規則衝突或法律漏洞。這就是所謂的查找和證立裁判規範的困境，這種案件可以稱之為「疑難案件」。[註67] 事實上，儘管中國古代並沒有建立起學科化的法學方法，也不存在所謂「規則衝突」或「法律漏洞」的術語，但

〔註66〕按，德國法學家魏德士認為，「法的淵源」有廣義狹義之分。廣義上是指「對客觀法產生決定性影響的所有因素」，連法學文獻、行政、法院實踐和國民觀念也包括在內。而狹義上只指向「那些對於法律適用者具有約束力的法規範」。參見（德）魏德士：《法理學》，法律出版社 2005 年版，第 98~99 頁。

〔註67〕舒國瀅、王夏昊、雷磊所著《法學方法論》指出：「對於簡單案件，要件事實重構為案件事實可能會比較順暢地完成等置的過程，但對於疑難案件，等置重構的過程就比較複雜。疑難案件中，對要件事實重構的困難表現在作為重構依據的規範查找的困難和規範漏洞填補的困難，前者主要是指在法律規定相對完善的情況下適用的困難……後者主要是指在法律規定相對不完善的情況下如何『找法』的困難，包括狹義的法律漏洞和法律衝突。」參見舒國瀅、王夏昊、雷磊：《法學方法論》，中國政法大學出版社 2018 年版，第 275 頁。

是基於人類生活情境的相似性，宋代的司法名公同樣會遇到類似的裁判規範證立困境。正是在應對裁判規範證立困境的過程中，宋代司法名公進一步運用了法學方法，施展了高超的法律智慧，同時也一定程度上顯示了其思維的侷限性。

上文提到，關於事實認知與法律推理，宋代司法名公有兩個說法，一是「考察虛實，則憑文書；剖判曲直，則依條法」，二是「民訟各據道理，交易各憑干照」。這就是說，宋代司法裁判的規範依據，或判決結果是否良善正義的標準，既有「條法」也有「道理」。那麼，宋代司法在裁判規範證立過程中，對於「條法」和「道理」的運用是否是恣意妄為的呢？對此，我們必須回歸宋代司法的實際案例，從司法名公對裁判規範證立困境的應對過程來尋求答案。

南宋末人周密所著《齊東野語》一書，乃是宋代史料筆記中的名著。其中有一篇名為「義絕合離」的短文，記載了一個宋理宗時期發生在福建莆田的案件，該案就涉及到裁判規範查找和解釋的問題。由於文字不長，為呈現原始信息，謹錄原文於此：

> 莆田有楊氏，訟其子與婦不孝。官為逮問，則婦之翁為人毆死，楊亦預焉。坐獄未竟，而值覃霈，得不坐。然婦仍在楊氏家。有司以大辟既已該宥，不復問其餘，小民無知，亦安之不以為怪也。其後，父又訟其子及婦。軍判官姚珤以為「雖有仇隙，既仍為婦，則當盡婦禮」，欲併科罪。陳伯玉振孫時以倅攝郡，獨謂：「父子天合，夫婦人合；人合者，恩義有虧則已矣。在法，休離皆許還合，而獨於義絕不許者，蓋謂此類。況兩下相殺，又義絕之尤大者乎！初間，楊罪既脫，合勒其婦休離，有司既失之矣。若楊婦盡禮於舅姑，則為反親事仇，稍有不至，則舅姑反得以不孝罪之矣。當離不離，則是違法。在律，違律為婚，既不成婚，即有相犯，並同凡人。今其婦合比附此條，不合收坐。」時皆服其得法之意焉。按《筆談》所載，壽州有人殺妻之父母兄弟數口。州司以不道，緣坐其妻子。刑曹駁之曰：「毆妻之父母，即為義絕，況身謀殺，不應復坐。」此與前事正相類。凡泥法而不明於理，不可以言法也。〔註68〕

據《宋史翼·陳振孫傳》，陳振孫於寶慶二年（1226），通判興化軍。其後

於端平三年（1236）知台州，兼任浙東提舉。〔註69〕上述案件即發生在陳振孫通判興化軍（莆田）任上，因此可知，其時間應在1226～1236之間。這是本案的基本時空背景。在本案中，公爹楊氏參與毆打兒媳之父，導致兒媳之父死亡。由於當時遇上「覃霈」〔註70〕即大赦，所以公爹未受處罰。其後，公爹又起訴兒子、兒媳不孝。對此情形，本案初審法官興化軍判官姚珤認為，儘管公爹對兒媳有殺父之仇，但二人之間仍然有翁婦名分。因此兒媳對公爹無禮，按律屬於「不孝」，應該科罪處罰。其法律依據可推知為《宋刑統·名例律》「十惡」中所規定的「不孝」罪及《宋刑統·鬥訟律》中的具體規定。〔註71〕依此，則該婦應徒二年。

然而，複審法官興化軍通判陳振孫認為該婦女無罪。他分析指出，公爹毆殺兒媳之父，依法兒媳與夫家已屬「義絕」；既然已經「義絕」，則法官應該強制雙方離異。按照法律，公爹殺人之罪固然可依大赦而免，但義絕勒離並不因大赦而改。雙方義絕之後，婚姻關係歸於消滅，由此翁婦關係也歸於消滅，兩人之間成為「凡人」關係，所謂兒媳對公爹無禮、不孝之事實也就不存在了，該婦女不應受到處罰。由此來看，本案的焦點在於該婦與楊家因婚姻而產生的倫常服紀關係是否存在。

關於夫婦義絕及婚姻存亡問題，據《宋刑統·戶婚律》「義絕和離」條載：毆（殺）妻之祖父母、父母，雖會赦皆為義絕；夫婦義絕，官司必須強制離婚。〔註72〕然而，當時經過大赦，官府對雙方義絕並未作勒離處理。該婦對

〔註69〕（清）陸心源：《宋史翼》卷二九，文苑四，中冊，浙江古籍出版社2017年版，第706～707頁。按，陳振孫係南宋時期著名的藏書家、目錄學家，所撰《直齋書錄解題》一書為目錄學名著。興化軍為宋代與州同級別的地方行政區，轄境在今福建莆田。《齊東野語》記載案件發生在莆田，又稱「陳伯玉振孫時以倅攝郡」，「倅」（cù）為副貳之意，「以倅攝郡」就是以通判（州府二把手）代理州軍事務。因此可知，此案正是發生在陳振孫任興化軍通判期間，即宋理宗寶慶二年（1227年）之後。當然，又在其任台州知府即宋理宗端平三年（1236）之前。

〔註70〕在傳統語境下，「覃霈」即大赦之意。其例可見《容齋隨筆》「多赦長惡」條，參見（宋）洪邁：《容齋隨筆》（中華國學文庫），《容齋三筆》卷十六，中華書局2015年版，第482頁。覃者深厚也，霈者雨澤也，比喻大赦恩澤之深重。

〔註71〕（宋）竇儀：《宋刑統》卷一，名例律，吳翊如點校，中華書局1984年版，第11頁；卷二四，鬥訟律，第369頁。

〔註72〕（宋）竇儀：《宋刑統》卷十四，戶婚律，吳翊如點校，中華書局1984年版，第223頁。

楊翁無禮的事實發生在此之後，案件分歧正是由此產生：若論雙方義絕，名分已亡，則該婦無罪；若說未經勒離，名分尚存，則該婦有罪。究竟該如何處理，律典《刑統》並不能給出直接而明確的答案。然而，這並不意味著當時的國家制定法在此方面完全是空白。

事實上，出臺於寧宗嘉泰二年（1202）的《慶元條法事類》對此情形存在著明確的規定。該法典「諸色犯奸」門下載有「名例敕」兩條曰：「①諸嫁娶應離之、正之若年未及令，（事發時年已及令者，依婚法），而與夫之親、妻之父母相犯及奸，或夫妻相犯，各以凡論。準服紀，罪輕者，計凡人之罪，杖以下依服紀法，徒以上奏裁。②諸犯義絕未經斷離而相犯者及奸者，各論如服紀法，罪至死者，奏裁，準凡人至死者，以凡論。」〔註73〕前已指出，該婦若依「不孝」之法，則應徒二年。根據此處第二條，則雙方雖義絕但名分尚存，如有相犯仍應遵照「服紀法」來加以適用，該婦須處以徒二年之刑。由此來看，軍判官姚珤很可能就是基於這一法律規定而主張追究該婦的不孝之罪。

本案發生於1226～1236之間，當時《慶元條法事類》正在行用之中。陳振孫所著《直齋書錄解題》一書中記載有宰相謝深甫於嘉泰二年所上《嘉泰條法事類》八十卷。〔註74〕據學界通行看法，此所謂《嘉泰條法事類》實即《慶元條法事類》。〔註75〕因此可以推斷，在思考莆田楊氏子婦案時，陳振孫非常清楚《慶元條法事類》的規定。那麼，為什麼陳振孫最終還是堅持為該婦出罪呢？這只能歸結到一點：他認為依此規則推斷出來的結果不合乎道義。

在分析陳振孫的論證過程前，這裡有必要先提及本案記錄者周密的議論。周密指出，本案與沈括《夢溪筆談》所記載的一個案子很相似：北宋壽州有一個人殺妻之父母兄弟數口，州府司法參軍（州司）根據「不道」之法，判處連坐其妻子和子女。此處州司所援引的法條有兩個。其一為《宋刑統·名例律》「十惡」：「殺一家非死罪三人」為「不道」，常赦所不原免，「獄成者，雖

〔註73〕楊一凡、田濤主編，戴建國點校：《中國珍稀法律典籍續編第1冊：慶元條法事類》卷八十，雜門，諸色犯奸，黑龍江人民出版社2002年版，第922頁。
〔註74〕參見（宋）陳振孫：《直齋書錄解題》卷七，法令類，上海古籍出版社1987年版，上冊，第225頁。
〔註75〕參見楊一凡、田濤主編，戴建國點校：《中國珍稀法律典籍續編第1冊：慶元條法事類》卷首，戴建國《點校說明》，黑龍江人民出版社2002年版，第2頁。

會赦猶除名」。其二為《宋刑統‧賊盜律》：「諸殺一家非死罪三人，及支解人者，皆斬；妻、子流二千里。」〔註76〕該案件上報之後，刑部（刑曹）對此進行反駁道：依法，丈夫毆打妻之父母，夫妻雙方即為義絕；此人殺妻之父母兄弟數口，夫妻二人間自然義絕，婚姻關係歸於消滅，則該婦女不應連坐受罰。〔註77〕這兩個案件產生法律適用分歧的原因一樣，都是由於夫妻義絕而未經官勒離。不過，壽州案中刑曹只是強調雙方義絕，而沒有回應經官勒離的該當性問題。而在這方面，陳振孫圍繞經義和法律展開了詳盡的論證，足以發壽州未明之法理。

對於莆田、壽州兩案，周密總結道：「凡泥法而不明於理，不可以言法也。」所謂「明於理」，這是對陳振孫裁判過程的稱讚。而其所謂「泥法」當然就指向了兩個案件中初審法官（壽州州司、興化軍判官姚珏）的裁判方式。州司、姚珏同樣是援法為判，但他們的裁判未能合乎「理」，因此就是拘泥於法律條文。那麼，陳振孫所明之「理」具體指什麼呢？結合陳振孫的裁判過程，可知該「理」字應該包括兩個層面、四個維度的含義。

（1）是實質性的層面，它包含兩個維度：①法律條文之上的儒家義理。「父子天合，夫婦人合；人合者，恩義有虧則已矣。」這就是說，根據儒家倫常名教，父子之義源自先天，夫妻之義起於人為，父子之義當然高於夫妻之義。這種基於父子天性的義理分析為本案的正義探索、法律推理確定了目標基調。②法律條文本身的理，或者說立法原意。立足於父子天性的義理分析，陳振孫還追溯了「義絕勒離」之法的立法原意，「在法，休離皆許還合，而獨於義絕不許者，蓋謂此類。況兩下相殺，又義絕之尤大者乎！」若公爹殺死媳婦之父，法律還要求媳婦孝敬公爹，則顯然違背道德上的常情常理常識。因此，雙方義絕後，無論是否經官勒離，依理其名分都已消亡。正因如此，儘管《慶元條法事類》有「諸犯義絕未經斷離而相犯者及奸者，各論如服紀法」的規定，陳振孫依然認為不可如此裁判，否則就會走向正義、良善的對立面。所謂「時皆服其得法之意」，陳振孫所得者即為立法原意。

（2）是形式性層面，它也包含兩個維度：③運用法律認定案件事實的方

〔註76〕（宋）竇儀：《宋刑統》卷二，名例律，吳翊如點校，中華書局1984年版，第30頁；卷十七，賊盜律，第278頁。
〔註77〕參見（宋）沈括：《夢溪筆談》卷十一，官政一，中華書局2015年版，第111～112頁。

法，以及④當查找裁判規範出現困境時，進行法律漏洞填補或法律續造的方法。概言之，即法律解釋、法律推理的方法。「當離不離，則是違法。在律，違律為婚，既不成婚，即有相犯，並同凡人。今其婦合比附此條，不合收坐。」陳振孫認為，雙方義絕本應勒離而官司未曾勒離，該狀態在事實構成上近似於「違律為婚」。《宋刑統·戶婚律》「違律為婚」條載：「諸違律為婚，當條稱離之、正之者，雖會赦猶離之、正之。」〔註78〕違律為婚者，雖經大赦，婚姻無效；而雙方相犯，視同凡人。在論證了不應「論如服紀法」之後，陳振孫主張「比附」即類推適用「違律為婚」條來判定雙方倫常服紀關係消滅，從而主張該婦無罪。必須看到，他的比附類推實際上是以援引儒學義理、進行價值衡量為前提的。從陳氏的論證過程來看，其中充滿了法學方法論的知性意味和法哲學（法正義論）的價值關懷。

　　《夢溪筆談》所載壽州一案與《齊東野語》所載莆田一案，初審法官在選擇和證立裁判規範過程中都出現了偏差，以致遺漏了重大案件事實——夫妻義絕，而複審法官則能夠在法律規範與生活事實之間找到平衡點。兩個複審法官（刑曹、陳振孫）對兩個初審法官（州司、姚珤）誤判的糾正，既反映了複審法官對於法律內容的熟悉，更體現了他們在法學方法上的高超素養——陳振孫對翁婦關係因義絕而消滅的事實判定、刑曹對婚姻關係因義絕而消滅的事實判定及其最終判決，正是對內部證成與外部證成的綜合運用。

　　這裡周密所指出的「法」與「理」的二元分立及其互動，恰恰可以對前文所提出的問題做一回應：在宋代司法的裁判規範證立過程中，「條法」與「道理」的出場並非毫無章法、恣意妄為的，而是遵循著一定的邏輯。就以上莆田一案而言，儘管陳振孫依據儒家禮義道理對初審判決進行了質疑和譴責，但他並不是假託情理、恣意判斷，而是綜合運用了內部證成與外部證成，以法律涵攝事實而得出結論。可以與之印證的是，在裁判規範相對完善的情況下，儘管《清明集》中的司法名公經常援引所謂「天理」「人情」「情義」「綱常」「禮義」「名分」等話語以及《論語》《禮記》《左傳》《詩經》《公羊傳》等儒家經典來譴責不道德的當事人，但是大多數時候判決結果都是依法律推斷得來，這些「道理」的出場往往是為了佐證「條法」的正當性，對判決結果本身並沒有大的改變。舉前文所分析四個案例來說，《以賣為抵當而取贖》一案

〔註78〕（宋）竇儀：《宋刑統》卷十四，戶婚律，吳翊如點校，中華書局1984年版，第227頁。

所謂「官司亦惟其理而已」〔註79〕，《立繼有據不為戶絕》一案所謂「明其是非，合於人情」〔註80〕，《主佃爭墓地》一案「世降俗薄，名分倒置，禮義凌遲」〔註81〕之譏，《辨明是非》一案「若不從其初而折其萌，何以絕後紛紛之訟」〔註82〕之歎，皆是如此。

必須注意的是，前面我們分析的案件有一個共同點，即裁判規範具有相對完善性。換言之，要麼裁判規範是比較確定而單一的，其重點在於恰當使用涵攝規則，如文章第二節所分析的案件；要麼是裁判規範雖不單一但並不涉及對裁判規範本身的深層質疑，其難點只是在於對裁判規範的廣泛查找和適當解釋，如本節剛剛所分析的案件。然而，在現實司法實踐中，真正具有挑戰性的恰恰是那種連裁判規範本身都陷入危機的「疑難案件」，即找不到相關法律規範或找不到合適的相關法律規範。這種「疑難案件」是超越時空限制的，它同樣曾經挑戰著宋代的司法名公。正是在這些情景裏，周密所提出的「法」與「理」的二元分立及其互動得到了更進一步的應用和凸顯。

首先，這裡以上文梳理「明辨是非」敘事中提到的《女合承分》一案〔註83〕為例，分析一下司法名公對裁判規範的證立過程。本案司法官為范應鈴（西堂），據《宋史》本傳，其舉進士在開禧元年（1205年），故案件發生時間應在此之後的寧宗、理宗時期。〔註84〕在本案中，鄭應辰無親生嗣子，只有兩個女兒鄭孝純、鄭孝德。鄭應辰生前過房而立有一子鄭孝先。鄭應辰遺產豐足，有田三千畝，庫一十座。鄭應辰生前立有遺囑，給兩個女兒每人田一百三十畝、庫一座。鄭孝純、鄭孝德要求依據遺囑分得鄭應辰遺產，鄭孝先對此表示異議。這裡遇到的爭議為「遺囑之是非」，這包括兩個方面：一是遺囑的真假，二是遺囑內容是否恰當。由此，在本案中，司法官同時遭遇了事實

〔註79〕 中國社會科學院歷史研究所宋遼金元史研究室點校：《名公書判清明集》卷六《以賣為抵當而取贖》，中華書局1987年版，第169頁。

〔註80〕 中國社會科學院歷史研究所宋遼金元史研究室點校：《名公書判清明集》卷七《立繼有據不為戶絕》，中華書局1987年版，第215頁。

〔註81〕 中國社會科學院歷史研究所宋遼金元史研究室點校：《名公書判清明集》卷九《主佃爭墓地》，中華書局1987年版，第326頁。

〔註82〕 中國社會科學院歷史研究所宋遼金元史研究室點校：《名公書判清明集》卷七《辨明是非》，中華書局1987年版，第241頁。

〔註83〕 中國社會科學院歷史研究所宋遼金元史研究室點校：《名公書判清明集》卷八《女合承分》，中華書局1987年版，第290～291頁。

〔註84〕 參見（元）脫脫等：《宋史》卷四一○，中華書局1977年版，第35冊，第12344頁。

認知證立的困境與裁判規範證立的困境。

對於遺囑的真假，司法官范應鈴（西堂）並未過多討論，他首先是分析裁判規範證立的問題。對於兩個女兒的繼承資格，范應鈴（西堂）指出，「假使父母無遺囑，亦自當得」。這就是說兩個女兒本來就有繼承資格。結合當時「已嫁承分無明條，未嫁均給有定法」〔註85〕的規定，可推知兩個女兒皆為在室女。其依據在《宋刑統・戶婚律》「分異財產」條：「〔準〕戶令：諸應分者，田宅及財物兄弟均分。妻家所得之財，不在分限。兄弟亡者，子承父分。兄弟俱亡，則諸子均分。其未娶妻者，別與聘財。姑、姊妹在室者，減男聘財之半。」也就是說，兩個在室女依法皆可得到鄭應辰結婚聘財的半數。然而，問題在於，以上「分異財產」條文無法涵攝一些重要事實，即：鄭孝先為立嗣子而鄭孝純、鄭孝德為親生在室女，鄭應辰（可能）給兩女立有繼承之遺囑。

此外，本案裁判還有一個操作性難題。鄭孝先「乃欲掩有，觀其所供，無非刻薄之論」。在判詞信息量有限的情況下，我們有必要推測一下鄭孝先否認遺囑真實性、合理性的主觀原因。據常理推斷，在「未嫁均給有定法」的前提下，鄭孝先應不會是完全否定鄭孝純、鄭孝德的繼承資格，而是認為依遺囑分配二女所得份額太多。判詞雖未顯示鄭孝先是否婚配，但以法推之，若其已然婚配、付過聘財，而二女所得份額超過聘財之半，則鄭孝先定會有所主張。既然沒有此主張，則說明鄭孝先未婚，缺乏聘財比較之標準。〔註86〕因此，即使不存在遺囑，「分異財產」條在本案中也難以適用。

那麼，應該如何應對此種裁判規範證立的困境呢？司法官范應鈴（西堂）援引了兩種規範：一是其他地方的習慣規則、司法判例，二是儒家經典《孟子》與「義利之辨」話語。范應鈴（西堂）指出，「假使父母無遺囑，亦自當得，若以他郡均分之例處之，二女與養子各合受其半」。這就是說，在其他州郡的習慣規則、司法判例中，即使父母無遺囑，養子可得一半，二女可共得一半。據《清明集》中劉克莊（後村）所作《女婿不應中分妻家財產》一判載：「在法：父母已亡，兒女分產，女合得男之半」。〔註87〕可見，當時

〔註85〕中國社會科學院歷史研究所宋遼金元史研究室點校：《名公書判清明集》卷七《立繼有據不為戶絕》，中華書局1987年版，第215頁。

〔註86〕參見柳立言：《南宋的民事裁判：同案同判還是異判》，載《中國社會科學》2012年第8期。

〔註87〕中國社會科學院歷史研究所宋遼金元史研究室點校：《名公書判清明集》卷八《女婿不應中分妻家財產》，中華書局1987年版，第277頁。

別處司法中確有「女合得男之半」的規則。范應鈴（西堂）援引這一規則的目的在於說明，若以「若以他郡均分之例處之」，兩女所得比按遺囑執行還要更多，從而反駁那種認為依遺囑分配二女所得過多的觀點。然而，范應鈴（西堂）並未將此作為裁判規範。原因很可能在於，此規則依然無法無法涵攝男為立繼之子、女（可能）有父給遺囑的事實，而范應鈴（西堂）對此十分重視。

那麼，既然不「以他郡均分之例處之」，又何以要按真實性存疑之遺囑來執行呢？初審法官縣丞認為按遺囑分配二女所得太多，對此范應鈴（西堂）指出，「縣丞所斷，不計其家業之厚薄，分受之多寡，乃徒較其遺囑之是非，義利之去就，卻不思身為養子，承受田畝三千，而所撥不過二百六十，遺囑之是非何必辯也。」所謂「遺囑之是非何必辯」，就是說無論遺囑之真偽，遺囑內容都是顯然恰當的。他說，「二女乃其父之所自出，祖業悉不得以沾其潤，而專以付之過房之人，義利之去就，何所擇也。捨非而從是，此為可以予，可以無予者？設舍利而從義，此為可以取，可以無取者？設今孝先之予，未至傷惠，二女之取，未至傷廉，斷然行之，一見可決。」范應鈴（西堂）援引了《孟子》中的經義並展開了「義利之辯」，認為鄭孝純、鄭孝德作為親生在室女，在跟鄭應辰血緣關係上比立嗣子鄭孝先更親，因此即使不存在這份遺囑（假設遺囑是偽），按照遺囑所立方案給鄭應辰親生兩女分配財產並不過分、不算太多，這正是符合儒家繼絕之道、親親之義的。〔註88〕

反過來，假設遺囑為真，就更應該照鄭應辰所立遺囑方案執行了。事實上，前引《天聖戶絕條貫》中有「若亡人遺囑證驗分明，依遺囑施行」的規定。此案中鄭應辰有女無男，男為立繼之子，雖免於戶絕，但其情形與戶絕僅一線之隔。在此情況下，女有父給遺囑，若比附《天聖戶絕條貫》，即可類推適用「依遺囑施行」之例。此處司法官范應鈴（西堂）雖未如此明言，但其思維推理與此若合符契。范應鈴（西堂）所作《處分孤遺田產》一判載：「準法：諸已絕之家而立繼絕子孫，謂近親尊長命繼者。於絕家財產，若只有在室諸女，即以全戶四分之一給之，若又有歸宗諸女，給五分之一。其在室並

〔註88〕按，《孟子‧離婁下》載：「孟子曰：『可以取，可以無取，取傷廉；可以與，可以無與，與傷惠；可以死，可以無死，死傷勇。』」此處對比幾種「可」與「不可」，意在說明：行為的可或不可，要看行為是否具備必要性，是否符合禮義。范應鈴（西堂）正是在論證「女承分」於義有合。

歸宗女即以所得四分,依戶絕法給之。」〔註89〕此是其人死後命繼且有親生在室女,與《女合承分》一案情況有所不同。但此處的推理就是比附「戶絕法」而行的。由此推論,《女合承分》一案中范應鈴(西堂)判決給兩女「照元遺囑各撥田一百三十畝,日下管業」,就假設遺囑為真的情況而言,很有可能是類推了《天聖戶絕條貫》之規定。

總結《女合承分》一案,在《宋刑統》「分異財產」條、別處「女合得男之半」規則無法有效涵攝生活事實的前提下,本案出現法律漏洞,司法名公范應鈴(西堂)援引儒家經典和禮義來創制或類推出規則,認為在生前立繼且給親生在室女立有財產繼承遺囑的情況下,即使當事人對於遺囑真實性存在爭議,只要遺囑方案合乎道理、不違條法,就應照遺囑方案執行分配。此處對於裁判規範的證立過程,正是屬於外部證成的一部分。按照上文周密所提出的「法」與「理」的二元劃分,《宋刑統》「分異財產」條、別處「女合得男之半」規則屬於「法」,而《孟子》經義與「義利之辯」則自然是「理」。基於對「法」與「理」的理解,依據「道理」也就是本政治文化共同體中所固有的正義觀念和道德信仰對現行「條法」進行適當的調適和發展,正是本案中司法名公對裁判規範證立困境的應對之法。在現代法學中,這種工作被稱之為「法律續造」。〔註90〕

類似於法律無法有效涵攝生活事實,另一種裁判規範證立困境也常見於宋代司法中,即:現有法律規則中對該類生活事實缺乏相關規定,由此根本找不到法律規範。此處舉上文梳理「明辨是非」敘事中提到的《既有曖昧之訟合勒聽離》一案〔註91〕為例。本案司法官為胡穎(石壁),據《宋史》本傳,其舉進士在紹定五年(1229年),其後乃任知平江府、浙西提點刑獄等官,此案應發生在這一時期。〔註92〕在本案中,阿黃為李起宗之兒媳,現今阿黃與李起宗似有「新臺之事」(《詩經》之譏翁婦苟合也),即苟合關係。然而,阿

〔註89〕 中國社會科學院歷史研究所宋遼金元史研究室點校:《名公書判清明集》卷八《處分孤遺田產》,中華書局1987年版,第288頁。

〔註90〕 參見(德)卡爾・拉倫茨:《法學方法論》,陳愛娥譯,商務印書館2003年版,第246~249頁。

〔註91〕 中國社會科學院歷史研究所宋遼金元史研究室點校:《名公書判清明集》卷十《既有曖昧之訟合勒聽離》,中華書局1987年版,第388~389頁。

〔註92〕 參見(元)脫脫等:《宋史》卷四一六,中華書局1977年版,第36冊,第12478~12479頁。

黃之夫不願與阿黃分離。據《宋刑統·戶婚律》「義絕和離」，「與夫緦麻以上親若妻母奸，及欲害夫者，雖會赦皆為義絕。」又「諸犯義絕者離之，違者，徒一年。」若阿黃與李起宗確實婦翁苟合，則阿黃與夫當然應該離異，且阿黃與李起宗皆應定罪處罰。然而，本案中婦翁苟合缺乏實證。據《慶元條法事類》載：「諸色犯奸，從夫捕。」〔註93〕可見，依法必須丈夫親自捉姦成雙，方能證明姦情事實。〔註94〕本案中自然不可能有這一證據環節，而阿黃與李起宗又都沒有確實的供述。為免造成冤獄，胡穎（石壁）不願使用刑訊逼供手段，因此本案姦情不能坐實。

此案與《女合承分》一案的差別在於，後者只是法律無法完全涵攝生活事實，通過引述道理可以來創制或類推出規則，而前者則完全找不到相關裁判規範，法律對於翁婦曖昧緋聞之類是沒有規定的。儘管如此，在古代中國重視倫常綱紀的文化氛圍下，對於此種曖昧情狀司法官是不可能熟視無睹的，更不能以法無規定為理由而不加裁判。面對此裁判規範證立困境，胡穎（石壁）指出，「尊卑之間反且如此，縱無此事，亦難復合。子甚宜其妻，父母不說，出，此禮經之所以垂訓萬世者也。阿黃之不見說於舅必矣，其夫婦雖欲偕老，其可得乎？合勒聽離，黃九二將女別行改嫁，李起宗免根究。」在這裡，司法官引述《禮記·內則》所謂「子甚宜其妻，父母不說，出」，將其證立為裁判規範，同時認定經此訟難李起宗必然厭惡阿黃，翁婦之義難以修復，由此判令阿黃與其夫離異，而刑事罪責因疑開釋。可見，胡穎（石壁）跟范應鈴（西堂）一樣，也是以「理」濟「法」，實現「法的續造」。

此外，在以上兩種情形之外，宋代司法中還有一種裁判規範證立困境，即：現有法律規則雖足以涵攝生活事實，但（司法官認為）依現有法律規則來裁決會導致不正義的後果。這裡舉上文梳理「明辨是非」敘事中提到的《匿名榜連黏曉諭》《爭山各執是非當參旁證》兩個案件為例。由於案件眾多，這裡只分析其中規範衝突之處。

在《爭山各執是非當參旁證》一案中，曾子晦與范僧訴訟爭山地，對交

〔註93〕參見楊一凡、田濤主編：《中國珍稀法律典籍續編第一冊：慶元條法事類》卷八十，離門·諸色犯奸·捕亡敕，黑龍江人民出版社 2002 年版，第 921 頁。
〔註94〕按，《爭業以奸事蓋其妻》一判載：「爭奸當論蹤跡虛實」，「奸從夫捕，當究其實」，即是此意。參見中國社會科學院歷史研究所宋遼金元史研究室點校：《名公書判清明集》卷六《爭業以奸事蓋其妻》，中華書局 1987 年版，第 180～181 頁。

易契約之真實性及內容存在爭議，然而其所爭之地交易立契在嘉定二年（1209年），投稅在紹定二年（1229年），至訴訟時早已過了二十年。司法官指出，「在法：典賣過二十年（下有闕文），錢主俱存，而兩詞柄鑿如此，況書契之人並無一存，可以為證」，「本廳既難根究，何緣可得實情，故未免令兩家在外和對」。這裡引用的法律條文在《清明集》判詞中曾反覆出現，如《吳蕭吳鎔吳檜互爭田產》一判，「準法：諸理訴田宅，而契要不明，過二十年，錢主或業主死者，官司不得受理」〔註95〕。可見，依法官府不應該受理本案。但是，司法官認為，如果不加干涉，則雙方將纏鬥不休，以致兩敗俱傷且擾亂官府。因此，他援引《左傳》所記載的「鄭、息之勢」與《史記》所記載的「虞、芮之成」兩個典故，來說明纏鬥不休的弊端與盡早息訟的好處，從而論證官府介入的必要性：「今兩家既堅執所長，當職只得從公區處」。〔註96〕最終判定由官府進一步調查取證，加以裁決。

在《匿名榜連黏曉諭》一案中，縣中有人張貼匿名榜，說知縣翁甫（浩堂）為人通關節而收受賄賂。此匿名榜為衙役所獲，呈給知縣翁浩堂。在書判中，翁甫（浩堂）聲明自己並無收受賄賂之事，並下令將匿名榜原件連同這份聲明一起張貼出去，以示付諸公議。據《宋刑統·鬥訟律》「投匿名書告人罪」條：「諸投匿名書告人罪者，流二千里。」又據《宋刑統·鬥訟律》「誣告本屬刺史縣令」條：「諸誣告本屬府主、刺史、縣令者，加所誣罪二等。」收受賄賂屬於「受所監臨贓」罪，據《宋刑統·職制律》「受所監臨贓」條載：「諸監臨之官受所監臨財物者，一尺笞四十，一疋加一等，八疋徒一年，八疋加一等，五十疋流二千里。與者，減五等，罪止杖一百。乞取者，加一等。強乞取者，準枉法論。」可見，依法若查明有人誣告本屬州縣官長貪污，則最高可反坐流三千里。然而，對於投匿名書之人，翁浩堂並未追查，也沒有適用以上法律對其加以懲罰，而是根據儒家經義對投匿名書之人表示感激以及

<hr />

〔註95〕參見中國社會科學院歷史研究所宋遼金元史研究室點校：《名公書判清明集》卷四《吳蕭吳鎔吳檜互爭田產》，中華書局1987年版，第111頁。又如，方秋崖《契約不明錢主或業主亡者不應受理》一判，「在法：契要不明，過二十年，錢主或業主亡者，不得受理。此蓋兩條也。謂如過二十年不得受理，以其久而無詞也，此一條也。而世人引法，並二者以為一，失法意矣！」參見中國社會科學院歷史研究所宋遼金元史研究室點校：《名公書判清明集》卷四《契約不明錢主或業主亡者不應受理》，中華書局1987年版，第132頁。

〔註96〕中國社會科學院歷史研究所宋遼金元史研究室點校：《名公書判清明集》卷五《爭山各執是非當參旁證》，中華書局1987年版，第160～162頁。

批評。他指出，「孔聖有言：某也幸，苟有過，人必知之。俗諺亦云：道吾惡者是吾師。」「子曰：『丘也幸，苟有過，人必知之』出自《論語・述而》。這是感謝投書之人的監督警醒。同時又指出，「所可恨者，不劄以指陳，乃匿名而標貼，則恐非古人忠厚意耳。」〔註97〕

在以上三個案件中，現有法律規則本來都足以涵攝生活事實，但司法官認為，依現有法律規則來裁決會導致不正義的後果。因此，他們依據儒家經義或禮義來證明，繞過現行法律規定是符合正義的。從這個意義上來說，幾位司法名公的做法都是屬於以「理」濟「法」而謀求裁判規範的證立。而且他們在放棄適用現行法律的時候，都進行了說理論證，這體現了他們的慎重。他們之所以做出以上判決，其基本理由都可以歸結為：因為「法」與「理」出現了衝突，所以捨「法」而從「理」。這或許類似於今天法學語境中法律規則與法律原則的衝突。然而，問題的關鍵在於，任何一項具體的「法」背後都存在某種「理」，「法」與「理」的衝突本質上還是此「理」與彼「理」的衝突。換言之，在此種裁判規範證立困境下，司法名公的任務實際上是在個案之中把不同「理」所代表的利益、價值進行衡量。儘管當時衡量工作的價值參考系具有一定的範圍穩定性，但是個人偏好因素也是難以完全排除的。由此，其在裁判規範證立方法上也就存在著主觀性危機。

具體來說，《爭山各執是非當參旁證》一案的衡量工作有助於個案中交易秩序的穩定和恢復，但其負面影響在於，很有可能使好訟之徒無視「理訴田宅，而契要不明」之法條，從而誘發民間田土爭訟的爆炸，增加官府的聽訟負擔。《匿名榜連黏曉諭》一案的衡量工作也存在相同的問題，儘管司法名公通過寬容行為人表現了自身謙謙君子、廣納諫言的形象，但它也使《宋刑統》「投匿名書告人罪」和「誣告本屬刺史縣令」兩條成為具文。同一個行為，依法最高可被反坐流三千里，依理卻批評了事，這顯然是挑戰常識的。總之，在這兩個案子中，儘管司法名公確實對選擇捨「法」從「理」進行了論證，但這種論證的充分性是存疑的。如果說立法本身有問題，那麼就應該廢除或修改立法。這當然並非司法名公能力所及的。然而，若為了個案的正義而輕易捨「法」從「理」，使得司法與立法產生對立，這對於法制權威性也必將造成

〔註97〕參見中國社會科學院歷史研究所宋遼金元史研究室點校：《名公書判清明集》卷十四《匿名榜連黏曉諭》，中華書局 1987 年版，第 550〜551 頁。

損害。正是在此種「法」與「理」的衝突情形中，我們看到了宋代司法名公在裁判規範證立過程中所遇到的兩難困境。事實上，這種困境的克服有賴於司法職業共同體的溝通交流和達成共識，有賴於在漫長歲月中進行經驗的沉澱，接受理性的反思。更何況，這種兩難困境是超越中西古今的，今人對此問題的應對辦法也遠遠談不上圓滿，又怎能苛責古人。

　　總的來說，在法律大前提的查找和證立上，宋代司法名公直面各種困境，其應對辦法就是在「法」與「理」之間進行劃分和勾連。他們意識到，要想找到適當的裁判規範，不僅要關注「法」，還要重視「理」。所謂的「理」，一方面是指具體法律條文之外的社會道德倫理和國家秩序原理，重視「理」就是要求法律推理的結果不能違背本政治文化共同體中所固有的正義觀念和道德信仰。在此語境下，從司法目標來看，「法」與「理」的衝突就是依法裁判與個案正義的衝突。從裁判規範證立困境之應對來說，「理」可以作為補充和續造「法」的資源。正是基於這個原理，社會公認的某些事理、規則（如交易習慣）才能成為裁判的規範性依據。另一方面，「理」是指以法律涵攝事實、運用法律解釋、證立裁判規範的方法規則，重視「理」就是要求：依據「道理」對現行「條法」進行適當的調適和發展也應遵循一定的規則，即綜合運用內部證成與外部證成、追求「法」（依法裁判）與「理」（個案正義）的協調。這種「法」與「理」的二元互動顯示了宋代名公在司法活動上的「法理」自覺，凸顯了宋代在中國法學方法發展史上的特殊地位。

四、何種法理：理學視野下的宋代司法傳統

　　歸根結底，宋代司法名公在司法活動上的「法理」自覺，實際上反映了他們在生活事實與裁判規範之銜接以及裁判規範之證立上的高超法律素養。那麼，應該如何看待宋代司法名公之「法理」自覺在中國歷史上的地位呢？這種「法理」自覺出現於宋代的基礎又何在呢？對此，今人有必要從知識史的角度作一番梳理和反思。

　　應該看到，中國歷史上很早就出現了對於「法理」的重視。《漢書·宣帝紀》載：「孝宣之治，信賞必罰，綜覈名實，政事、文學、法理之士咸精其能」。〔註98〕這裡以「法理」與「政事」、「文學」並列，是指漢宣帝時有很多懂法曉律官員。儘管今天仍然能夠看到漢代的一些案例，但是當時的司法話語中

─────────────

〔註98〕參見（漢）班固：《漢書》卷八，第 1 冊，中華書局 1962 年版，第 275 頁。

並沒有使用到「法理」一詞（或「法」與「理」）。〔註 99〕魏晉是中國立法和法學發展的重要時期。據《通典・刑法》載：「東晉元帝為丞相，在江東承制。時百度草創，議斷不循法，人立異議，高下無狀。主簿熊遠奏曰：『自軍興以來，臨事改制，朝作夕改，至於主者不敢任法，每輒關諮，委之大官，非為政之體。……凡為駁議者，若違律令節度，當合經傳及前比故事，不得任情以破成法。愚謂宜令錄事更立條制，諸立議者皆當引律令經傳，不得直以情言，無所依準，以虧舊典也。』」〔註 100〕這裡提出議事判斷「當引律令經傳」，並且注意到「律令」與「經傳及前比故事」的二元關係，可以說已經具備了「法」與「理」二元互動的雛形，但當時「帝以權宜從事，尚未能從」，也就是說僅僅停留於個人觀念層面，並未付諸普遍的制度性實踐。〔註 101〕至於唐代，主要是在立法層面上總結魏晉南北朝時期的成果，在司法方法上並無更大的突破。

正是到了宋代，士大夫在事實認定、規範證成上才出現了高度的方法自覺，並且將這種方法廣泛運用到司法實踐之中，形成了偉大的時代洪流，這主要反映在前文所梳理的三點上：一是兼具事實求真與價值向善的訴求，自覺劃分事實問題與法律問題，二是在事實與法律的銜接上綜合運用內部證成與外部證成，三是通過「法」與「理」的二元互動來應對裁判規範查找和證立的困境。宋代士大夫之所以能在法律素養上實現這種質的突破，其根源在於當時社會的經濟政治背景，即「私有制深入發展下社會物質利益的多元化」〔註 102〕，以及兩宋歷代君臣重視法律、以法治國的時代風氣〔註 103〕。這種背景正是宋代士大夫廣泛參與司法實踐，運用法律智慧、發展法學方法的社會基礎。

〔註 99〕 參見陳景良：《宋代「法官」、「司法」和「法理」考略——兼論宋代司法傳統及其歷史轉型》，載《法商研究》2006 年第 1 期。

〔註 100〕 參見（唐）杜佑：《通典》卷一六四，刑法二，第 10 冊，中華書局 2016 年版，第 4207 頁。

〔註 101〕 按，「律令」與「經傳及前比故事」的二元關係在漢代「春秋決獄」中實際上已有所體現。但這畢竟不是普遍的制度性實踐，也沒有進入到「法」與「理」的二元互動這種抽象思維層次上。

〔註 102〕 參見陳景良：《宋代「法官」、「司法」和「法理」考略——兼論宋代司法傳統及其歷史轉型》，載《法商研究》2006 年第 1 期。

〔註 103〕 參見陳景良：《試論宋代士大夫的法律觀念》，載《法學研究》1998 年第 4 期；《兩宋皇帝法律思想論略》，載《南京大學法律評論》1998 年第 2 期。

　　此外，如果從價值觀念和思維方法來考察，宋代司法名公「法理」自覺的核心就在於「法」與「理」的二元互動，而談到這個「理」字，我們就不能不提到宋代的理學。據柳立言先生的研究，《清明集》中的許多司法名公都有著理學背景，要麼直接是理學宗派中人，如真德秀（西山）、劉克莊（後村）、吳革（恕齋）、蔡杭（久軒）等人，要麼是與理學中人有著交誼關係（同僚或朋友），如范應鈴（西堂）、胡穎（石壁）、翁甫（浩堂）、吳勢卿（雨岩）等人。〔註104〕這種考證的意義非常重大，有助於我們理解宋代司法名公「法理」自覺的知識背景。上文將「法理」之「理」歸結為兩點，即認定事實、證立規範的方法規則以及法律條文之外的社會道德倫理和國家秩序原理，實際上這兩點正對應著本文開頭所梳理「明辨是非」敘事的兩種訴求——事實求真與價值向善。而回看前文所梳理的 27 份有「明辨是非」敘事之書判，真德秀（3篇）、劉克莊（1 篇）、吳革（3 篇）、吳勢卿（1 篇）、范應鈴（1 篇）、胡穎（4篇）、翁甫（1 篇）七人全部位列其中，這一現象自非偶然，而且恰恰暗示了宋代司法名公之「法理」自覺與理學在思維方法和價值體系上的某種關聯。

　　那麼，如何尋找解釋的切入點呢？在整部《清明集》中，位於卷首的真德秀勸諭書判具有綱領性作用〔註105〕，統攝全書意旨；據《宋元學案》說，真德秀之學出於「考亭」（朱熹之別號），真氏在南宋孝宗年間之後被視為繼承朱熹學脈的「正學大宗」。〔註106〕此外，以上其他有理學背景的司法名公也與朱熹存在著緊密聯繫，如：劉克莊為真德秀之弟子，恪守並弘揚朱熹的思想，真氏為吳革著述作序且稱吳革之號「恕齋」得自於朱熹，蔡杭之父蔡沈為朱熹門人。〔註107〕有鑑於此，立足於朱熹這個宋代理學「集大成」〔註108〕之人的思想，從中探究宋代司法名公「法理」自覺與理學的關聯性，乃是

〔註104〕 參見柳立言：《「天理」在南宋審判中的作用》，載《歷史語言研究所集刊》第八十四本第二分（2013 年），第 277～328 頁。

〔註105〕 參見中國社會科學院歷史研究所宋遼金元研究室點校：《名公書判清明集》附錄七，陳智超《宋史研究的珍貴史料——明刻本〈名公書判清明集〉介紹》，中華書局 1987 年版，第 664 頁。

〔註106〕 參見（清）黃宗羲、全祖望：《宋元學案》卷八一，第 4 冊，中華書局 1986年版，第 2696 頁。

〔註107〕 參見柳立言：《「天理」在南宋審判中的作用》，載《歷史語言研究所集刊》第八十四本第二分（2013 年），第 280 頁。

〔註108〕 參見錢穆：《朱子學提綱》，生活・讀書・新知三聯書店 2014 年版，第 23～36 頁。

一個必要且可行的考察視角。事實上，正是在朱熹這裡，宋代司法的「明辨是非」敘事及其兼顧事實求真與價值向善的訴求都可以找到思維方法和價值體系上的依據。

以《朱子語類》一書為例，其中記載了許多朱熹關於明辨「是非」的主張。他說，「若事物之來，當辨別一個是非」〔註 109〕，即指出要辨別「事物」之「是非」。那麼，什麼是「辨別是非」呢？「問：致知莫只是致察否？曰：如讀書而求其義，處事而求其當，接物存心察其是非、邪正，皆是也。」〔註110〕可見，在朱熹看來，「是非」與「邪正」是相關聯的，辨別「是非」乃是一種認知活動，其目標在於以認知追求正義與良善。那麼，何為「是非」，正義與良善的標準何在呢？他說，「日用之間，禮者便是，非禮者便不是。」〔註111〕又說，「一言一語，一動一作，一坐一立，一飲一食，都有是非。是底便是天理，非底便是人慾。」〔註 112〕可見，「是非」的標準在於「禮」或「天理」，也就是儒家所主張的社會道德倫理和國家秩序原理。對於求取「是非」之「理」的辦法，他指出，「格物二字最好。物，謂事物也。須窮極事物之理到盡處，便有一個是，一個非，是底便行，非底便不行。凡自家身心上，皆須體驗得一個是非。」〔註113〕這就是說，要想實現正義與良善，必須與具體真實的事物相接觸，必須使自我對事物的認知（體驗）合乎真實。綜上可見，朱熹已經認識到，價值的向善必須以事實認知的求真為前提。所謂「窮極事物之理到盡處」以明辨「是非」，其中就包含著事實求真與價值向善的劃分和綜合。在此視野下，胡穎（石壁）提出「考察虛實，則憑文書；剖判曲直，則依條法」，實現司法活動中事實問題與法律問題之自覺劃分，其中顯然就有朱熹理學「辨別是非」思想的痕跡。

就思維方法而言，朱熹曾經在讀書治學與司法斷獄的關係上進行了深入

〔註 109〕 （宋）黎靖德編：《朱子語類》卷十二，第 1 冊，王星賢點校，中華書局 1986
　　　　　年版，第 216 頁。

〔註 110〕 （宋）黎靖德編：《朱子語類》卷十五，第 1 冊，王星賢點校，中華書局 1986
　　　　　年版，第 283 頁。

〔註 111〕 （宋）黎靖德編：《朱子語類》卷三三，第 3 冊，王星賢點校，中華書局 1986
　　　　　年版，第 833 頁。

〔註 112〕 （宋）黎靖德編：《朱子語類》卷三八，第 3 冊，王星賢點校，中華書局 1986
　　　　　年版，第 1004 頁。

〔註 113〕 （宋）黎靖德編：《朱子語類》卷十五，第 1 冊，王星賢點校，中華書局 1986
　　　　　年版，第 284 頁。

的闡述，對後世的考據學問產生了深遠影響。〔註 114〕他說：「須是一棒一條痕！一摑一掌血！看人文字，要當如此，豈可忽略！看文字，須是如猛將用兵，直是鏖戰一陣；如酷吏治獄，直是推勘到底，決是不恕他，方得。看文字，正如酷吏之用法深刻，都沒人情，直要做到底。若只恁地等閒看過了，有甚滋味！大凡文字有未曉處，須下死工夫，直要見得道理是自家底，方住。看文字如捉賊，須知道盜發處，自一文以上贓罪情節，都要勘出。若只描摸個大綱，縱使知道此人是賊，卻不知何處做賊。」〔註 115〕就其本意而言，朱熹是為了強調讀書應如司法斷獄一般嚴謹，不可輕忽。但若就此考察其對司法斷獄的態度，則可看出，其所謂「酷吏治獄」並非主張枉法用刑，而是強調司法者不可枉顧案件事實，要重視證據的搜集與考察以證成事實。《清明集》中的司法名公立足於事實求真的訴求，普遍主張事實認定必須憑藉證據，這與朱熹重證據實的思想也是一脈相承的。

在談到「辨別是非」之價值標準時，朱熹曾說到，「凡讀書，先須曉得他底言詞了，然後看其說於理當否。當於理則是，背於理則非。」〔註 116〕先使對事物的認知合乎真實，而後再以「理」來判斷事物是否正當，這雖是講讀書之道，但卻反映了朱熹的思維方法和價值追求。眾所周知，這裡說的「理」是朱熹理學的核心概念，其含義是非常廣泛的，上到宇宙本源，下到人倫日用，乃是宇宙自然秩序與人道文明秩序的統一。在朱熹理學的價值體系下，「理」具有最高的秩序位階，所謂「未有天地之先，畢竟也只是理；有此理，便有此天地；若無此理，便無此天地、無人無物，都無該載了」〔註 117〕。「理」是天地、人、物存在的基礎，朱熹對於「理」的此種定義為（理學所主張的）社會道德倫理、國家秩序原理參與人間法秩序的建構提供了「說理」的平臺。司法活動就是這樣一種「說理」。宋代司法名公在遇到裁判規範查找和證立困境的時候，往往在「法」與「理」的二元互動中謀求對法律的妥善解釋和續造，追求條法與社會道德倫理、國家秩序原理（道理）的平衡。這種訴諸於

〔註 114〕 參見張世明：《「治史如斷獄」——歷史考據學與律學淵源的知識史考察》，載《光明日報》2015 年 3 月 25 日（理論週刊·史學）。

〔註 115〕 （宋）黎靖德編：《朱子語類》卷十，第 1 冊，王星賢點校，中華書局 1986 年版，第 164 頁。

〔註 116〕 （宋）黎靖德編：《朱子語類》卷十一，第 1 冊，王星賢點校，中華書局 1986 年版，第 185 頁。

〔註 117〕 （宋）黎靖德編：《朱子語類》卷一，第 1 冊，王星賢點校，中華書局 1986 年版，第 1 頁。

「理」、以「理」濟「法」的思維方式，一定程度上反映了理學發展所帶來的重「理」、講「理」的時代風氣，也體現了宋代司法對於理學思維的應用。

基於以上梳理可見，宋代司法對於事實求真與價值向善的兼顧、在「法」與「理」的二元互動中論證說理，這很大程度上源自於理學在思維方法與價值體系上的滋養。可以說，正是由於理學的發展及其在司法官員之中的傳播、運用，才促使宋代法官，特別是南宋司法名公在廣泛參與司法實踐的基礎上，運用法律智慧、發展法學方法，並在事實認定、規範證成上實現方法的自覺。應該注意到，理學對宋代司法的影響並非單純是一種道德話語的滲透，更重要的是一種知識、一種方法，即將事實求真與價值向善關聯起來的知識或方法——其關注的核心問題是，如何立足於事實求真來實現價值向善。

朱熹說，「孟子曰：『是非之心，智也。』才知得是而愛，非而惡，便交過仁義去了。」〔註118〕可見，理學在講「仁」（「德」）的同時也是講「智」的；「仁義」之實現當然是目的，但為了達此目的必須首先辨別事理之是非，使自己對事物的認知合乎真實。換言之，道德的實現（價值向善）要以智慧、知識（事實求真）為前提，反過來，智慧、知識也應服務於道德的實現。這就顯示，理學之中並非只有道德理性，其中實際上包蘊著深厚的知識理性因素。由此，在理學視野下來反思宋代司法傳統，問題的實質就在於：宋代司法在事實認知與法律推理中呈現出何種知識樣態，具有何種內在理路，此種樣態、理路跟理學有何種關係。就此而言，本文只是一個初步的工作。理學視野下的宋代司法傳統，仍然有待於學界同仁進一步關注和研究。

〔註118〕（宋）黎靖德編：《朱子語類》卷十七，第 2 冊，王星賢點校，中華書局 1986 年版，第 374 頁。

給斷由：南宋婚田訴訟中司法公正的制度保障〔註1〕

　　近代學人陳寅恪先生說：「華夏民族之文化，歷數千載之演進，造極於趙宋之世。」〔註2〕對於這一點，人們往往從經濟的繁榮、城市的興盛、政治的開明、文學藝術和思想的璀璨來理解，而忽視了法制及司法的維度。實際上，宋代是中國法制史上的重要時期，其法制建設和司法活動取得了巨大的成就。宋代建國之初，太祖太宗有鑒於五代十國時期軍閥擅政、恣意用法的弊病，強調重視刑獄、公正司法。宋太宗曾說，「朕以庶政之中獄訟為切。欽恤之意，何嘗暫忘。」〔註3〕在這樣的立國背景下，兩宋三百年歷代統治者重視法律、以法治國，並注意從儒家知識分子之中選拔司法官吏，且皆以律書試判，即進行司法考試，這極大地提高了士大夫官員的法律素養。到了南宋時期，統治者進一步提出了「執政者務以民事為急」的司法理念，對於有關婚姻、田宅的案件給予了高度的關注，地方司法官員廣泛參與解決民間的婚姻、田宅爭訟（簡稱「婚田訴訟」，類似於今日所謂「民事案件」），由此留下了中國歷史上第一個民間婚田訴訟判例集——《名公書判清明集》（下簡稱《清明集》）。正是基於老百姓對於以司法機制解決婚田訴訟的現實需求，南宋時期誕生了一個保障婚田訴訟之司法公正的制度——給斷由。

〔註1〕本文原載於《人民論壇》2020年第21期。

〔註2〕陳寅恪：《鄧廣銘宋史職官志考證序》，載氏著《金明館叢稿二編》，生活·讀書·新知三聯書店2001年版，第277頁。

〔註3〕（清）徐松：《宋會要輯稿》刑法三，第14冊，劉琳等校點，上海古籍出版社2014年版，第8511頁。

一、斷由的誕生及其在南宋婚田訴訟中的證信作用

那麼，什麼是斷由，為何要給斷由，給斷由制度是如何生成的呢？據《建炎以來繫年要錄》記載，給斷由制度首創於南宋高宗紹興二十二年（公元 1153 年）。當時右諫議大夫林大鼐向皇帝進言道，各地方多有好訟之人，在縣、州以及路一級轉運使司、提刑司（監司）尚未定案的情況下，經常不遵循訴訟管轄之規定，越級上控到中央，引起司法秩序的混亂，因此他提出，今後凡處理婚田、差役之類的案件，在具結定案的時候必須給雙方當事人各一份稱之為「斷由」的文件。首先，「官司須具情與法敘述定奪因依」，即初審官府須在斷由上面記載三方面內容：案件事實（情）、適用的法條（法）、斷案理由（定奪因依）。其次，「人給一本，厥有翻異，仰繳所結斷由於狀首，不然不受理」，就是說在不服原判、向上申訴的過程中，當事人必須將初審所給斷由附於狀首，否則將不予受理。其三，林大鼐認為，有了斷由，能夠「使官司得以參照批判，不失輕重，而小人之情狀不可掩矣」，由此實現「戶婚訟簡，臺省事稀」，即簡化民訟解決機制、消除政府工作壓力的目的。對此立法建議，宋高宗予以認可並詔旨頒行，由此給斷由開始形成為一項制度。〔註4〕

事實上，給斷由作為一項制度在南宋時期經歷了一個由初創到發展再到完善的過程。據《宋會要輯稿》記載，在高宗朝之後，南宋朝廷不斷頒布詔令，嚴禁斷案不給斷由。如孝宗乾道七年（公元 1171 年）有臣僚建議，「今後遇有理斷，並仰出給斷由，如違，官吏取旨斷遣」。孝宗下詔從之。光宗紹熙元年（公元 1190 年）詔從臣僚建議：監司、州縣在今後的民訟具結後，要「當廳出給斷由」；對於那些不肯出給斷由的司法官員，允許人戶越訴，即「徑直上司陳理」，上司不得以無斷由為由而拒絕受理；同時，上級司法機構要向原審機構調閱斷由，對於不肯繳納斷由、「顯有情弊」的官司，上司應將「承行人吏，重行斷決」。〔註5〕

此後，寧宗時期數次下詔旨對於斷由的發放時間進行了規範。寧宗慶元三年（公元 1197 年），有臣僚建議民訟案件在具結後三日之內，相關官司必須發放斷由，若超過期限而未發放，人戶可以向上級官司陳訴。寧宗嘉定五

〔註4〕參見（宋）李心傳：《建炎以來繫年要錄》卷一六三，第 7 冊，上海古籍出版社 2018 年版，第 2817 頁。

〔註5〕（清）徐松：《宋會要輯稿》刑法三，第 14 冊，劉琳等校點，上海古籍出版社 2014 年版，第 8410 頁，第 8412 頁。

年（公元 1212 年），有臣僚再次建議，州縣、監司受理民訟要及時具結，「已結絕即與出給斷由」。嘉定十二年（公元 1219 年），有臣僚建議，要令監司加強對州縣民訟及時具結和發放斷由的監督。對於以上建議，寧宗均下詔從之。〔註6〕

綜上可知，所謂「斷由」就是南宋高宗紹興二十二年（公元 1153 年）詔旨所規定的，各級官府（從縣到州府、路）裁斷婚田債負與租賦徭役案件的結案文書，其內容包括三個方面：案件事實、適用的法條、斷案理由；而給斷由，則是南宋朝廷為規範婚田訴訟審理而設置的、自高宗以來歷孝宗、光宗直至寧宗時期不斷發展完善的一項司法制度。那麼，南宋時期要求官府在婚田訴訟結案時發給當事人「斷由」，其深層原因究竟何在呢？換言之，什麼是給斷由制度誕生的現實根源？

歸根結底，其原因有三：

1. 南宋時婚田訴訟糾紛日益繁多。據《宋會要輯稿》記載，當時「訟牒紛紜，至有一二十年不決者」。〔註7〕這勢必給官府造成壓力，也嚴重影響了宋代的司法秩序。

2. 南宋司法官員對於細民之苦飽含同情心理，對於審判本身可能存在失誤、不公有著充分反省。《清明集》中范應鈴曾指出，鄉民纏訟有可能是因為「失在官府」，所以為便於錯案的糾正和正義的恢復，發給當事人斷由文書也是應有之義。〔註8〕

3. 宋代民事訴訟中沒有今天這樣的嚴格終審制度，因此當事人在經縣一級初審之後，可以向州、路級監司、中央御史臺戶部等逐級申訴。這樣的制度本身就為纏訟者提供了方便，若是初審者不在審結案件後，給當事人一個法律文書，說明理由與案情，以後案件上控從州至路，再到中央的覆核審理，就難免成為一筆糊塗帳。故此，發給當事人斷由，也是為了方便上級官府的複審，以使之有案可據，有理可依。同時，發放斷由可使當事人對於田宅交易以及糾紛審理達成穩定的結果預期。

〔註6〕（清）徐松：《宋會要輯稿》刑法三，第 14 冊，劉琳等校點，上海古籍出版社 2014 年版，第 8412 頁，第 8414～8415 頁。

〔註7〕（清）徐松：《宋會要輯稿》刑法三，第 14 冊，劉琳等校點，上海古籍出版社 2014 年版，第 8408 頁。

〔註8〕參見中國社會科學院歷史研究所宋遼金元史研究室點校：《名公書判清明集》卷四《漕司送下互爭田產》，中華書局 1987 年版，第 120 頁。

　　總而言之，南宋時期出現的「斷由」作為婚田訴訟結案的法律文書，它記載了基本案情、判決適用的法律條文與法官的推理過程、判決理由。它既是司法官員的審判記錄，又是一種供上級法官複審案件的憑據，還是當事人持有得以證明其財產權益的證明文書，對案件判決結果的真實與否、公平與否具有強大的司法證信作用。

二、給斷由：保障婚田訴訟司法公正的制度及其運作方式

　　實際上，斷由之司法證信作用與給斷由制度本身正是一體兩面、相為表裏的，給斷由本質是南宋婚田訴訟中司法公正的制度保障。無論斷由是否被當事人拿去提起上訴，給斷由制度的存在及統治者對其運作機制的維護本身就說明，南宋民眾在婚田訴訟中的利益被給予了高度的重視和謹慎的對待。正是在這種制度化的重視和謹慎中，南宋民眾的利益訴求不僅得到了實質性的照顧，而且得到了程序性的安頓——如果當事人不服，可用「斷由」為據向上級司法機關申訴，這正是對當事人訴權的承認和保障。這恰恰反映了南宋司法在程序理性上的高度自覺，反映了南宋在保障民事司法公正方面的劃時代進步。

　　那麼，給斷由制度在具體司法實踐當中究竟是如何運作的呢？又是否確實發揮過維護司法公正的作用呢？對此，必須回歸南宋司法的實際語境和真實案例當中來認知。在《全宋文》當中，時任臨湘縣令的王炎（1137～1218）留下了一篇向上級轉運使司（孫漕）彙報審理民訟心得的書信，其中就談到了斷由發放的問題。他指出，審理田土爭訟，要先考慮「干照」（宋代司法中泛指契約文書一類的書證），其次還要查明「管業」（即實際佔有、使用、收益田土的狀態）等情況，以綜合判斷田土財產歸屬。接著，他說：「然人之情偽固難盡知，而一己所見豈能盡當，即又準條令為給斷由，其斷由之中必詳具兩爭人所供狀詞，然後及於理斷曲直情理，恐人戶以為所斷未公，即當執出斷由，上詣臺府陳訴。」這就是說，他明確知道，即便自己在審理活動如此謹慎，在案情複雜、情偽難辨的情況下，自己的判決也有可能出錯，由此要發給斷由以備當事人向上申訴。因此，他向孫轉運使提出，若有臨湘縣人戶向轉運使司衙門上控，則請其向該人戶索取自己所給斷由；若該人戶不能提供斷由，則請轉運使司衙門下令向臨湘縣衙索取斷由。這一篇書信是南宋一線司法官員所留下來的第一手歷史資料，由此可見南宋婚田訴訟的審理方式以

及出給斷由的具體流程、運作方式。〔註9〕

南宋判例集《清明集》中，有20個案子的判詞提到了給斷由。通過玩味這些案件，今人可以領略到給斷由制度在當時的鮮活生命力。在《清明集》的《以累經結斷明白六事誣罔脫判昏賴田業》一案中，黃清仲之祖黃文炳在紹興經界（南宋紹興十二年——公元1142年實行「經界法」，即清查、核實人戶的土地佔有和邊界狀況）之前將自己的黃沙坑田十一種賣給了陳經略宅，雙方的砧基簿（田產登記簿）對此均有記載。不過事經百年後（公元1261年前後），黃清仲父子眼見陳氏家道中落，於是到官府訴稱：黃沙坑田是出典不是斷賣，要求贖還。由於陳經略之後人陳鈇手中契約文書遺失，而砧基簿一時也難以取到，而黃清仲又在自己的砧基簿上偽作「立契典與」字樣，故而初審法官趙知縣在不察之下判決黃沙坑田歸黃清仲取贖。後經陳鈇上訴至轉運使司衙門，由譙轉運使維持趙知縣原判並出給斷由。其後，由於陳鈇重新找到了自己的砧基簿，上訴到京師戶部，由此證明黃沙坑田確係黃家斷賣給陳氏，並發現了黃清仲父子偽造「立契典與」字樣的事實，故由姚轉運使重新出給斷由，支持陳氏的訴求。最終，對於黃清仲父子的再次纏訟，本案署名為「刑提幹」的法官綜合運用姚轉運使所給新斷由、原來的舊斷由和新發現的事實，重新進行了事實認知與法律推理，糾正了趙知縣原審判決之錯誤，對舊斷由、偽造文書進行「毀抹入案」，維護了陳氏對於黃沙坑田的正當利益。〔註10〕

在《清明集》的《陳安節論陳安國盜賣田地事》一案中，陳安節論訴其兄陳安國盜賣自己名下田地，本縣立足於證據進行了事實認定與法律推理，支持了陳安節的訴訟請求，並出給斷由與二人。陳安國向上級州軍上訴，州軍長官使軍「將本縣所斷看詳，準判：今照斷由所斷，已是允當」，即在沒有發現新事實的前提下，以原審斷由為依據維持原判。以上兩案一個是依據斷由和新發現之事實進行改判，一個是依據斷由維持原判，儘管對斷由的運用方式一正一反，但都彰顯了斷由的證信作用和給斷由制度對司法公正的保障作用。〔註11〕

〔註9〕（宋）王炎：《上孫漕書》，載《全宋文》第270冊，上海辭書出版社、安徽教育出版社2006年版，第89～90頁。

〔註10〕參見中國社會科學院歷史研究所宋遼金元史研究室點校：《名公書判清明集》卷十三《以累經結斷明白六事誣罔脫判昏賴田業》，中華書局1987年版，第509～511頁。

〔註11〕參見中國社會科學院歷史研究所宋遼金元史研究室點校：《名公書判清明集》附錄二《勉齋黃文肅公文集·陳安節論陳安國盜賣田地事》，中華書局1987年版，第596～599頁。

三、釋法說理：給斷由制度對當今司法的啟示

　　站在今天的立場上，對於給斷由制度應給予足夠的敬意和進行深入的反思。首先，應該看到，給斷由制度展現了中國老百姓過日子的規則與邏輯，體現了中國本土語境下個人權利的生長空間。在古代儒家意識形態環境下，只有士大夫官員才具有司法主體資格，而當事人雙方及其助訟的訟師都無法從個人權利、主體資格的角度追求司法公正。然而，司法公正的現實需求是超越時空的，它同樣是中國古代社會個體成員的心理期待，也是文明秩序得以建立的文化基礎。正因如此，在南宋商品經濟發展、私有制深化、不動產交易頻繁的特定社會環境下，對於司法公正的心理期待和秩序訴求催生出了給斷由制度，從客觀上實現了對於當事人實質性財產利益以及程序性訴訟權利的保護。

　　其次，給斷由制度的核心在於斷由的釋法說理，斷由的內容實際上反映了南宋基層司法官員對案件事實與法律規範的勾連過程，這個過程恰恰反映了法官們的法律推理能力和智慧。通過在婚田訴訟審判中給當事人以「斷由」，宋代政府試圖提高辦案的效率，減少案件在複審過程中所耗費的司法資源。在複審中，法官主要是對初審斷由的內容即案件事實、適用的法條、斷案理由進行書面審，以檢查初審事實認定是否清楚、法律適用是否準確。這對初審和複審司法官員的法律素養都提出了極高的要求，客觀上也促進了南宋司法專業化、職業化的發展。

　　2018 年 6 月 1 日，最高人民法院發布了《最高人民法院關於加強和規範裁判文書釋法說理的指導意見》，要求各級人民法院通過闡明裁判結論的形成過程和正當性理由，提高裁判的可接受性，實現法律效果和社會效果的有機統一。實際上，南宋時期的給斷由制度正是中國司法史上推進釋法說理的絕好範例。歷史是現實的前身，現實是歷史的繼續。研究並重視歷史是當今法治建設的應有之義。就此而論，南宋的給斷由制度為今天的釋法說理提供了很好史鑒作用。對此，我們應給予充分重視。

略論蘇軾的法學貢獻和治理智慧〔註1〕

縱觀蘇軾的一生，以「烏臺詩案」為轉折點。前期的蘇軾是風流倜儻、仁民愛物的賢士大夫，他憐貧憫弱，關心民生，一心要致君堯舜。對於穀賤傷農，他感歎道「汗流肩赬載入市，價賤乞與如糠粞。賣牛納稅拆屋炊，慮淺不及明年饑」。遇到被強徵挖運河的百姓，他感歎說「人如鴨與豬，投泥相濺驚」，表達了對於百姓的同情與對朝廷的不滿。他志向遠大，鋒芒畢露，「有筆頭千字，胸中萬卷，致君堯舜，此事何難！」「鬢微霜，又何妨」，「會挽雕弓如滿月，西北望，射天狼」，這是何等的豪情。時刻提醒自己「天行健，君子以自強不息」，希望「天子一日赫然奮其剛健之威」，這就是早期意氣風發的蘇軾。

元豐三年（1080）的「烏臺詩案」給蘇軾的人生和仕途帶來了重大挫折，但也造就了一個豁達樂天的蘇東坡。「惆悵東欄一株雪，人生看得幾清明？」貶謫黃州，他對世道看得更透徹，其人生態度也更加灑脫。「春色三分，二分塵土，一分流水。細看來，不是楊花，點點是、離人淚。」他終於逃離官場，融入自然。他不再執著於「奮力有當世志」，而是「小舟從此逝，江海寄餘生」。面對坎坎坷坷的人生，他沒有怨天尤人，而是始終笑對一切。正如他所說「竹杖芒鞋輕勝馬，誰怕？一蓑煙雨任平生」。

以上是我們一般所瞭解到的蘇軾形象，主要是立足於文學藝術及政治仕途方面的考察。事實上，蘇軾的經歷和成就是多元面向的，其在法學學術、為政治理方面的思想貢獻是非凡的，同時又是大眾所知甚少的。從法學的角

〔註1〕本文與王小康（時為中南財經政法大學法律史博士生）、王若堯（時為中南財經政法大學法律史碩士生）合作。原載於《民主與法制時報》2020年11月5日第7版。

度重新認識蘇軾，關注其法學貢獻與為政智慧，於今人來說，是一個值得嘗試的探索路徑。

一、蘇軾的法學貢獻

（一）仁厚為本，賞罰得當：蘇軾對於為政、執法的宏觀認知

蘇軾自幼研經論史，善於在分析古今盛衰之跡的基礎上，對時事政治提出自己的見解。如宋仁宗嘉祐二年（1057），蘇軾應禮部試而作《刑賞忠厚之至論》。「有一善，從而賞之，又從而詠歌嗟歎之。所以樂其始，而勉其終。有一不善，從而罰之，又從而哀矜懲創之，所以棄其舊，而開其新。」蘇軾認為如果有人做了一件好事，不僅獎賞他還要謳歌讚美他，並勉勵他堅持到底；有人做了一件不好的事，不僅要處罰他還要同情他，使之改過自新，這樣才是好的帝王。「可以賞，可以無賞，賞之過乎仁；可以罰，可以無罰，罰之過乎義。過乎仁，不失為君子；過乎義，則流而入於忍人。故仁可過也，義不可過也。」可以賞也可以不賞時，賞就是仁慈的；然而，可以罰也可以不罰時，罰就超出義法了。過於仁慈的仍然是君子，超出義法則是殘忍。

「《春秋》之義，立法貴嚴，而責人貴寬。因其褒貶之義，以制賞罰，亦忠厚之至也。」蘇軾認為，一個統治者想要治理好國家，就要做到賞罰得當，還要有仁愛之心。當賞罰有疑問時，就以仁愛之心來對待。他說，「賞疑從與，所以廣恩也；罰疑從去，所以謹刑也。」〔註2〕這正反映了《尚書》所謂「罪疑惟輕，功疑惟重」「與其殺不辜，寧失不經」的思想，體現了儒家的仁政理念。為了增強其論斷的說服力，蘇軾甚至杜撰了皋陶判決殺人而帝堯予以赦免的「典故」。這雖多少有些狂放不羈，但也顯示出蘇軾對為政執法應本於仁厚的重視。

（二）「犯時不知」與「醉不省記」：蘇軾對於刑法理論的超前思考

蘇軾在法律的解釋與運用上非常嫻熟，對法律理論的有些思考甚至非常超前。這集中反映在他「犯時不知」與「醉不省記」這兩個刑法理論概念的思辨上。對此，徐道隣先生在《法學家蘇東坡》一文中已有初步分析。此處試結合現代刑法學原理再作一討論。

《上呂相公書》一文載：某昨日面論邢變事。愚意本謂邢鼻是平人，邢變妄意其為盜殺之。若用「犯時不知」，勿論法，深恐今後欲殺人者，皆因其

〔註2〕（宋）蘇軾撰，（明）茅維編：《蘇軾文集》卷二，第 1 冊，孔凡禮點校，中華書局 1986 年版，第 33～34 頁。

疑似而殺，但云「我意汝是盜」，即免矣。公言此自是謀殺，若不勘出此情，安用勘司。某歸而念公言，既心服矣。然念近者，西京奏秦課兒於大醉不省記中，打殺南貴，就縛至醒，取眾證為定，作「可憫」奏。已得旨貸命，而門下別取旨斷死，竊聞輿議，亦恐貸之啟奸，若殺人者得以醉免，為害大矣，某始者亦以為然，固已書過錄黃，再用公昨日之言思之，若今後實醉不醒而殺，其情可憫，可以原貸，若託醉而殺，自是謀殺，有勘司在。邢變犯時不知，秦課兒醉不省記，皆有可憫之科。而邢變臀杖編管，秦課兒決殺，似輕重相遠，情有未安，人命至重。若公以為然，文字尚在尚書省，可追改也。〔註3〕

　　此信寫於元祐初年（1086 後），此處的呂相公是指當時的執政呂公著。關於這封信的內容，可以作以下分析。

　　什麼是「犯時不知」？邢變因懷疑邢鼻是盜賊而將他殺死，而經查明邢鼻並非盜賊，而是「平人」，即普通老百姓。因此，所謂「犯時不知」是指邢變在殺人時不知道邢鼻不是盜賊。這一分析類似於現代刑法理論中的行為人對打擊目標的認識錯誤。在當時法律框架下，殺盜賊是不用負法律責任的，但殺「平人」則必須承擔罪責。呂公著認為，若能證明邢變誤把「平人」當作盜賊而殺死，則成立「犯時不知」，即行為人對打擊目標的認識錯誤，由此可成立為過失犯罪，以此獲得減刑機會。若行為人故意傷害他人，卻以「我意汝是盜」為藉口，意圖規避法律懲罰，那就並非真正的「犯時不知」。因此，必須命令案件事實審理機構（即「勘司」）進行事實的查證。

　　對於呂公著「犯時不知」的分析，蘇軾十分服膺。但他由此聯想到了「秦課兒醉不省記」一案。秦課兒在醉酒的情況下實施了殺人行為，「醉不省記」即對其此種主觀狀態的描述。秦課兒對於其殺人行為是否存在著主觀上的故意？通過將此案比附於「邢變犯時不知」一案，蘇軾分析出其可能存在的兩種情況：其一，若能證明秦課兒不知道自己在醉酒狀態下會失去控制力與意識，其殺人行為確無故意，則成立「醉不省記」，可成立為過失犯罪，以此獲得減刑機會。其二，若秦課兒知道自己在醉酒狀態下會失去意識與控制力，卻仍然縱容自己處於醉酒狀態，則不能允許「殺人者得以醉免」，不能成立為真正的「醉不省記」。在此案中，做出判斷的關鍵同樣指向了案件事實的查證。

　　現代刑法理論上有「主客觀相統一」的原則，該原則要求在追究犯罪嫌

〔註3〕（宋）蘇軾撰，（明）茅維編：《蘇軾文集》卷五十，第 4 冊，孔凡禮點校，中華書局 1986 年版，第 1445 頁。

疑人、被告人刑事責任的時候，必須同時具備主客觀兩方面的條件，其基本內容是：符合犯罪主體條件的行為人，在其故意或者過失的心理支配下，客觀上實施了一定的危害社會的行為，對刑法所保護的社會關係構成了嚴重威脅或已經造成現實的侵害。如果缺少主觀或客觀任何一方面的條件，犯罪就不能成立，不能令犯罪嫌疑人、被告人承擔刑事責任。蘇軾所言「犯時不知」「醉不省記」兩詞，很精準地概括行為人的這兩種主觀認知狀態，一定程度上反映了其刑法思想中對於主客觀相統一的樸素要求。從當時世界的刑法認識水平來看，這兩個概念是具有超前意義的。此外，蘇軾堅持對「犯時不知」「醉不省記」的事實認定進行細緻的證據考察，這也反映了他實事求是、據實裁判的司法精神。

二、法治與社會治理：蘇軾的為政智慧

（一）法律約束與社會救助並舉，勸說循吏革除溺嬰陋俗

元豐三年（1080）貶謫黃州後，蘇軾並未消沉，而是充分關注民間疾苦，積極參與地方的社會治理實踐。他曾作書信寄給鄂州知州朱壽昌，論及了岳州、鄂州一帶的溺嬰陋俗：

近遞中奉書必達，比日春寒，起居何似。昨日武昌寄居王殿直天麟見過，偶說一事，聞之酸辛，為食不下。念非吾康叔之贊，莫足告語，故專遣此人。俗人區區，了眼前事，救過不暇，豈有餘力及此度外事乎？天麟言：岳鄂間田野小人，例只養二男一女，過此輒殺之，尤諱養女，以故民間少女，多鰥夫。初生，輒以冷水浸殺，其父母亦不忍。率常閉目背面，以手按之水盆中，咿嚶良久乃死，有神山鄉百姓石揆者，連殺兩子，去歲夏中，其妻一產四子，楚毒不可堪忍，母子皆斃，報應如此，而愚人不知創艾。〔註4〕

由此可知，岳州、鄂州一帶的鄉村有這樣的風俗，只養育二男一女，之後再出生的孩子就要在冷水裏溺死。蘇軾聽聞這些事情，痛心不已，甚感酸楚。對此，蘇軾提出了自己的解決辦法：

準律，故殺子孫，徒二年。此長吏所得按舉，願公明以告諸邑令佐，使召諸保正，告以法律，諭以禍福，約以必行，使歸轉以相語，仍錄條粉壁曉示，且立賞召人告官，賞錢以犯人及鄰保家財充，若客戶則及其地主。婦人

〔註4〕（宋）蘇軾撰，（明）茅維編：《蘇軾文集》卷四十九，第4冊，孔凡禮點校，中華書局1986年版，第1416～1418頁。

懷孕，經涉歲月，鄰保地主，無不知者。若後殺之，其勢足相舉，覺容而不告，使出賞固宜。若依律行遣數人，此風便革。公更使令佐各以至意誘諭地主豪戶，若實貧甚不能舉子者，薄有以周之。

蘇軾指出，依據法律，故意殺死子孫，應判處兩年徒刑。希望州縣官吏可以進行督查監管，並向各村保長宣讀法律、曉喻利害，由此昭告百姓，禁止溺嬰。他認為，要達到禁止溺嬰的效果，一方面要運用刑罰對溺嬰之人進行一定的懲治，另一方面還要在社會治理層面上進行監督、引導。為此，他對揭發溺嬰的獎懲辦法做出了具體建議：對於溺嬰的人，以及發覺溺嬰行為，有責任監督檢舉而予以包庇的人，懲罰其納財以充作告姦之賞錢。對於確實貧困而難以養育的人家，動員富戶加以周濟。由此可知，蘇軾對於革除溺嬰陋俗是有一套綜合治理辦法的。但當時溺嬰之風盛行，不獨岳鄂之地，而他卻託請於知鄂州的朱壽昌，這其中必然還有一番道理。

據《宋史》卷四五六，朱壽昌，字康叔，揚州天長人。其母劉氏是朱巽之妾，朱壽昌幼時，劉氏被朱巽遺棄。壽昌長成之後，蔭襲父親的功名，出而為官，幾十年的仕途頗為順利，先後做過陝州通判、荊南通判、岳州知州、閬州知州、知廣德軍等。然而他一直未得與生母團聚，思念之心縈縈於懷，以至於「飲食罕御酒肉，言輒流涕」。他四方打聽生母下落，均杳無音訊，為此他燒香拜佛，並依照佛法，灼背燒頂，以示虔誠。熙寧初年，聽人傳說其母流落陝西一帶，嫁為民妻，他又刺血書寫《金剛經》，並辭去官職，與家人遠別，千里迢迢往陝西一帶尋母，並與家人道：「不見母，吾不返矣」。精誠所至，朱壽昌終於在同州找到了自己的生身母親。當年母子分離時，壽昌尚年幼，五十年後重逢，老母已七十有餘，壽昌也年過半百。〔註5〕

壽昌知鄂州即在尋母事蹟之後。可以推測，蘇軾將救嬰之事託付朱壽昌，與朱氏的孝行賢名是分不開的。在蘇軾看來，這樣一位孝子循吏，對於岳、鄂一帶鄉村百姓的嬰兒，必定是懷有惻隱之心，而且願意施以援手的。事實證明，朱壽昌對於蘇軾的委託確實是盡心盡力。據蘇軾《異事雜記》記載：「會故人朱壽昌康叔守鄂州，乃以書遺之，俾立賞罰以變此風」。〔註6〕

〔註5〕 參見（元）脫脫等：《宋史》卷四五六，中華書局 1977 年版，第 38 冊，第 13404～13405 頁。
〔註6〕 （宋）蘇軾撰，（明）茅維編：《蘇軾文集》卷七二，第 6 冊，孔凡禮點校，中華書局 1986 年版，第 2316 頁。

（二）廢除惡稅「弊法」，申明「以法活人」

「力勝錢」是北宋時期對於車船載米穀、食鹽入市售賣所徵的一種商稅。元祐七年（1092），蘇軾上奏哲宗，陳述了當時法令重收「五穀力勝稅錢」的弊端：

「臣頃在黃州，親見累歲穀熟，農夫連車載米入市，不了鹽茶之費；而蓄積之家，日夜禱祠，願逢饑荒。又在浙西，親見累歲水災，中民之家有錢無穀，被服珠金，餓死於市。此皆官收五穀力勝稅錢，致商賈不行之咎也。」

連年豐收，穀價趨賤，再徵商稅，更是虧損，於是農夫不願出售穀物，而是積蓄穀物等待饑荒，以求回本得利；災荒之年，穀價雖貴，但一加商稅，農夫就會承擔更多成本和風險，因此也不願出售穀物，以致中產之家有錢無穀，餓死於市。這就說明，徵收五穀力勝稅錢，增加了穀物交易的成本，抑制了農民販賣穀物的積極性，導致了嚴重的社會後果。蘇軾身居黃州和浙西，對此是親眼所見，感到痛心不已。他總結道，「穀太賤則傷農，太貴則傷末」，所以自先王以來，從未收過五穀力勝錢。而當下「廢百王不刊之令典，而行自古所無之弊法，使百世之下，書之青史，曰：『收五穀力勝稅錢，自皇宋某年始。』臣竊為聖世病之。」通過蘇軾的以上分析，徵收五穀力勝錢的弊端展露無遺。

在《乞免五穀力勝稅錢劄子》中，蘇軾將《天聖附令》與《元祐編敕》的相關規定進行了對比。他認為，《天聖附令》免除五穀力勝稅錢，有助於實現「豐凶相濟，農末皆利，縱有水旱，無大饑荒」，「雖目下稍失課利，而災傷之地，不必盡煩陛下出捐錢穀，如近歲之多也。」而《元祐編敕》再徵五穀力勝稅錢，「災傷地分雖有例亦免，而穀所從來，必自豐熟地分，所過不免收稅，則商賈亦自不行。議者或欲立法，如一路災傷，則鄰路免稅，一州災傷，則鄰州亦然。雖比今之法，小為通疏，而隔一路一州之外，豐凶不能相救，未為良法。」

根據《天聖附令》《元豐令》《元祐敕》的記載，五穀力勝稅錢皆免。而今「陛下每遇災傷，捐金帛，散倉廩，自元祐以來，蓋所費數千萬貫石，而餓殍流亡，不為少衰。」蘇軾認為，在重收五穀力勝稅錢的背景下，若逢災荒，「捐金帛，散倉廩」的救濟行為往往只是治標不治本，由此斷定該項徵稅乃是「弊法」。基於以上思考，蘇軾提出「以物與人，物盡而止，以法活人，法

行無窮」的觀點。〔註7〕贈送物品以周濟人，等到物品散盡之時，救濟就只能終止；而用法治的手段來為民生建立制度保障，法制就會發揮長久的效用。申言之，法律的目標應該是服務於民生，而妨礙民生的法制當然是要廢除的。

三、結語

通過以上分析可知，蘇軾既有著尊重法律、寬仁執法的宏觀認識，對於刑法的解釋和運用技術也有著深入的理解，同時他又強調法律應服務於社會治理，服務於「以法活人」即保障民生的現實目標。在這樣的視域下來看，蘇軾呈現給今人的正是一個充滿了人道主義精神的法學家形象。其實，蘇軾對於法學理論的貢獻，還有更多的發掘空間。例如，在《前赤壁賦》中，蘇軾發出「且夫天地之間，物各有主，苟非吾之所有，雖一毫而莫取」的感歎。如果結合宋代商品經濟的繁榮和私有產權的發展，我們或許可以從他的話語中看到某種類似於「所有權」「財產私有制」的觀念訴求。這樣的例子還有很多，需要細細整理、詮釋。

實際上，蘇軾不僅僅重視以法來治國安民，他也懂得運用法律保護自己。蘇軾自少年從仕，心性耿直、嫉惡如仇，心中有所不滿，必定「如食中有蠅，吐之乃已」。正因如此，他在朝廷中樹敵頗多。元祐八年（1093），御史黃慶基以「妄用潁州官錢」「失入尹真死罪」「強買姓曹人田」等事由彈劾他。在《辨黃慶基彈劾劄子》一文中，蘇軾以法律為工具，維護了自身的清白。此文多次提到「公案」「案底」或「案驗」「覆驗」等詞。例如，在「慶基所言臣行陸師閔告詞」一條中，蘇軾曾寫道「此詞元不是臣行，中書案底，必自有主名，可以覆驗」；在「慶基所言臣妄用潁州官錢」一條中，蘇軾曾寫到「情理如此，皆可覆驗」；在「慶基所言臣強買常州宜興縣姓曹人田地」一條中，蘇軾寫到「今來公案見在戶部，可以取索案驗。」在「慶基所言臣在潁州失入尹真死罪」一條中，蘇軾曾寫到「公案具在刑部，可以覆驗。」〔註8〕所謂「公案」「案底」，即公文案牘、官府文件，亦即當時各個衙門對於既往案件的檔案文書紀錄。公案當中記載了案件事實的認定，以及法條律令的運用過程，可供人查證核對。蘇軾所提到的「公案」，是當時制度體系中具有法律權威性

〔註7〕（宋）蘇軾撰，（明）茅維編：《蘇軾文集》卷三十五，孔凡禮點校，中華書局1986年版，第3冊，第990～992頁。

〔註8〕（宋）蘇軾撰，（明）茅維編：《蘇軾文集》卷三十六，第3冊，孔凡禮點校，中華書局1986年版，第1014～1016頁。

的文書證據，他要求「覆驗」「公案」以證清白，反映了蘇軾以法律為武器，維護自身正當利益的過程。

蘇軾的一生歷經坎坷，但始終保持著樂天知命、正道直行的人生態度，他的法學思想和為政智慧上有著儒釋道三家的文化因素。革除溺嬰惡俗，在稅收立法問題上為民請命，這是他被儒家「仁愛」思想所薰陶的一面。進則朝堂，退則草野，在「天地之間，物各有主」的宏大視野下來思考「以法活人，法行無窮」，這是他從道家那裡汲取的深邃歷史智慧。對於溺嬰人家所遭遇的惡果，他感歎道「報應如此，而愚人不知創艾」，這又體現了佛教禍福報應觀念對他的影響。

總之，蘇軾作為一位全能型文人，他的詩文、思想、學問是說不盡的。站在今天的視角，蘇軾的法學貢獻和治理智慧也仍然具有著理論的啟發性和現實的指導意義，值得我們細細品味。

震古爍今的千年智慧：指紋與手跡在古代中國司法實踐中的運用〔註1〕

一、利用「手跡」進行偵查勘驗，最早出現在《睡虎地秦墓竹簡》中

現代科學技術證明，人的手指乳突紋線所呈現的圖形各有其個體特徵，每一個人的手指紋都與他人不同，具有唯一性與永世性。正是人手指紋的唯一性特徵，才使得指紋識別被廣泛地運用於古今中外的社會生活與司法實踐中。

在古代中國，指紋識別究竟出現於何時，目前尚無定論。但上世紀1975年湖北省雲夢縣出土的《睡虎地秦墓竹簡》證明，至遲在戰國末年的司法勘驗或報告中，已經有了利用人之手與膝部痕跡，進行偵查破案的記錄。這批竹簡有1155支，經過專家考古挖掘整理後由文物出版社於1978年11月公開發行。

該書所載的《封診式》即秦國或秦朝的司法勘驗記錄和案例彙編。在其《穴盜》欄目中，以「爰書」的形式敘述了一個案例：一個家庭失竊，盜竊者遺留於現場的手、膝痕跡多達六處，官府遂利用此痕跡進行偵查勘驗；至於案件最後是否偵破，竹簡並未記載。所謂「爰書」，就是秦人司法案件的供詞記錄、審問報告。〔註2〕作為現今出土文物中古代中國司法文明史上最早利用

〔註1〕本文原載於《人民論壇》2022年第1期。發表時改名為《古代的指紋鑒定與偵查破案》，內容略有刪節。
〔註2〕《睡虎地秦墓竹簡》，文物出版社1978年版，第160～161頁。

「手跡」進行偵查破案的官方文書，該爰書的價值是不可忽視的。

二、周代的「質劑」（木刻契約）、漢唐時的「下手書」與「畫指券」、宋元時代的「手印」「手模」具有防詐證信的作用，它們在古人生活及交易中是具有法律效力的重要憑證

在今天的社會生活中，各種物質交易活動是很頻繁的。我們的單位、家庭、個體或許每天都會從事各種具有法律性質的行為或活動，譬如借貸、租賃、買賣等等。在這些活動中，人們發現簽字畫押、按手印既方便靈活，又可以表示其嚴肅性，而且更重要的是，它具有示信的作用。實際上，利用手指印所具有的身份性與可識別性之特徵，來表示信用與「不欺弗知」（即「童叟無欺」），從而保證雙方交易的安全與有效，這不僅是我們現代人的行動準則，也是古代中國人生活中一個重要的認知規則與行為方式。

德國有一個學者叫羅伯特·海因德爾，他寫了一本享譽世界的書，書名叫《指紋鑒定法的體系與實踐》，現今漢譯名為《世界指紋史》。在此書中，海因德爾提出了一個著名的說法：中國唐代的賈公彥是世界歷史上第一個明確提到將「畫指」（指紋）用作鑒定標準的人。[註3] 海因德爾的這一說法，在當代中國產生了極大的影響，以致現今網絡平臺的很多通俗文章都將賈公彥視為古典中國指紋識別之鼻祖。

其實，海因德爾的這一說法尚待進一步商榷。據傳世歷史文獻顯示，漢以前周人的「質劑」、漢代的「下手書」、唐時的「畫指券」，作為以手書或手刻形式留下的物質痕跡，用在人們從事買賣交易的日常生活中，具有防止欺詐、證明信用的功能。中華書局 1987 年出版的清代經學大師孫詒讓的《周禮正義》第二冊第 1058 頁記載有賈公彥為古代「質劑」所作的注疏文字，他說：「漢時下手書，即今畫指券，與古質劑同也。」[註4]

在中國古代史上，雖然漢代已發明了紙，但在唐代以前，紙張並未在官府政務及日常生活中普遍運用。因此，在唐代之前，人們書寫的物質材料主要是簡牘，即竹片與木片。當人們簽訂契約從事買賣活動的時候，雙方當事人都手執一塊同樣的木牘。為了防止雙方發生爭執，就特別在這兩塊木牘兩

〔註 3〕（德）羅伯特·海因德爾：《世界指紋史》，中國人民公安大學出版社 2008 年版，第 13 頁。

〔註 4〕（清）孫詒讓：《周禮正義》，第 2 冊，中華書局 1987 年版，第 1058 頁。

邊的同一位置上，都刻有一個防偽的凹形記號，以便日後可以通過兩個小口的匹配程度來辨別契約的真假，這就是中國契約防偽標記的早先記錄。依據賈公彥的說法，周代的「質劑」、漢時「下手書」即是唐代的「畫指券」，它們都有證偽的示信作用。這些證信物與手印是何關係，尚待於進一步考究。可以確定的是，手印識別廣泛運用於司法實踐且留下大量文獻記錄乃是在宋元時期。

三、手印與手印識別在宋元司法實踐中的運用

手印又稱「手模」，今人在《宋史》卷三百四十三《列傳》一百二、《全宋文》第二百四十四冊《朱熹》三六《施行置場賑糶濟所約束事》《元史》卷一百三《志》第五十一、《通制條格》卷四中，都可以看到這兩個詞在日常生活與司法實踐中的運用。

「手印識別」或「手印鑑別」雖然是現代名詞，但其基本原理卻早已運用於中國古代社會生活中。對於手指乳突紋線，古代中國人雖然沒有達到現代科學的認知高度，但人們已經能夠根據手指的紋理，分辨出箕紋與斗紋：人們憑肉眼觀察，把手指頭上呈漩渦型的指紋稱為「斗」或「螺」，把流狀型指紋稱為「箕」或「簸箕」；並根據指紋的個體性、唯一性特徵，辨別司法案件中當事人事實陳述的真偽。

在宋元時代，土地私有制深化，海外貿易發達，商品經濟空前活躍。由於人們經濟交往的頻繁發生，訴訟糾紛也日益增多，乃至無處不在，天天有之。在此種情況下，手印或手模所具有的防詐偽、示證信的重要作用，越來越受到社會大眾的重視。

《名公書判清明集》一書為南宋理宗時期一批著名法官審理婚田爭訟的判決書彙編。通過此書可以看到，「手印」或「手模」在婚姻、田宅、債負、財產繼承等日常生活及糾紛審斷中得到了廣泛的運用。有意思的是，這些法官們在審理案件時，對「手印」「手模」的辨識，不僅僅是觀察手指的乳突紋線，而且還在司法實踐中積累了豐富而專業的辨驗技術。他們主要是通過書鋪中的專業人員或自身的司法經驗，分辨出契約文書上的當事人指印或官府公章是在簽字墨蹟之上還是之下：若朱色印、章在簽字墨蹟之上，則為舊時真實書契；若簽字墨蹟在朱色印、章之上，則為新近偽造書契。

何以故？當時老百姓在進行一項較為重要的經濟活動或重大事項時，如

田宅租賃、買賣，婚姻關係的締結與解除，都會簽訂契約或文書；為了表示莊重與真實可信，契約的簽訂往往還需要中人擔保，更要雙方當事人簽字畫押。若當事人一方不識字，可請親族中識字者代簽，但畫押即按指模（打手模）則必須是本人，而不能由別人代按。因此，手印是證明真偽的關鍵。正常情況下契約都是先由當事人簽字，而後按當事人指印或加蓋官府印章，這就是說真實的契約文書必須符合一個條件：指印或官章在簽字之上。大凡朱印在墨字之下，則字為後添，契約文書為虛假。俗語云「事出異常必有妖」，正是此意。

下面先來看宋代的兩個案例，一個是北宋的，另一個為南宋的。至於元代的案例，容待後文詳述。

北宋時期有一個善於斷案的官員叫元絳（1008～1083），字厚之，錢塘人。他在任永新知縣時，曾經遇到一個久訟不決的案件。其基本案情是：當地有一個豪強之子，名叫龍聿。此人為富不仁，引誘一個少年喝酒後賭博，這個少年名叫周整。周不諳人事，賭博受騙，輸了錢沒法還。龍聿便趁機利用周的無知，以其所輸錢的價值折換成良田百畝，要求以周整母親名下的良田折抵。周不敢告訴母親實情，龍聿便採用移花接木之計，盜得周母按於其他田契上的手印，偽造了一個賣田文契。由此兩家發生爭訟，周母從縣告到州，又從州告到路（宋代於州府之上設置路一級監察機構），直到赴京擊登聞鼓。由於契約上載有周母指印，各級官府皆難辨真假，周家冤屈久不能申。元絳到任後，周母又來告狀，痛說曲直。元聽後，取田契仔細觀看，然後指出田契上所簽年月日皆在指印之上，必是偽造無疑。龍聿當即服罪，退還田產，周家冤屈遂得以申明。〔註5〕

再看黃榦《勉齋集》所記載的另一個案例《陳安節論陳安國盜賣田地事》。審理此案的法官黃榦（號勉齋）乃是南宋大理學家朱熹的女婿。（朱熹弟子中還有一個叫黃榦的，年齒小於黃榦，二人均為福建人，不可混為一談。）黃榦入仕後，曾在江西的臨川、新淦二縣做過縣令。該判詞中黃榦自稱「本縣」，由此推斷，本案或是黃榦在此任上審理的案件。

案件雙方當事人為陳安節與陳安國，前者是原告，後者為被告，二人是親兄弟，他們的母親名叫阿江。二人爭訟之標的物為祖業田產。在宋代，尤

〔註5〕（元）脫脫等：《宋史》卷三四三，元絳傳，中華書局 1977 年版，第 10906頁。

其是南宋江南地區，商品經濟的繁榮與利益的多元化帶來了家庭內部訴訟糾紛的增多。依據宋代法令，祖父母、父母在世時，子女不能另立戶頭，即所謂「別籍異財」；但司法實踐中，若多個兒子皆已長大成人、娶妻成家，且父母尊長同意或命令諸子分家，則法官們一般允許諸子分家另過，別立戶頭。陳安節（弟）、陳安國（兄）兄弟倆各自分家另過後，陳安國不懷好意，偽造母親與弟弟的簽字畫押（即按手印，宋代判詞中經常用「著押」一詞表達），私立田契，將本來屬於弟弟與母親的田產（母親隨弟弟一起過，在此情況下，母親會在兄弟分家時自留一份養老田，母親跟著誰，就把此份養老田歸誰名下）盜賣給陳德遠、曾金紫、曾司法等數人。弟弟發現時，母親已死，無法作證。

後來黃榦與官府指派的、專門鑒別字跡與手印真假的機構——書鋪一同，利用前述案例中元絳破案的同一原理，結合陳安節的書寫習慣與筆跡，認出了陳安國所持有的田契上的陳安節及母親阿江的畫押為移花接木，陳安節的簽字是偽造，實際上是陳安國自己所簽。具體的細節是：弟弟陳安節簽字是通常把節寫作「節」（按：「卩」換成「邑」），而陳安國所持田契上的簽字中「節」寫作「茆」，而且手印也是從其他文書上裁減黏貼而來的。到此，案件真相大白，黃榦遂判決：若陳安節願意要錢，陳安國必須把盜田出賣所得錢款全數還給弟弟；若陳安節不願得錢，則將所盜之田還給陳安節，所有偽造田契當廳銷毀。〔註6〕

現有歷史文獻和實物證據顯示，真正在司法中利用指紋來辨別真假、剖判曲直應始於元朝。姚燧（1237～1292，字端甫，號牧庵）是元代著名的文學大家，他一生所作碑誌甚多，清人輯有《牧庵集》。該文集經當代元史專家查洪德整理、點校，以《姚燧集》命名，由人民文學出版社於2011年出版。該書347～350頁載有《浙西廉訪副使潘公神道碑》一文，碑文主人公名潘澤，字澤民，宣德府（今河北張家口市宣化區）人。依據碑文所記，潘澤卒於至元二十九年（1292），享年55歲，可知其生於南宋嘉熙元年（1237）。潘澤師從宋末理學家許衡，後從政。因潘澤素有教養，勤政廉潔，且通曉法律，善於斷獄，他在短期內從一個低級辦事人員（太府監掾史）一路提拔為中高級官員，

〔註6〕參見中國社會科學院歷史研究所宋遼金元史研究室點校：《名公書判清明集》附錄二《勉齋黃文肅公文集·陳安節論陳安國盜賣田地事》，中華書局1987年版，第596～599頁。

最後轉為江南浙西道肅政廉訪副使（正四品）。他從事司法監察工作十數年，最後卒於任上。

潘澤神道碑實物於 2014 年 9 月在河北省張家口市宣化區出土，經過考古專家吉林大學邊疆考古研究中心劉坤博士考釋，碑文所載文字與《牧庵集》中的神道碑文字，除個別字詞略有差異外，其餘的基本上一致。個別字詞的差異，或因碑文出土時漫漶不清，或因文集流傳散落所致。但石碑和文集都記載了潘澤利用契約文書上著押的指紋紋理疏密程度來推斷著押者的年齡大小，進而判斷文契真假，辯冤白謗、伸張正義的故事。〔註7〕

依據碑文所記和劉坤博士的考證，這個案件大概發生於元世祖忽必烈至元八年（1271）之後的一段時間。〔註8〕在此案中，原告聲稱：一豪強之家偽造買賣人口的契約文書，奴役他家十七口人。他要求官府為其理正，放還人口。元世祖時期的社會中，人口分為兩大類：一為「良人」，一為「驅口」（即戰爭俘虜）。前者不准買賣，後者允許買賣，但有嚴格的程序要求，譬如必須向官府登記、申請文契、簽訂契約。在社會生活中，良人因生活所迫自願賣身為奴的現象也並不少見。由此可見，此案中的原告之家到底是「良人」還是「驅口」，賣奴契約文書究竟是真實還是偽造，這正是案件爭議的焦點所在。

潘澤時任山北遼東道提刑按察使司，職掌司法監察。在此案屢經審理久不能決的情況下，潘澤仔細觀察了文契上一枚手指印的紋理，發現這枚指印紋理是成年人的，而按契書內容，此當事人著押時應為一個十三歲小兒。潘澤即刻召集十名當地的十三歲少年前來比對，發現十三歲之人所按指印的紋理密度皆稀疏，而文契上的指印紋理則為密集。由此，潘澤斷定豪強所持人口買賣文契為假，富豪遂即認罪。潘澤當即銷毀文契，放還人口。

現代指紋科學告訴我們，人的指紋乳突紋線圖形雖具有唯一性與終身不變性，但指紋紋理密度則會因年齡老少而密疏不同。少年指紋密度稀，而成年人指紋較密。潘澤不僅審案嚴謹，處事公正，而且善於觀察和總結生活經驗。他巧妙地把握了指紋紋理密疏與年齡老少之間的事實因果關係，依據案情、判別真偽，從而暗合了現代法理學所呈現出來的事理—法理規律：觀察

〔註7〕（元）姚燧：《姚燧集》，查洪德點校，人民文學出版社 2011 年版，第 347～350 頁。

〔註8〕劉坤：《宣化元代潘澤神道碑考釋》，載《文物春秋》2016 年第 3 期。

生活與法律現象，找出因果關係，總結出經驗，從事理上升為法理，促成從具體知識到司法智慧的飛躍。〔註9〕

　　習近平總書記指出：「我國古代法制蘊含著十分豐富的智慧和資源，中華法系在世界幾大法系中獨樹一幟。」實際上，指紋與筆跡在司法實踐中的運用就是中國古人司法智慧的體現。這種法制文明的經驗和智慧，可為現代中國的法治建設提供歷史鏡鑒。

〔註 9〕陳柏峰：《法律經驗研究的微觀過程與理論創造》，載《法制與社會發展》2021
　　　年第 2 期。

恰到好處的正義：南宋法官劉克莊巧判田氏立嗣分家案〔註1〕

宋代是重視法治建設的時代，統治者強調以法治國、刑獄清明，由此塑造出了一批具有法律素養的士大夫，誕生了一部民間婚田訴訟判例集——《名公書判清明集》。《清明集》中收錄的《繼絕子孫止得財產四分之一》案正是一個以立嗣為導火索引發的家產糾紛案，在該案中，法官劉克莊既嚴守律條，又體恤弱者，給後人呈現出一個具備人文道德、法律素養與正義精神的士大夫形象。

一、案件事實與爭議焦點

本案的起因是田縣丞過世後，其養子田世光在家產未分割的情況下去世，田縣丞之弟田通仕趁著世光身死而無子，欲將自己的兒子田世德過繼給田世光作嗣子，以謀取田縣丞的一半遺產。這一舉動引起了田縣丞的側室劉氏的不滿，劉氏以田縣丞妻子的身份自居，反對立繼，並欲將田縣丞的遺產全歸於其親子珍郎，為此她提起訴訟。案件第一次審理時，法官蔡提刑尚不知劉氏的側室身份以及劉氏兩女和世光兩女的存在，遂依照戶絕之家財產盡聽尊長為主的規定，判決不准立繼，家產仍歸劉氏掌管。田通仕對判決結果不服，再興詞訟，法官劉克莊為此對案件進行了第二次審理。〔註2〕隨著案件事實的深入挖掘，被隱瞞的當事人的出現使得劉克莊的審判思路也有了轉變。

〔註1〕 本文與歐陽紫荊（時為中南財經政法大學法律史專業碩士生）合作。原載於《中國社會科學報》2022 年 1 月 19 日第四版。

〔註2〕 中國社科院歷史所宋遼金元史研究室點校：《名公書判清明集》卷八，《繼絕子孫止得財產四分之一》，中華書局 1987 年版，第 251 頁。

在第一階段裏，田世光兩女的存在證實了世光一房財產並非無人可繼，儘管《喪葬令》中規定戶絕之家，財產變賣後，除去安葬等費用，餘財並與女，〔註3〕肯定了在室女享有的財產繼承權，但出於對世光一脈免於戶絕的考量，劉克莊仍是選擇為世光一房立嗣。那麼何人有入繼的資格呢？根據法律所規定的，繼絕之家由妻、父母、祖父母、近親尊長的順序行使立嗣權，〔註4〕侍女秋菊與側室劉氏均無資格為世光立嗣，該情況下，田通仕以近親尊長身份為世光立嗣本無可厚非，但其以親子為嗣，侵吞世光家產之私心甚重，且《戶令》規定，立嗣需在同宗昭穆相當之人中挑選，世德乃是世光之堂弟，以弟為子，原不符倫理，然而查閱田氏尊長的供詞，族中並無昭穆相當之人。此種困境下，劉克莊認為民間並不是全無以弟為子的傳統，只要獲得了族內同意即可，況且與其立疏族，不若立近親，乃於妥協之中，立世德為世光之嗣。

立嗣糾紛解決後，隨之而來便是如何析產的問題。由於劉氏二女的存在尚未被發現，因此有資格參與財產分割的有世光二女、嗣子世德以及珍郎。根據「田宅財物兄弟均分」〔註5〕「繼絕子孫止得財產四分之一」〔註6〕的法律規定，田縣丞的全部家產一分為二，世光與珍郎各得一半，世德可分得世光四分之一的財產，剩下的部分由世光二女均分。同時劉克莊要求劉氏母子與秋菊母女各拿出自己所得份額的四分之一，作為世光的葬禮香火錢，且由於世光二女與珍郎年幼，因此所得財產由秋菊與劉氏暫為掌管，並不許二人典賣。

而在第二階段裏，劉氏兩女的出現使得原本均分的方式產生了變化。《戶令》規定在室女可得男聘財之半，雖然世光與珍郎都未曾娶妻，娉財數無可參照，但劉克莊提出「女合得男之半」的解決方法，如此一來，劉氏二女即可各獲得兄弟所得家產之半，世光的份額仍按照三比一的比例劃分給二女與世德。

〔註3〕〔宋〕竇儀等：《宋刑統》卷十二，《戶婚律·十門·戶絕資產》，吳翊如點校，中華書局 1984 年版，第 198 頁。

〔註4〕中國社科院歷史所宋遼金元史研究室點校：《名公書判清明集》卷八，《雙立母命之子與同宗之子》，中華書局 1987 年版，第 220 頁。

〔註5〕〔宋〕竇儀等：《宋刑統》卷十二，《卑幼私用財》，吳翊如點校，中華書局 1984 年版，第 197 頁。

〔註6〕中國社科院歷史所宋遼金元史研究室點校：《名公書判清明集》卷八，《命繼與立繼不同》，中華書局 1987 年版，第 266~267 頁。

但是這樣一種分割方法只適於世光生前，並不適用於世光身亡後，世光作為家裏唯一的勞動力，若其未亡故，即使他的份額少於寡婦劉氏，他也能承擔起撫養家人的重擔。但在世光身亡後，若仍是採用三分均分的方法，那麼同為撫養三個幼兒的寡婦，秋菊的份額要比劉氏少三分之一，其權益得不到保障。此外，不動產有文書記載，其數量難以作假，而動產全部由劉氏掌管，若劉氏隱瞞或剋扣動產的數量，日後必定會再興訴訟，不利於家宅和諧。出於以上考慮，劉克莊棄三分均分法，只用諸子均分之法。為了避免劉氏牴觸該決定，也為了補償她減少的份額，分割的只是田宅等不動產，動產則由劉氏自行處理。這樣一來，將不動產分為八等份，世德擁有一份，秋菊兩女平分三份，珍郎可分得兩份，其兩個幼妹均分最後兩份。這樣劃分又產生了一個新的問題，即秋菊二女所擁有的份額較兩姑要多，出於倫理的考慮，法官劉克莊提出秋菊二女所得份額比照其二姑，多出的一份則充作世光的香火及安葬費。

二、南宋法官獨特的正義觀

在地方長官兼理司法的時代，法官在審判時還需考慮案件對社會秩序及地方治理的影響，平息爭訟，維持社會秩序是國家賦予地方官員的職責，追求公平正義則是法官個人的品德修養，兩者並不必然衝突。南宋法官在審判的過程中逐漸形成了一種獨特的正義觀，它對司法活動及社會教化產生了很大的影響，其主要體現在以下方面：

（一）強調事實與證據的務實觀。在處理一般州縣自理的案件時，法官大多是以閱讀文書為中心進行審查的，僅憑閱讀訴訟文書是無法全面瞭解案件事實的，證據才是查清案件事實的關鍵，因此法官還需要深入田間調查取證，並通過聽訟這一程序，對證據與供詞進行反覆推敲以求其真實性。宋代證據制度發達，證據形式多樣，物證的地位有所提高，書證制度獨立成型，並在宋代發展到了鼎盛，是斷決田宅訴訟最直接的根據。田通仕偽造遺囑，欲以書證的證明效力為其訴訟請求背書。劉克莊在分家析產時只對田產進行分割，因為官方的土地登記冊以及田契等書證能保障田產分割的公平性與準確性。這種重視事實與證據的務實觀，是法官把握案件、公正審判的基礎。

（二）恪守規範的法律觀。僅僅根據劉克莊恩威並施的說理方式，就將其對案件的審判說作是教諭式的調解或是卡迪司法，是片面且不準確的。勸

論只是法官平衡雙方利益的手段，而法律規範則是法官審理案件的底線。無論是在立嗣還是析分家產時，劉克莊首先考慮的就是法律是如何規定的。他指出，若是兩造通曉法條，爭端便會熄滅於萌芽階段，法律在訴訟興起前就起到了定分止爭的作用，因此法官同時肩負著普法的責任。但恪守法律並不代表拘泥於法律，在法條所不及之處，法的目的也是法官說理的依據。面對無昭穆相當之人可立的窘境，劉克莊考慮到了立法者不欲絕人之嗣的目的，為世光立嗣。此外，劉克莊同樣重視法律與判決的執行，在析分家產時，為避免執行難的狀況，劉克莊棄三分法而用二分法，以房為單位對不動產進行均分，這正是司法實踐對於立法疏漏之處的合理填補。法律規範貫穿案件的每一階段，為法官的審判提供合法性與權威性的支撐。

（三）天理、國法、人情平衡的正義觀。達到情理法的平衡，是南宋法官追求正義的應有之義，無論向哪一方側重，都會導致審判的不公與秩序的失調。當天理不僅僅被視為三綱五常的倫理道德觀念，而是被內化為老百姓日常生活中所要遵守的準則時，它實際上發揮著和法律類似的規制作用，但與具備強制性效力的法律不同的是，它與人情交疊的部分也體現出柔性的一面。人情是人與人之間情感的體現，它與法律並非是永恆矛盾的，當國家推行德治時，矜孤恤寡則不僅是儒家道德對法官自身的要求，也是國家意志在審判官身上的體現。正如該案中，劉克莊在尊重法律的基礎上揆諸情理，如此做出的判決才能令各方滿意。因此，宋理學家法官的審判智慧就在於，通過尋求情理法三者的共通之處，消弭其矛盾，從而達到一種均衡狀態，實現司法秩序的公正與和諧。

南宋法官所追求的正義，並非講求齊頭式的權利義務對等，而是基於禮的倫理等差秩序下的公平、正義，其既兼顧了天理與國法，又實現了對人情最大程度的滿足。在八百年前的時代背景下，這種正義的觀念有其必要性與先進性，它既不跳脫出法律與儒家倫理等官方意識形態的規制，又散發著人性道德的光輝，體現出恰到好處的平衡。在全面依法治國的今天，這種獨特的正義觀亦是傳統法治文明為當下法治建設所提供的歷史鏡鑒。

英宗新政與《大元通制》〔註1〕

　　考察元英宗碩德八剌在位的歷史，人們便會發現這樣一種有趣的歷史現象：英宗以弱冠之齡匆匆承父踐祚，又因「南坡之變」而驟然被弒，在位僅四年，可謂短矣！〔註2〕就是在這短短的四年中，年青的英宗順應歷史發展的潮流，重儒臣，「行漢法」，「勵精圖治」，「一新機務」。〔註3〕他甚至不惜以犧牲本民族的落後傳統習慣為代價，嚴厲打擊統治集團內部部分蒙古貴族的守舊勢力，頒布了有元一代一部系統而又完整的封建法典——《大元通制》，從而使改革的成果法律化、制度化。《大元通制》的頒布，是元代法制發展史上一件具有劃時代意義的大事，它既是英宗改革的一個重要產物，又是促進英宗改革的武器，同時它還是由蒙古習慣法向漢民族成文法的重要轉折點。學術界對英宗新政及其「南坡之變」已有專文論述，〔註4〕而對英宗新政與《大元通制》的關係，尚未給予足夠的注意。我們認為，探討《大元通制》產生的歷史過程及其與英宗新政的關係，有助於人們深入瞭解元代中期社會關係的發展變化，即便是對我們現階段進行的政治體制改革與社會主義法制建設，也具有重要的歷史借鑒意義。

〔註1〕本文與張中秋合作。原載於《江海學刊》1988年第4期。

〔註2〕元英宗於延佑七年三月即位，時年17歲。至治三年八月駐蹕南坡時遇害，史
　　　稱「南坡之變」。

〔註3〕（元）袁桷：《袁桷集校注》，中華書局2012年版，第1578頁。

〔註4〕蕭功秦：《英宗新政與南坡之變》，載《元史論叢》第2輯，中華書局1983
　　　版。

一、《大元通制》是英宗新政的產物

元，是一個以蒙古草原游牧貴族為主體而建立和進行統治的封建王朝。對於元代的立法特點，明人曾用一句話概括為「元制，取所行一時之例為條格而已。」〔註5〕自明以降，世人一直認為，元因蒙古統治者漢化不深，始終沒有制定出一部像唐、宋那樣系統而又完整的封建法典。〔註6〕對此，黃時鑒先生曾撰文予以辯駁。該文認為，元代是有系統而又完整的封建法典的，那就是《大元通制》。〔註7〕黃先生所論至是。問題在於，這部具有劃時代意義的法典，何以單單出現在僅有四年歷史的英宗朝？它與英宗所進行的政治改革有無關係？是歷史的偶然，還是歷史的必然？我們試圖在黃先生的研究成果基礎上，再進一步探討這些問題。

馬克思說：「我的研究得出這樣一個結果：法的關係正像國家的形式一樣，既不能從它們本身來理解，也不能從所謂人類精神的一般發展來理解，相反，它們根源於物質的生活關係，這種物質的生活關係的總和，黑格爾按照18世紀的英國人和法國人的先例，概括為『市民社會』，而對市民社會的解剖應該到政治經濟學中去尋求。」〔註8〕

《大元通制》的頒布，正是英宗朝社會政治經濟條件作用的必然結果。

第一，英宗新政在客觀上要求有一部系統而又完整的法典使改革成果制度化。

首先，所謂「英宗新政」，主要指的是英宗至治二年（公元 1322 年）十月至至治三年八月間所進行的大規模政治改革。促使英宗改革的根本動因是，即位以來面臨的日益激化的社會階級矛盾和經濟方面的嚴重困境。〔註9〕為了緩和社會矛盾，擺脫困境，英宗在丞相拜住等人的支持下，乃決心進行改革。新政的主要內容包括：

（1）大規模地起用漢族地主官僚及儒家知識分子。丞相拜住「首薦張珪，

〔註5〕（清）張廷玉等：《明史》卷九三，《志第六十九·刑法一》，中華書局 1974 年版，第 1829 頁。

〔註6〕蔡美彪：《中國通史》第 7 冊，人民出版社 1996 年版，第 109 頁。

〔註7〕黃時鑒：《〈大元通制〉考辨》，載《中國社會科學》1987 年第 2 期。

〔註8〕中共中央馬克思恩格斯列寧斯大林著作編譯局編譯：《馬克思恩格斯選集》第 2 卷，人民出版社 2012 年版，第 81～82 頁。

〔註9〕（明）宋濂等：《元史》卷二十七，本紀第二十七，英宗一，中華書局 1976 年版，第 597 頁。

復平章政事，召用致仕老臣，憂其祿秩，議事中書」，「日以盡賢退不肖為重務」。〔註10〕這一時期，漢儒「士大夫遭摒棄者，咸以所長收斂，文學之臣，則待以不此之除格，內降待銓者六七百人。」〔註11〕

（2）罷汰冗員。元從世祖時期開始，已創設了一套龐大的行政官僚機構，此後從成宗到武宗、仁宗，歷朝改升創設，與日俱增，國庫很快空虛。英宗自至治二年（1322年）十一月起，罷世祖以後所署冗官，「始銳然減罷崇祥、壽福院之屬十有三署，徽政院斷事官、江淮財賦之屬六十餘署」。〔註12〕

（3）行助役法。元代，勞動人民勞役繁多，負擔沉重，至治三年四月，英宗下詔行助役法。內容是：「凡民田百畝，令以三畝入官，為受役者之助。」〔註13〕實際上就是國家運用政令，使佔有較多土地的地主，按一定比例，上交小部分土地的歲收，用來補償一般勞役方面的經濟負擔。此法對廣大中下層勞動人民是有益的。

同時，改放河渠，打擊豪富奸商；減輕繇役，使食不果腹的勞動者能夠生存下去。改革符合了歷史發展的方向，取得了一定的成效。史稱當時是「申憲章以勵多士，罰茲無赦，令必惟行，君臨三載而有成。」〔註14〕

但是，由於改革觸犯了蒙古王公勳貴及色目貴族的既得利益，因而引起了他們的強烈反對。如開科舉士，大規模選用漢族知識分子的措施，就是對蒙古軍事游牧貴族集團的打擊，因此保守勢力對新政常「阻撓之」，正如時人袁桷所述：「選賢與能，奸黨滋懼，變成肘腋，禍延股肱。」〔註15〕可見，反對改革的勢力非常猖厥。

如何打擊蒙古統治集團中反對改革的守舊勢力，保護改革的成果，從而把改革引向深入，這是堅持改革的英宗君臣必須要考慮的問題。歷史反覆告訴人們，統治階級若要把自己的意志上升為國家意志，就應該表現為法律，

〔註10〕（明）宋濂等：《元史》卷一百三十六，列傳第二十三，中華書局1976年版，第3304頁。

〔註11〕（元）袁桷：《袁桷集校注》，中華書局2012年版，第910頁。

〔註12〕（明）宋濂等：《元史》卷一百七十五，列傳第六十二，中華書局1976年版，第4079頁。

〔註13〕（明）宋濂等：《元史》卷一百八十五，列傳第七十二，中華書局1976年版，第4254頁。

〔註14〕（元）袁桷：《袁桷集校注》，中華書局2012年版，第1576頁。

〔註15〕（元）袁桷：《袁桷集校注》，中華書局2012年版，第1649頁。

因此，改革派要制定一部法典，使改革的成果制度化，已成為客觀的必然要求。英宗及其新政的主要執行者拜住在改革深入進行的至治二年十二月注意到了這個問題。《元史‧拜住傳》載：「患法制不一，有司無所守，奏詳定舊典以為通制。」〔註16〕

詳定就是修改纂定，這表明，舊有的元代法律不能適應英宗新政的需要，制定一部新的法典已被提上議事日程，《大元通制》就要誕生了。

第二，英宗新政為元代制定出一部系統而又完整的法典提供了突破點。

元自世祖忽必烈統一中國後，社會情況與蒙古帝國時期大不相同，怎樣統治業已高度發達的漢族封建社會，怎樣用法律的手段調整因民族交融所帶來的日益增多的社會民事關係，都是元統治者在漠北草原不曾遇到的大問題。在新形勢面前，蒙古統治者未曾不想制訂新法律以適應社會情況的變化，所以自世祖至元二十八年頒布《至元新格》後，成宗、武宗、仁宗諸朝均有修法定律之活動。但因權臣所阻，終未果行。

元封建法典長期修建未果，「法之不立」。其原因就在於廣大漢族農業社會需要一部適應其生產力發展的漢成文法，而蒙古統治者由於其本民族傳統意識的強大作用，對奉行漢法並不積極，甚至還會強烈地反對。時人胡祇遹說：「法之不立，其原在於南不能從北，北不能從南。」〔註17〕「南」，指的就是中原漢地的傳統封建法典。「北」者，蒙古傳統習慣法之謂也。以廣大漢地去適用蒙古習慣法，違背社會發展的方向，為客觀實際所不許；以傳統的漢法來適用元朝整個封建社會，又為蒙古統治集團內部許多王公勳貴所不容。這一嚴重矛盾的解決，其出路只有在蒙古舊法的基礎上，廣泛吸取漢文化，制定出一部既能在客觀上滿足漢族農業經濟發展的需要，又能體現蒙古社會傳統及統治階級意志完整而又系統的法典。

《大元通制》的產生，是由文化社會發展的客觀規律所決定的，英宗改革的性質是蒙古族物質生產方式對具體制度的完善與修補。其內容和性質在一定程度上反映了其適應生產力發展的經濟關係。法根源於物質的生產關係。所以英宗改革就必然成為《大元通制》產生的歷史突破點。

〔註16〕（明）宋濂等：《元史》卷一百三十六，列傳第二十三，中華書局1976年版，第3304頁。
〔註17〕李修生主編：《全元文》卷一六二，胡祇遹《論治法》，鳳凰出版社1998年版，第527頁。

　　第三，英宗統治意識的相對漢化，是促使英宗革新政治，頒布《大元通制》的重要條件。

　　元英宗碩德八剌與他前輩們相比，其統治意識有著絕大的差異。在他的統治意識裏深深地刻著漢族封建地主思想文化的烙印。公元 1303 年，他出生在宋代理學奠基人二程的故鄉懷州王府（今河南沁陽），從小過著漢族地主士大夫式的家庭生活，他的父親仁宗是一個積極推行漢法的代表人物。父親的影響，環境的薰陶，必然會加深英宗對漢族儒家文化的深厚感情。

　　延佑三年，英宗被立為太子，其父仁宗又積極採納太子詹事郭貫等人的建議，招天下「雅望博通」之士對英宗進行儒家正統教育。這就更加奠定了英宗漢化的思想基礎。因此，英宗做了皇帝後，多次以漢人的眼光來觀察事物和評價法律的作用，他常說：「法者天下之公，不得循私而輕重之。」〔註18〕這與部分蒙古貴族和他的前輩把國家視為祖宗的個人產業，把法律當作特權的看法是迥然不同的。英宗統治意識的相對漢化，對改革的進行和法典的產生是不可忽視的重要因素。因為法律運動的必然性還需與統治者的統治意識相吻合，才能成為歷史的現實。

　　上述三個條件的相互結合，使《大元通制》頒布於英宗朝成為歷史的必然。至治三年（公元 1323 年）二月，有元一代一部系統而又完整的封建法典《大元通制》終於誕生了。史載，至治三年二月辛巳，「格例成定，凡二千五百三十九條，內斷例七百一十七，條格千一百五十一，詔敕九十四，令類五百七十七，名曰《大元通制》，頒行天下」。〔註19〕

二、《大元通制》是促進英宗改革的有力武器

　　《大元通制》的全文早已佚失。從存世的《通制條格》（《大元通制》中「條格」的主要部分），及《事林廣紀》所載《大元通制》的部分內容來看，它是保衛英宗改革成果的有力武器。

　　英宗改革的四項內容，基本可以概述為兩個方面：其一，積極吸收漢文化中的先進成分，「行漢法」，重視發揮漢族封建地主知識分子的作用，以適應元王朝所面臨的生產力發展水平；其二，減輕繇役，改革舊制，嚴厲打擊

〔註18〕（明）宋濂等：《元史》卷二十七，本紀第二十七，英宗一，中華書局 1976年版，第 598 頁。

〔註19〕（明）宋濂等：《元史》卷二十八，本紀第二十八，英宗二，中華書局 1976年版，第 629 頁。

蒙古統治集團內部守舊勢力的貪贓豪奪行為，把他們的權利限制在法律所允許的範圍之內。

《大元通制》對此兩方面內容的維護表現在以下幾個方面：

1. 把改革中漢化的成果制度化

《大元通制》的主要內容之一，就是上宗漢唐以來中國封建法典的基本精神，將體現漢族傳統的封建宗法思想的「十惡」「八議」規定在律文中。十惡即謀反、謀叛、謀大逆、惡逆、不道、大不敬、不孝、不睦、不義、內亂。八議，即議親、議賢、議能、議故、議功、議貴、議勤、議賓。這些法律條文集中體現了儒家貴賤有等、尊卑有序、男女有別的封建宗法等級思想，一直被隋唐以來的漢族封建統治者奉為圭臬。英宗實行新政的主要目的之一，就是通過改革進一步確立嚴格的封建統治秩序。因此，就需要在《大元通制》中繼承這些內容，予以制度化。

2.《大元通制》為漢族封建地主知識分子進入官階提供了法律保障

元以武立國，不太重視儒士。我國封建社會自隋開始，盛興於唐的科舉取士制度，在元代備受冷落，漢族知識分子入仕只有走以吏補官的道路。但由吏轉官往往需要數十年的磨難，因此，由此途而成功者，實在是九牛一毛。仁宗皇慶二年，元代正式奉行科舉取士，英宗繼統，實行新政，大規模地起用漢儒，為了保障這一措施的順利實施，《大元通制》中增加了保障漢族知識分子進入仕途的條文。

《通制條格》卷六《令譯史通事知印》條載：「在前不曾立科舉的上頭，用秀才呵，難選有」，「俺商量來，裏頭省部、臺院等諸部門，在外行省、宣慰司、廉訪司、路府州縣，用的人多有。時下只用秀才呵，選不勾有。如今但是有出身衙門合設的令史，教教授、秀才、根腳是秀才裏做令史來的人內選取；不勾呵，職官並吏員內選取。」[註20]

這段話說明了兩層意思：第一，仁宗以前沒有實行科舉制度，用人深感不便。第二，現在規定了科舉考試，但由於內外百司都需用人才，僅靠科舉已很不夠，需要擴大取仕的途徑。因此，法律規定：「諸衙門蒙古必闍赤，舊例俱從翰林院試驗發補」，「今後蒙古書寫、典吏及各路府州合設蒙古必闍赤，照依舊

〔註20〕方齡貴校注：《通制條格校注》卷六，《令譯史通事知印》，中華書局 2011 年版，第 305 頁。

例從翰林院試發外，其餘諸衙門蒙古必闍赤並依漢兒令史例轉補。」〔註21〕

蒙古必闍赤因是「國人」，故其政治地位和經濟地位均高於其他吏員。元初，漢人無權問津此要職，《通制》的這一規定，顯然為漢族知識分子廣開了一條仕途。

3.《大元通制》規定淘汰冗員，減輕繇役，嚴懲蒙古王公貴族及其他封建官員的貪贓行為

元統治集團中的一部分蒙古王公勳臣，不以法定的權利為滿足，往往在其封地和轄區內濫設官吏巧取豪奪，暴斂民眾，故英宗曾把罷除冗官冗屬視為改革的一項重要內容。對此，《大元通制》也作了專門的規定，以維護新政的進行。

首先，法律明確宣布罷除冗官冗吏。《通制條格》卷六載有這樣一個事例，蒙古王公八不沙薦舉了一個叫薛兒帖該的人做了其封地的達魯花赤，並取得了元廷的批准。可是，八不沙所轄封地的路裏又私自封薛兒帖該的弟兄做州縣的達魯花赤。為此，法律明確宣布：「這薛兒帖該，依著八不沙大王保將來的委付，那路裏所轄的州縣委付來的弟兄每都革罷了。」〔註22〕

其次，法律嚴格禁止擅差、私役的行動。元代的科差、賦役本來就已十分嚴重，但一些蒙古王公貴族往往在此之外，還要在其封地或轄區內私差、擅役。例如，當時的雲南、江西行省曾擅差五百名軍士，對此法律明確宣布為犯罪，並嚴格禁止以後此類事情的發生，所謂「今後不商量著差軍呵，有罪過者。」〔註23〕

再次，法律嚴厲打擊蒙古王公貴族的貪贓受賄行為。《通制條格》卷二十八規定：「各處行省以下大小官員，非親戚，不得與所部豪霸等戶往來交通，受其饋送。如有違犯，官吏依取受不枉法吏例科斷。其豪霸、茶食、安保人等，初犯於本罪上比常人加二等，紅泥粉壁，標示過惡。」〔註24〕

〔註21〕方齡貴校注：《通制條格校注》卷六，《令譯史通事知印》，中華書局 2011 年版，第 306 頁。

〔註22〕方齡貴校注：《通制條格校注》卷六，《投下達魯花赤》，中華書局 2011 年版，第 299 頁。

〔註23〕方齡貴校注：《通制條格校注》卷七，《擅差》，中華書局 2011 年版，第 332 ～333 頁。

〔註24〕方齡貴校注：《通制條格校注》卷二八，《豪霸遷徙》，中華書局 2011 年版，第 701 頁。

尤其需要指出的是，以上這些規定在英宗朝是付諸實踐了的。英宗在位的四年，被罷免、杖流他地的蒙古諸王及其官屬達 24 人之多。

由此可知，《大元通制》已成為鎮壓被統治階級反抗，打擊不法權貴，維護封建統治利益，推行漢法，促使改革得以順利進行的有力工具。

三、《大元通制》的頒布標誌著元朝由蒙古習慣法向漢成文法典的重大轉折

1206 年，蒙古帝國崛起於中國的北方，成吉思漢為這個蒙古帝國制定了「大札撒」。「大札撒」作為蒙古早期游牧封建社會的產物是典型習慣法。太宗窩闊台滅金後，傳統的蒙古習慣法無法適應漢族封建農業經濟的發展，由習慣法向漢民族成文法典過渡已勢在必然。尤其是元世祖忽必烈統一後，這個歷史的趨勢就越發明顯。但是，受到了蒙古族統治集團內傳統統治意識的巨大干擾。1260 年，當元世祖聽從儒臣之建議，「以國朝之成法，援唐宋之故典」，「立新政附會漢法」之時，西北蒙古諸王便派使臣來朝氣勢洶洶地責問道：「本朝舊俗與漢法異，今留漢地，建都邑城廓，儀文制度，遵用漢法，其故何如？」〔註25〕蒙古族統治階級對「行漢法」的強烈抵制，使元朝法律由習慣法向成文法的過渡經歷了長達一百多年的歷史演變過態。在這個長期痛苦的孕育過程中，順應還是抵制法律運動的歷史潮流，在蒙古族統治集團內部表現為漢化的進步勢力與落後的守舊勢力的激烈較量。

英宗不惜背叛本民族的落後文化，積極奉行漢法，把法律運動的必然趨勢由可能性變為現實性，頒布了《大元通制》。《大元通制》的頒布標誌著元代法制由習慣法向成文法的重大轉折，有著劃時代的意義。

第一，它是元代僅有的一部系統而又完整的成文法典。就律文的主體結構而言，它已不同於世祖時的《至元新格》，而與唐宋的封建法典十分相近。

世祖至元二十八年（公元 1291 年）頒布的《至元新格》若與「大札撒」相比，它已由習慣法向成文法邁出了第一步。但就它的內容和形式而言，都還深深地烙著蒙古草原游牧民族傳統習慣的痕跡。《大元通制》與此不同，就其內容的基本精神而言，《大元通制》已基本承襲了唐宋封建法典的精神；就其編纂體例的主體結構而言，《大元通制》也不再是習慣法，而是具有漢文化

〔註25〕 （明）宋濂等：《元史》卷一百二十五，列傳第十二，高智耀、子睿附，中華書局 1976 年版，第 3073 頁。

性質的成文法。它的主體由制詔、條格、斷例三部分構成。據黃時鑒先生考證，《大元通制》的制詔相當於宋律中的敕，條格相當於唐宋律中的格與令，而斷例則等於唐宋律中的刑律內容。〔註26〕

柯劭忞在《新元史·刑法志》中說：「刑律之條格，劃一之法也。」〔註27〕《大元通制》的條格共有30卷，27個篇目，1151條，現存於《通制條格》中的有22卷。若把《通制條格》的27個篇目與唐代貞觀令、永徽令對比，有22個相同〔註28〕；從內容上看，條格中雖仍然有因事立法的條文，但它的大部分內容已十分接近劃一的法令。

對斷例，元人徐元瑞在《吏學指南》的「法例」中解釋說：「斷例，杜預曰：法者，繩墨之斷例。」〔註29〕由此可見，元人是把斷例視做法。再據黃時鑒先生考證說，《元典章》中斷例的條目用了38次，其中有18次為斷案通例，把這18次斷案通例與唐律比較，絕大多數可以從中找出依據。〔註30〕

簡言之，《大元通制》無論從內容上還是從編纂體例的主體結構上都已不再是蒙古習慣法，而是成文法典了。這種歷史的轉折不純粹是法律形式上的簡單變化，而是意味著元代的法律已由保守落後的文化轉向先進的漢文化。

第二，它結束了元代自世祖以來法制長期不修，司法「有例可援，無法可守」的混亂局面。從世祖統一中國到仁宗的四十餘年間，元朝歷代皇帝都有過修法定律的舉動，然而真正頒布實行的元代法律僅有世祖至治二十八年頒布的《至元新格》，至於仁宗時制定的《風憲宏綱》，那只不過是一部整頓官員綱紀和規定有關吏治的大政文書。單就《至元新格》來說，它不單在內容上過分簡要，僅以公規、選格、賦役、課程等十事輯為一書，而且就它的條文形式而言，也僅僅是格。許多情況下，官吏們仍「無法可檢」「無法可守」，這就勢必造成治理上的嚴重混亂。對此，成宗大德年間，時人鄭介夫上書說：「今天下所奉以行者，有例可援，無法可守，官吏因得以並緣為欺。如甲、乙互訟，甲有力則援此之例，乙有力則援彼之例；甲、乙之力俱到，則無所可否，遷調歲月，名曰『撒放』。使天下黔首蚩蚩然，狼顧鹿駭，無所持循」，「是

〔註26〕黃時鑒：《〈大元通制〉考辨》，載《中國社會科學》1987年第2期。

〔註27〕（清）柯劭忞：《新元史》卷一〇三，刑法志下，載《元史二種》上冊，上海古籍出版社1989年，第478頁。

〔註28〕黃時鑒：《〈大元通制〉考辨》，載《中國社會科學》1987年第2期。

〔註29〕（元）徐元瑞：《吏學指南》，浙江古籍出版社1988年版，第66頁。

〔註30〕黃時鑒：《〈大元通制〉考辨》，載《中國社會科學》1987年第2期。

百官莫知所守也」。〔註31〕

　　要結束這種混亂的局面，除非統治者能制定出一部既能適應漢地封建經濟發展，又能反映蒙古社會因素，在全國普遍適用的，系統而又完整的成文法典。《大元通制》正是這樣一部法典。《大元通制》的頒布結束了元代法制長期不修、人們無所適從的混亂局面。

　　第三，它是元朝一部完整的施行了的法典。在有元一代的法制史上，「大札撒」只是在蒙古帝國時期行用，《至元新格》因內容單薄也無法在實踐中順利執行，英宗以後元順帝後至元四年（1338年）制定的《至正條格》更是很快便在元末的戰火中化為歷史的陳跡。唯《大元通制》在頒布後在全國通行了四十餘年。

四、結論

　　綜上所述，英宗不惜背叛本民族的傳統，行新政，奉漢法，實行有力的漢化，一舉頒布了《大元通制》，促進了改革的順利進行，並使元代由蒙古習慣法向漢民族成文法典轉變。實現這個轉變經歷了一個長時期的鬥爭過程，這在蒙古統治集團內部表現為代表先進勢力的改革派與代表落後勢力的守舊派的激烈鬥爭。英宗新政不久，守舊派利用機會，進行了瘋狂的反撲，殘酷刺殺了堅持改革的英宗君臣。但改革符合了歷史的潮流，因此，《大元通制》的問世終於使改革獲得了一定的成功。

　　總結英宗新政與《大元通制》頒布的這段歷史，使我們深深認識到，改革不僅是歷史發展的必然，還必須和法制建設相輔相成。

〔註31〕李修生主編：《全元文》卷一二一八，鄭介夫《太平策》，鳳凰出版社1998年版，第46頁。